다산 기념 철학 강좌 9

공동체주의와 공공성

■다산 기념 철학 강좌 9■

공동체주의와 공공성

[마이클 샌델(Michael Sandel) 지음]
[김선욱 · 강준호 · 구영모 · 김은희 · 박상혁 · 최경석 옮김]
[해제 / 이양수 | 들어가는 말 · 대담록 / 김선욱]

철학과현실사

차 례

차 례

한국 독자들께 드리는 서문

제9회 다산 기념 철학 강좌를 위해 한국으로 여행하게 된 것은 영광 이상의 일이었다. 그것은 기억할 만한 지적 모험이었고, 이를 통해 많은 것—철학과 한국 철학자들의 생명력과 따뜻함, 그리고 동서양의 사상적 전통 간의 대화가 주는 풍성한 이득—을 배웠다. 그렇다고 나의 강연이 서양 정치 철학을 대표하여 한국에서 이루어진 것이라고 말하려는 것은 아니지만, 나를 초청한 이들은 중요한 동양 철학을 그 응답으로 내게 가르쳐주었다. 시장에서 이루어지는 물건의 교환과는 달리 지적 교환은 거래라기보다는 나눔에 더 가깝다. 시장의 상인과는 달리 문명권을 넘어 생각을 교환하는 이들은 자신의 상품을 어떤 다른 것에 대한 보답으로 포기하지 않는다. 그들은 자신이 소유한 것을 여전히 지니고 있게 되며, 심지어 새로운 통찰과 관점을 얻기도

한다.

서울대에 있는 호암교수회관에서 환영 만찬을 하던 순간부터 일주일 후 내가 공항에서 떠날 수 있도록 제공한 교통편 안에서까지 나의 한국인 동료들은 내게 연속적이고 도전적이며 그침 없는 철학적 대화로 대접해주었다. 그들이 이사야 벌린과 존 롤스부터 한나 아렌트와 위르겐 하버마스, 찰스 테일러에 이르기까지, 영미권뿐 아니라 대륙권 모두를 아우르는 현대 서양 정치철학의 논쟁점들에 아주 정통해 있다는 것은 처음부터 명백했다. 그들은 특히 자유주의자들과 공동체주의자들과의 논쟁에 관심이 있었다. 여하튼 나의 모든 강연들은 선에 대해 옳음의 우선성을 주장하며, 정부로 하여금 그의 시민들이 신봉하고 있는 도덕적 · 종교적 신념들에 대해 중립적이기를 요구하는 유형의 자유주의에 대한 나의 반대를 반영하고 있었다. 나는 정의와 권리에 대한 논쟁을 실질적인 도덕적 · 종교적 관념들로부터 분리하는 것이 항상 가능하지는 않다는 것을 주장했다. 그리고 그러한 것이 가능한 경우라 하더라도 반드시 바람직한 것은 아니라고 주장했다. 강연을 진행하면서 나는 자유주의적 중립성을 견지하는 공공 철학이 구성원들의 의무와 연대에 대해 적절히 고려하지 못하고 있으며, 인간적 · 사회적 관계에서 시장이 영향을 미치는 영역을 지나치게 많이 허용하고, 자치(self-government)에 대한 의미 있는 참여를 위해 필요한 시민적 덕성을 배양하는 데 실패하고 있으며, 또 도덕적 · 정신적 공명을 상실한 빈곤한 공적 담론으로 이끌고 간다는 점을 보여주려 애썼다.

현대 정치 철학에서는 나의 견해에 종종 '공동체주의적'이라는 딱지가 붙는다. 이 딱지는 어느 정도는 맞다. 이는 내가 자유주의적 개인주의를 비판한다는 점에서는 옳다. 적어도 사회적 연대를 침식시키고 우리를 공공선에서 멀어지게 하는, 자유에 대한 소비주의적 이해로 자유주의적 개인주의가 나아간다는 점에서는 말이다. 하지만 나는 공동체주의자라는 딱지에 대해 항상 불편하게 느껴왔다. 그 이유는 그 표현이 종종 내가 거부하는 견해를 가리키는 데 사용되기 때문이다. 그 견해란 다수의 가치(혹은 편견)가 항상 지배적이어야 한다거나, 정의란 어느 특정한 시대에 어느 특정한 사회에서 우연히 지배적이었던 관습과 관행에 의해 정의되어야 한다는 것을 말한다.

혹자는 현대 영미 정치 철학에 등장한 공동체주의적 사유가 유교의 윤리적 사고와 유사하다고 생각하고 있다. 나는 유교 윤리에 대해 원하는 만큼의 지식을 갖고 있지는 않지만, 혹자는 이 두 사상이 친족 관계와 공동체 그리고 덕의 함양 등을 강조한다는 점에서 연관성을 찾고 있는 것 같다. 이러한 유사성에도 불구하고 아니 오히려 그러한 유사성 때문에, 놀랍게도 내가 만난 많은 한국인 철학자들이 공동체주의적 관점에 대해 아주 비판적이었으며, 자유주의적 개인주의를 열정적으로 옹호하였다. 예컨대, 매 강연마다 있었던 토론 시간이 끝날 때마다 서울대학교의 저명한 철학 교수인 내 친구 황경식 교수는 자리에서 일어나 자유주의적 정치 철학에 대해 웅변적으로 변호를 하면서 그에 대한 나의 비판에 반박하였다.

황 교수와 다른 한국의 철학자들의 말을 들으면서 나는 철학적 토론이 형성된 정치적·문화적 배경의 중요성을 이해하게 되었다. 전통과 공동체, 권위를 중요시하는 한국 사회에서는 자유주의적 개인주의가 기운을 북돋우는 것이요, 힘을 주는 해방적 이상이요, 진보적 개혁을 위한 유망한 자원이라는 것을 나는 깨달았다. 자유주의적 정치 철학에 대한 내 자신의 도전은, 자유주의적 개인주의가 너무나 친숙해서, 대부분의 공적 담론에서 지배적 힘을 가진 정통적인, 그리고 인식하지 못하는 사이에 이루어지는 출발점으로 역할을 하게 된 사회에서 형성된 것이었다. 미국의 정치 토론에서 주된 대안은 자유 시장(예컨대 경제학자 밀턴 프리드먼과 자유방임적 철학자 로버트 노직이 주장한), 방임적 자유주의 그리고 개인의 권리와 좋은 삶에 대한 중립성의 존중을 전제로 한 복지 국가에 의해 시장의 힘이 길들여지는 (존 롤스에 의해 가장 잘 설명된) 좀더 평등주의적인 자유주의다. 과도한 개인주의와 소비주의에 이미 둘러싸인 사회를 배경으로, 공동체와 연대 그리고 시민의 참여를 더욱 강하게 강조하는 공공 철학은, 좀더 민주적인 공적 삶을 위한 최상의 희망인 것 같았다.

내 여행이 끝날 즈음에 나는 황 교수의 도전에 대해, 우리의 철학적 차이가 무엇이든 간에 그와 나는 한 가지 공통점을 갖고 있다고 주장하면서 응답했다. 그것은 곧, 우리 둘 다 철학자로서, 우리 사회의 지배적인 경향성들을 거슬러서 배우고 있다는 것이었다. 그에게 이것은, 공동체적이며 위계 질서적 전통과 결부된 유형의 권위와 어리석어보이는 관습으로 인지된 것에 대한 대안으로 자유주의적 개인주의를 포용했다는 것을 의미한다. 내게 이것은, 고도로 유동적이며 시장에 이끌리는 개인주의적 사회에 공동체와 연대라는 자원을 새롭게 북돋우려고 노력하는 것을 의미한다. 우리 모두는, 우리들 각자의 사회에서 자유롭고 민주적 삶의 방식에 장애를 만들어내는 마음의 습관들에 도전하는 철학적 자원들을 추구하고 있었다는 것이다.

철학적 토론의 문화적 배경을 언급할 때 나는 철학적 차이가 단지 상대적이라는 것, 즉 이러저러한 사회적 상황의 산물이라는 것을 주장하려는 것은 아니다. 만일 그렇다면, 문화권을 넘어선 진정한 철학적 토론은 불가능하게 될 것이고, 철학은 사회학(혹은 이 점에서는 자서전)과 구별되지 않게 될 것이다. 내가 한국에서 가졌던 생동감 넘치는 철학적 토론들은 철학적 주장을 풍성하고 정교하게 만들 수 있는 것이지, 그것을 불필요하거나 불가능하게 만들지는 않는다.

나는 서울대학교와 경북대학교 그리고 전북대학교의 교수들과 학생들께, 그리고 한국철학회 회장이신 이태수 교수께, 그토록 따뜻한 지적 환대를 베풀어준 것에 대해 깊이 감사한다. 또한 새로운 것을 나와 함께 발견해가며 한국 여행의 동반자가 되어준, 당시 대학교 2학년이었던 내 아들 애덤에 대한 감사도 여기에 기록해두고 싶다. 끝으로 애덤과 나의 방문 기간 내내 동반해준 동료들인, (내게 자유주의의 덕을 상기시켜주었을 뿐 아니라 내가 감기에 걸리지 않도록 예방해준 놀라운 한국 차의 경이를 소개해주었던) 황경식 교수, (이번 강좌의 운영위원회 위원장이자, 내가 오랫동안 기억하게 될 유머와 환대 그리고 직접 노래까지 불러준) 박정순 교수, (전주에서 서울까지의 길었던 자동차 여행을 하는 동안 사려 깊은 철학적 인터뷰를 진행하였으며, 긴 여행과 강연의 힘든 일정을 감당할 수 있도록 내게 활력을 제공한, 한국의 홍삼 음료를 소개해준) 김선욱 교수, (한국 사회의 정신적 종교적 측면의 일부를 내가 이해할 수 있도록 도와준) 박상혁 박사, (학부 학생으로서, 교수들의 다소 엄격한 감독 아래 자동차를 운전하였을 뿐 아니라, 강연 시간과 이후의 시간에 아주 통찰력 있는 질문들을 하였던) 정훈 군 등께 특별한 유대감과 감사의 빚을 느낀다.

개인적으로 또 지적으로 베풀어준 이 모든 친절에 대해 나는 깊이 감사한다. 이토록 지속적이고 고무적인 일련의 철학적 만남이 주는 기쁨을 누렸던 적은 거의 없었던 것 같다.

2007년 8월

마이클 J. 샌델

Preface for the Korean Public

Traveling to Korea to deliver the 9th Dasan Memorial Lectures in Philosophy was more than an honor. It was a memorable intellectual adventure from which I learned a great deal—about philosophy, about the vitality and warmth of Korean philosophers, and about the enriching benefits of dialogue between Eastern and Western traditions of thought. I do not mean to suggest that my lectures represented Western political philosophy to Korea, while my Korean hosts taught me some Eastern philosophy in return. Unlike the exchange of goods in market transactions, intellectual exchange is more like sharing than trading. Unlike merchants in a marketplace, those who exchange ideas across civilizations do not give up their good in return for something else. They retain what they possess, even while acquiring new insights and perspectives.

From the moment of the welcoming dinner in the Hoam Guest House of Seoul National University to the ride to the airport for my departure a week later, my Korean colleagues treated me to one continuous, challenging, non stop philosophical conversation. It was clear from the start that they were fully conversant with contemporary debates in Western political philosophy, in both its Anglo American and continental varieties, from Isaiah Berlin and John Rawls to Hannah Arendt, Jürgen Habermas, and Charles Taylor. They were especially interested in the debate between liberals and communitarians. In one way or another, all of my lectures reflected my disagreement with the version of liberalism that conceives the right as prior to the good, and that requires government to be neutral toward the moral and religious convictions its citizens espouse. I argued that it is not always possible to separate debates about justice and rights from substantive moral and religious conceptions ; and even where it is possible, it is not necessarily desirable. During the course of the lectures, I tried to show that a public philosophy of liberal neutrality does not take adequate account of obligations of membership and solidarity ; allows too much scope for markets in human and social relations ; fails to cultivate the civic virtues necessary to meaningful participation in self government; and leads to an impoverished public discourse, emptied of moral and spiritual resonance.

Within contemporary political philosophy, my views are often labeled "communitarian." The label fits to some extent. It is true that I criticize liberal individualism, at least insofar as it leads to a consumerist understanding of freedom that erodes social solidarity and distracts us from the common good. But I have always been uneasy with the communitarian label. The reason is that it is sometimes used to describe views I reject: The idea that the majority's values (or prejudices) should always hold sway, or that justice should be defined by the customs and conventions that happen to prevail in any given society at any given time.

Some have observed that the communitarian thinking that has emerged in contemporary Anglo American political philosophy has certain affinities with Confucian ethical thought. Although I do not know as much as I wished I did about Confucian ethics, some find a parallel in the emphasis both views place on kinship, community, and the cultivation of virtue. Despite this similarity, or perhaps because of it, I found to my surprise that a number of the Korean philosophers I met were strongly critical of communitarian views, and passionate in their defense of liberal individualism. For example, toward the end of the question and answer period at each lecture, my friend Professor Kyung Sig Hwang, a distinguished professor of philosophy at Seoul National University, would rise to offer an eloquent defense of liberal political philosophy and a vigorous challenge to my critique of it.

Listening to Professor Hwang and other Korean philosophers, I came to understand the importance of the political and cultural settings within which philosophical debate takes shape. I realized that, against the background of Korean society, with its strong emphasis on tradition, community, and authority, liberal individualism is a breath of fresh air, an energizing, liberating ideal, a promising resource for progressive reform. My own challenge to liberal political philosophy had taken shape in a society in which liberal individualism was so familiar that it had come to serve as the reigning orthodoxy, the unacknowledged starting point for most public discourse. In American political debate, the main alternatives are free market, laissez faire liberalism (advocated, for example, by the economist Milton Friedman and the libertarian philosopher Robert Nozick) and a more egalitarian liberalism in which market forces are tempered by a welfare state premised on respect for individual rights and neutrality toward the good life (best articulated by John Rawls). Against the background of a society already beset with rampant individualism and consumerism, a public philosophy that placed greater emphasis on community, solidarity, and civic participation seemed the best hope for a more democratic public life.

Toward the end of my visit, I responded to Professor Hwang's challenge by suggesting that, whatever our philosophical differences, he and I have this in common : Both of us, as philosophers, are leaning against the dominant tendencies in our societies. For him, this means embracing liberal individualism as an alternative to what he may perceive as stultifying conventions and patterns of authority bound up with communal and hierarchical traditions. For me, this means trying to reinvigorate sources of community and solidarity in a highly mobile, market driven, individualistic society. Both of us were seeking philosophical resources to challenge habits of mind that, in our respective societies, posed obstacles to a free, democratic way of life.

By mentioning the cultural setting of philosophical argument, I do not mean to suggest that philosophical differences are merely relative, the product of this or that social circumstance. If this were the case, genuine philosophical argument across cultures would be impossible ; philosophy would become indistinguishable from sociology (or for that matter, autobiography). The lively philosophical discussions I had in Korea are good evidence that cultural differences can enrich and complicate philosophical argument, but do not render it either unnecessary or impossible.

I am deeply grateful to the professors and students at Seoul National University, Kyungbuk University, and Cheonbuk University for extending such warm intellectual hospitality, and to Prof. Tae Soo Lee, the President of the Korean Philosophical Association. I would like also to record my thanks to my son Adam, then a college sophomore, who accompanied me on the trip and shared my sense of discovery as we toured Korea. Finally, I feel a special bond and debt of gratitude to the team of colleagues who traveled with Adam and me throughout our visit, and moved from city to city in our van of itinerant philosophers : Professor Kyung Sig Hwang (who not only reminded me of liberalism's virtues, but also introduced me to the wonders of a miraculous Korean tea that has prevented me from catching any colds) ; Professor Jung Soon Park (who chaired the steering committee that organized the lectures, and whose humor, hospitality, and singing voice I will long remember) ; Professor Seon Wook Kim (who conducted a thoughtful philosophical interview during a long van ride from Cheonju to Seoul, and introduced me to a Korean red ginsing drink that gave me the energy to keep up with the demanding pace of travels and lectures) ; Dr. Sang Hyuk Park (who helped me understand some of the spiritual and religious aspects of Korean society) ; and Mr. Chung Hun (who, as an undergraduate, not only drove the van under the rather strict supervision of his professors, but asked some of the most penetrating questions during and after the lectures).

For all these many kindnesses, both personal and intellectual, I am deeply grateful. Rarely if ever have I had the pleasure of so sustained and spirited a series of philosophical encounters.

August, 2007

Michael J. Sandel

들어가는 말

미국 하버드대 정치학과(Department of Government)의 마이클 샌델(Michael Sandel) 교수가 한국철학회에서 운영하는 '다산철학기념강좌'의 초청 연사로 2005년 9월 4일부터 네 차례의 강연을 하고 돌아갔다. 명경의료재단과 한국언론재단의 지원으로 이루어진 이 행사는 철학계에 널리 알려진 세계적 석학을 초청하여 그 분의 사상적 진수를 배우기 위해 연례적으로 이루어지는 행사로서, 샌델 교수는 그 아홉 번째 강사가 되었다.

한국의 학계에서 그의 이름은 흔히 '샌들 혹은 샌덜'로 옮겨졌지만, 이번 방문을 통해 그의 이름이 '샌델'임을 확실하게 알게 되었으니, 앞으로 그의 이름은 원래의 이름대로 좀더 분명하게 표기될 것이다. 사실 이러한 명사들을 초빙함으로써 얻게 되는 이익은 이처럼 정확한 이름을 아는 것이라기보다는 이들 사상가들의 정확한 입장을 알게 되는 것이다. 샌델 교수는 흔히 공동체주의자라고 알려져 있지만, 이번 방한을 통해 알게 된 것은 왜 자신과 같은 공동체주의자들이 스스로를 공동체주의자라고 부르지 않는지, 그리고 한국인의 관점에서 공동체주의자라고 말하기보다는 차라리 스스로를 자유주의자라고 부르는 편이 더 낫다고 생각하는지 등이다.

자유주의와 공동체주의 논쟁이란 지난 20세기 말에 치열한 논쟁을 벌인 현대의 정치 철학 또는 사회윤리학 이론의 전선을 일컫는 말이다. 자유주의의 태두로는 1971년에 『정의론(*A Theory of Justice*)』을 쓴 존 롤스를 들 수 있으며, 그의 사상을 잇는 수많은 사상가들이 여기에 포함되지만, 롤스를 비판하면서도 절차주의적 정의관을 받아들이는 칼 오토 아펠이나 위르겐 하버마스, 세일라 벤하비브 같은 사상가도 자유주의적 진영에 들어간다. 이들 사상가들의 공통적 특징은 정의 개념에 천착하며, 선(the good) 개념 보다는 옳음(the right)의 우선성을 인정하는 데 있다.

한편, 공동체주의의 진영에는 네 명의 주요 사상가가 포진하고 있는데 찰스 테일러, 마이클 왈쩌, 알레스데어 매킨타이어, 그리고 이번에 초청을 받은 마이클 샌델 등이 그들이다. 이 가운데 찰스 테일러와 매킨타이어는 70대이고 왈쩌는 60대로 고령에 속하지만 샌델은 50대 중반이니, 앞으로도 많은 업적들을 통해 자신의 사상을 널리 펼 인물로 생각된다.

샌델은 옥스퍼드대에서 박사 학위를 받았는데, 이때 찰스 테일러가 그의 박사 학위 논문의 외부 심사자로 활동하면서 논문을 지도했다. 이때의 논문이 이미 롤스 이론에 대한 비판을 그 핵심으로 하고 있었고, 논문의 내용은 테일러 사상의 기본 노선을 따라갔다. 다만 샌델은 정치학과 소속이고 자신의 사상을 정책적 차원과 연계해서 발전시키기를 원하는 반면, 노령의 테일러는 이제 자신의 사상을 좀더 형이상학적인 방향으로 전개시켜간다는 점에서 차이가 난다고 할 수 있다.

이들 네 명의 사상가들이 모두 자신을 공동체주의자로 표방하지 않는 이유는 공동체주의가 서구에서는 수구적인 사상으로 간주된다는 데 있다. 특정 시간에 특정 공간에서 존재했던 공동체의 전통과 관습을 보수적으로 인정하고 이를 존중해야 한다는 입장이 공동체주의라고 흔히 알려져 있다. 그런 점에서는 이들 사상가들은 공동체주의자가 아니다. 이들은 공동체의 전통과 관습을 맹목적으로 수용할 것을 주장하지 않고 비판적으로 접근할 것을 요구한다. 정당화되는 전통만이 지킬 가치가 있는 것으로 간주될 수 있다는 것이다. 이런 점은 자유주의자들의 입장과 다를 것이 없다.

자유주의의 입장도 마찬가지로 오해되기 쉽다. 개인의 무제한적 자유의 옹호를 주장하는 입장을 자유방임주의라 하는데 많은 미국의 개인주의자들이 주장하는 것이다. 로버트 노직이 이러한 사상을 주장한 대표적 사상가였다. 롤스로 대표되는 자유주의는 개인의 평등한 자유의 권리를 옹호하면서도 평등 또한 마찬가지로 강조한다. 예컨대 극단적 자유주의 사상가들은 노예제를 옹호할 수도 있지만, 롤스는 아무리 많은 사회적 이익이 창출된다고 해도 노예제는 옹호될 수가 없다고 주장하는 점에서 칸트적인 인간 존중의 사상을 따르는 자유주의자다.

그렇다면 샌델의 입장은 어느 정도로 자유주의자이고 어느 정도로 공동체주의자인지가 의문이 되지 않을 수 없다. 샌델이 자유주의를 공격 대상으로 삼은 것은 그의 사회가 자유주의적 정치 질서를 갖고 있기 때문이다. 그는 자유주의적 민주주의가 가진 문제점을 지적하면서 이를 고쳐나갈 방법은 그가 '공화주의'라고 이름을 붙인 공동체주의적 방식을 통하는 것뿐이라고 설파한다.

샌델이 비판하는 자유주의는 비단 미국뿐 아니라 우리 한국의 현재의 정치 질서도 표방한 입장이다. 개인이나 집단, 공동체가 스스로 생각하는 무엇이 좋은가에 대한 관념, 즉 선관념은 공정성을 강조하는 정의의 원칙을 설정하는데 배제되어야 하며, 누구든 불편부당한 관점에 서서 먼저 절차를 확정하고 그 절차에 따라 구체적이고 실질적인 문제를 처리하게 되면 그 결과는 정당화될 수 있는 것이라고 하는 것이 자유주의적 절차주의의 신념이다. 그런데 이러한 합의를 도출하는 과정에서 개인의 특수성이 전적으로 배제됨으로써 결국은 구성원들 사이에 또는 정체성 집단들 사이에서 불만이 발생하게 되고, 결국은 자유주의적 정치 질서가 추구했던 좋은 사회는 요원하게 된다는 것이 샌델의 비판의 핵심이다.

샌델은 따라서 개인의 도덕적이고 종교적인 신념을 정치적 담론의 현장으로 가져올 것을 주장한다. 이를 표현하는 말이 정의의 우선성에 대한 비판과 선의 우선성 주장이라는 것이다. 한국 사회에서는 이것에 대한 좀더 우회적 적용이 요구된다. 우리 한국 사회는 전통이 강하게 요구되고, 또한 관습과 인습이 정의의 구현을 방해하는 부작용이 더 많은 사회다. 그럼에도 우리는 정치 체제를 자유주의적으로 구축했다. 따라서 샌델의 이론은 전통과 자유주의적 한계의 중간의 위치에 우리를 서도록 요구하며, 자유주의적 정치 질서가 더 이상 자명하지 않다는 것을 우리에게 가르쳐준다.

전체의 서론에 해당하는 제1강연에서 샌델은 정치와 인간 삶의 가치들 간의 관계를 핵심적으로 다룬다. 자유주의적 입장은 정치가 인간 삶의 가치들을 논하는 도덕, 종교, 철학으로부터 분리되어야 한다고 주장하지만 샌델은 이런 분리가 가능하지도 않고 바람직하지도 않다고 공격한다. 샌델은 최종적으로 공동체적 가치를 육성하는 정치, 가치에 관한 종교적·도덕적 입장이 공적 토론 과정에서 적극적 역할을 하는 그런 정치를 목표로 한다. 이런 공화주의적 정치 공동체를 지지하기 위해 그는 우선 자유주의 정치 철학의 무능력과 한계를 지적한다.

우선 자유주의는 자유를 지켜내는 데에서 공화주의보다 무능력하다. 자유주의적 자유란, 경쟁하는 가치들 사이에서 독립적으로 선택할 수 있는 자유를 의미하지만 공화주의가 보장하는 자유는 함께 자치하는 것이다. 그것은 공동선에 대해 동료 시민과 토론하고 공동체의 운명을 같이 모색하는 것을 의미한다. 이것은 선택의 자유와 타인의 권리 존중 이상의 것을 필요로 한다. 반면, 자유주의는 자치를 유지할 수 있는 시민적 자원을 갖고 있지 않으며 공적 생활에서 무기력할 뿐이다.

다음으로, 자유주의는 자신이 처한 상황과 맥락에 앞서 존재하는 독립적인 자아상을 그려내고 있다. 이것을 무연고적 자아(unencumbered self)라고 한다. 이런 자아관에 입각하면, 우리는 많은 도덕적 딜레마 상황과 도덕적 경험을 설명할 수 없게 된다. 이런 자아관에 입각한 자유주의는 가령, 평소에 미국연방을 지지해왔던 미국 남부 출신의 장교가 남북전쟁이 터진 이후 고향을 지켜야 할지 연방의 편을 들어야 할지 고민했던 상황을 도덕적 딜레마 상황이라고 설명해내지 못하며, 다만 도덕과 감정의 대치 상황으로 파악할 수밖에 없게 된다. 우리는 애착 관계에 의한 연대 의무도 도덕적 의무로 받아들이고 있지만 무연고적 자아상을 갖고 있는 자유주의적 입장은 그런 도덕적 현실을 부정할 수밖에 없다. 그리고 그들은 평등주의적 자유주의자들이 지지하는 공적 부조 정책이 암묵적으로 전제한 공동체의 경계가 설정된 이유에 대해 평등한 존중이나 인간으로서의 인간 존중의 의무라는 개념만으로 설명해낼 수 없다.

그리고 자유주의자들은 이런 칸트적인 무연고적 자아관이 정치적 자유주의의 근거는 아니라고 응수한다. 그들은 공적 합의를 지향하는 공적 토론의 장에 특정한 도덕적·종교적 입장이 개입될 수 없다는 중립주의를 표방한다. 하지만 샌델 교수는 현대 미국의 낙태 논쟁을 예로 들어, 이런 중립적 토론 공간을 비판한다. 공적 토론의 장에서 특정한 도덕적·종교적 입장을 덮어두는 것이 과연 합당한가 하는 문제는 그곳에 제시된 특정한 도덕적·종교적 입장이 참인지 여부가 밝혀져야 해결된다. 예를 들어, 만약 수태 시점이 인간 생명의 시작이라는 가톨릭교회의 입장이 맞는 것으로 밝혀질 경우, 그 문제에 대해 중립을 유지하는 상황이 초래할 대가가, 특정한 입장이라도 받아들이는 상황이 초래할 대가보다 훨씬 크다. 낙태권 주장은 저변에 깔린 도덕적·종교적 논쟁에 관해 중립적일 수 없으며, 중립적일 수 있다고 해도 바람직하지 않다. 정치적 합의를 위해 도덕적·종교적 입장을 배제하는 것은 정치적 논의를 빈약하게 하고 시민적 자원을 침식하는 결과를 가져올 수도 있기 때문이다.

제2강연에서 샌델은 "자유"와 "자치"의 관계에 대한 자유주의 전통과 공화주의 전통의 대립된 입장들을 고찰하면서, 한편으로 자유를 자치적 공동체에 대한 시민들의 정치적 참여의 한 결과로 인식하는 공화주의 전통에 대한 기존의 비판들을 논박하고, 다른 한편으로 자유를 궁극적으로 나 자신의 이해 관심이나 목적을 추구할 평등한 기회에 놓여 있는 것으로 인식하는 자유주의적 시민상을 비판한다.

오늘날 미국의 정치 철학적 담론을 지배하는 자유주의적 사조에 따르면, 한 개인의 자유는 자신이 선택하지 않은 도덕적·시민적 속박들로부터 억압받지 않는 것이며, 좋은 삶이 어떤 삶인지에 대한 개념을 스스로 선택하는 역량에 달려 있다. 따라서 국가는 좋은 삶에 대한 경쟁적 관념들에 대하여, 그리고 시민들의 공공 생활에 대하여 철저히 중립적인 태도를 취하는 것이 바람직한 것처럼 여겨진다.

그러나 샌델은 자유주의 전통이 전제하는 "자유롭게 선택하는 독립적 자아"라는 시민상은 지나치게 추상적이라고 비판한다. 현대 사회에서 모든 개인은 — 나의 가족이나 내가 살고 있는 작은 마을로부터 내가 소속된 정치 집단이나 국가 그리고 그 국가가 편입되어 있는 세계 경제 시장에 이르기까지 — 다양한 공동체들에 소속되어, 그 공동체들로부터 때로는 중첩되고 때로는 상충되는 요구들을 받는 복잡다단한 존재다. 막연하게 자유로운 개인이라는 관념은 그 정체성이 부분적으로 시민적 책임에 의해 규정되는 현실적 시민, 그리고 충성이나 단결의 의무처럼 우리가 공통적으로 인정하는 광범위한 도덕적·정치적 책무들을 설명할 수 없다. 우리는 스스로 선택하지 않은 목적들에 의하여, 예컨대 가족·국가·문화·전통의 일원이라는 정체성들에 의하여 상이한 요구들을 부여받는다.

우리가 스스로를 자유롭게 선택하는 독립적 자아라고 생각하더라도, 우리는 우리의 이해와 통제를 허용하지 않는 몰개인적인 거대한 정치적·경제적 권력 구조들에 의해 지배되는 세계와 직면한다. 자유주의 이론은 우리가 이러한 상황과 맞서 싸워 나갈 장비들을 제공하지 않는다. 현대인들의 엄청나게 비대해진 경제 생활의 규모를 한마디로 표현한다면 그것은 "세계화"다. 경제의 세계화는 그것을 운용할 능력을 가진 초국가적 통치 기구들의 필요성을 시사한다. 그러나 그렇게 거대하고 한 개인으로부터 소원한 정치 기구들이 과연 민주주의적 권위가 궁극적으로 의존하는 "귀속 의식"과 "충성심"을 산출할 수 있을지에 대하여 샌델은 회의적이다.

물론, 초국가적 정치 기구들 없이 세계 경제를 운용할 수 없으며, 더욱 포괄적인 시민적 정체성을 배양하지 않고는 이러한 기구들을 유지할 수 없다. 그러나 이러한 세계주의적 관점은 우리가 열망하는 정치적 정체성을 제공할 공적 철학으로서 적합하지 않다. 그러한 정체성을 발견할 가장 희망적인 대안은 인류 연대에 바탕을 둔 단일 세계 공동체가 아니라, 오히려 다수의 공동체들과 정치 집단들로 주권이 두루 분산되는 것이다. 상이한 형태의 정치적 연합들이 한 개인의 삶의 상이한 영역들을 지배할 것이고, 그리고 그의 정체성의 상이한 측면들에 관여할 것이다. 우리 시대에 요구되는 시민적 덕성은 바로 이렇게 다양한 정체성들이 요구하는 다양한 책무들 속에서 자신의 길을 헤치고나갈 능력과 다수의 충성들이 일으키는 긴장들을 짊어지고 살아갈 능력이다.

제3강연은 시장이 모든 것을 해결하는 장치가 아니며, 도덕적으로 볼 때 분명한 한계가 있다는 점을 지적하는 데 초점을 맞춘다. 현대의 두드러진 경향은 공적인 삶의 영역, 예를 들어 병역이나 투표 등의 영역에 시장 논리가 확산되고 있다는 것이다. 병역의 상업화란 병역이 여러 직업들 중의 하나처럼 시장의 논리에 따라 할당되는 것이고, 투표의 상업화란 국민들의 사적인 이익에 호소해서 표를 얻는 것을 말한다. 이익 집단 다원주의 정치 이론을 견지하는 이론가들은 이런 공적 영역의 상업화에 찬성한다. 이 이론에 따르면 현재의 배경 조건이 어떠하든 자유는 사람들이 시장에서 하는 자발적인 교환으로 이루어진다는 것이다. 따라서 이들 이론가들에 따르면 공적 영역의 상업화에는 문제가 없다. 이익 집단 다원주의를 지지하는 이론가들은 자유지상주의적 철학자들과 정치 이론가들, 경제학의 합리적 선택 이론가들, "법과 경제" 운동의 지지자 등을 들 수 있다. 이 이론이 견지하는 시민 개념은 시민들이 자신들의 이익에 따라 투표하는 자유를 갖는 사람들이라는 것이다.

자유주의적 동의 이론가들은 이익 집단 다원주의 정치 이론가들이 찬성하는 공적 영역의 상업화에 반대한다. 자유주의적 동의 이론가들에 따르면, 자유란 배경 조건이 공정한 상태에서 행위자들이 자발적인 동의에 따라 행동하는 것이다. 자유주의적 동의 이론가들에 따르면, 시장에서 하는 자발적인 교환이 얼핏 보기에는 계약자들의 진정한 동의에 근거한 것 같지만, 시장에서의 거래를 위한 배경 조건이 불공정하기 때문에 교환이 진정한 동의에 기초하지 않는다는 것이다. 따라서 시장 논리의 결과로 나타난 것이 불공정하다는 것이다. 따라서 이들은 현재 진행되고 있는 공적 영역의 상업화에 반대한다. 하지만 이들이 공적 영역의 상업화에 근본적으로 반대하는 것은 아니다. 이들은 공적인 삶의 상업화의 문제가 시장이 작동하는 배경 조건들을 조정함으로써 해결될 수 있다고 생각한다. 즉, 만일 사람들이 사고파는 선택이 불공정한 거래 조건에 의해서 잘못되지 않고 진정으로 자발적일 수 있게 사회가 조직될 수 있다면 이들은 상업화에 반대할 이유가 없다는 것이다. 자유주의적 동의 이론가들의 시민 개념은 관용과 타인의 권리 존중을 강조한다. 그리고 자유주의적 시민 개념은 어떤 종류의 시민적 덕목의 양성을 허용한다. 하지만 그것이 허용하는 것은 관용과 상호 존중의 덕목 같이 자유주의 원리에 필요한 것들일 뿐이다.

공화주의자인 샌델은 공적 영역의 상업화에 대해서 근본적으로 반대한다. 샌델 교수에 따르면 이익 집단 다원주의의 입장은 말할 것도 없고 자유주의적 동의 이론가들의 입장도 우리 일반 시민들이 가지고 있는 직관과 상충한다. 우리는 시장 거래의 배후 조건이 공정하다 하더라도 병역과 투표가 시장 논리에 따라 작동하는 것에 반대하거나 최소한 거부감을 갖게 된다. 그리고 이와 같은 우리의 거부감은 우리가 공화주의적 시민 개념을 암묵적으로 견지하고 있기 때문에 발생한다. 공화주의적 시민 개념에 의하면 자유롭다는 것은 자치에 공동으로 참여한다는 것이다. 이것은 선거에서 투표하고 자신의 선호나 이익을 등록한다는 문제 이상의 것이다. 공화주의적 시민관에서 자유롭다는 것은 공동체의 운명을 다스리는 힘을 형성하는 데 참여한다는 것이다. 하지만 그러기 위해서 그리고 그것을 잘하기 위해서 시민들이 시민적 덕목을 소유하게 되는 것이 꼭 필요하다. 공화주의적 시민 개념은 넓은 영역의 시민의 덕목들을 배양하고자 하는데, 이 덕목들은 위기에 처한 공동체와의 도덕적 유대, 동료 시민들에 대한 의무감, 공동선을 위해 사익을 희생하는 정신, 그리고 공동의 목적과 목표에 대해서 잘 숙고하는 능력 등을 포함한다.

마지막에 해당하는 제4강연은 줄기 세포 연구와 인간 복제 문제를 중심으로 유전공학의 문제점을 점검하는 데 목적을 두고 있다. 샌델은 줄기 세포 연구, 인간 복제 및 유전공학의 윤리를 다루는 데 독특한 접근 방법을 취한다. 그는 기존의 논의 방식이 위 주제들과 관련된 좀더 근본적인 문제를 다루지 않았다고 지적한다. 그는 생명을 어떻게 이해해야 하는지, 타고난 재능을 어떻게 받아들여야 하는지 답함으로써 위 주제들에 대한 자신의 입장을 피력한다. 또한 인간 복제, 유전공학, 유전적 개량의 배후에 도사리고 있는 인간의 욕망을 질타한다.

샌델은 복제를 통한 배아 줄기 세포 연구를 반대하면서도 “잉여” 배아를 사용하는 연구를 찬성하는 입장이 잘못된 것임을 지적한다. 연구를 위해 생산된 배아에 대한 줄기 세포 연구와 시험관 수정으로 생긴 잉여 배아에 대한 줄기 세포 연구는 도덕적으로 동등하다고 샌델은 주장한다. 따라서 이 두 연구의 존폐는 동일하게 취급되어야 한다. 이 두 연구의 존폐와 직결된 배아의 도덕적 지위에 대해 샌델은 배아가 우리가 원하는 대로 사용 가능한 사물도 아니고, 그렇다고 배아가 완전한 사람과 동등한 도덕적 지위를 지닌다고 여기지도 않는다. 배아는 존중되어야 할 존재이지만 그렇다고 이것이 인간이 추구하는 목적을 위해 사용될 수 없음을 의미하는 것은 아니라고 말한다. 따라서 줄기 세포 연구를 위한 배아 연구는 복제 배아든 잉여 배아든 연구를 금지하기보다 인간 생명의 시작이 지닌 신비에 적절한 도덕적 제한을 구체화한 법규를 만들고 그 통제 아래에서 연구가 진행되도록 허용해야 한다고 주장한다.

하지만 샌델은 인간 복제에 반대한다. 인간 복제는 유전공학을 이용해 자녀의 특질을 선택하고자 하는 것으로 아이를 소유나 우리 의지의 기획 또는 행복의 수단으로 이해하기에 문제점이 있다고 지적한다. 특히 인간의 양육 관행 속에 바로 동일한 문제점이 있다는 것이다. 생명이란 우리가 존중해야 하고 사용

대상으로는 제한해야 하는 은총으로 인식해야 한다고 샌델은 역설한다. 맞춤 아기들을 만들어내는 인간 복제는 은총으로서의 생명에 대한 존경심을 상실했음을 보이는 것이며 인간의 오만을 드러내는 것이라고 지적한다.

유전적 개량과 유전공학의 주된 문제점은 이것이 인간의 노력을 저해하고 인간이 해야 할 역할을 침해한다는 데 있다. 더 심각한 위험은 유전적 개량과 유전공학이 인간 본성을 포함한 자연을 재제작하여 인간의 목적에 기여하도록 하고 우리의 욕망을 충족시키고자 하는 프로메테우스적 열망이라는 점이다. 즉, 문제는 통제에 대한 인간의 욕구라고 샌델은 지적한다.

샌델은 재능 역시 은총으로 주어진 것임을 깨닫는 것이 중요하다고 역설한다. 우리는 재능이 하나의 은총이라고 여길 때 그 재능에 대한 보상이 그런 재능을 받지 못한 사람들과 공유해야 할 의무를 지닌다고 여기게 된다. 운명의 우연적 본성에 민감하면 할수록 우리는 우리 운명을 다른 사람들과 공유해야만 하는 이유를 더 갖게 될 것이다. 그래서 사람들은 다양한 질병이 그들에게 닥칠지 말지, 혹은 언제 닥칠지 모르기 때문에 위험에 공동으로 대처하는 연대를 드러낸다. 샌델은 유전공학과 유전적 개량으로 드러난 통제의 욕구는 '우연에 내맡겨짐'으로부터 배울 수 있는 겸양과 연대를 상실하게 할 것이라고 우려한다.

늘 그렇듯이 '다산기념철학강좌'의 기획과 진행 그리고 그 결과물로서 이 책의 편집과 번역은 공동 노력의 산물이다. 이 강좌가 가능할 수 있도록 명경재단 이사장이자 서울대 황경식 교수님이 재정적 · 정신적 지원을 아끼지 않고 제공하신 것과, '다산기념철학강좌' 운영위원회 위원장이신 연세대 박정순 교수님이 혼신의 노력을 쏟았던 사실, 그리고 윤은주 박사가 기울인 행정적 노력과 이 책의 편집과 관련된 수고를 특별히 기록해두고자 한다.

공역자 가운데 박사 과정중인 김은희 선생은 제1강연을, 강준호 박사는 제2강연을 번역하였고, 박상혁 교수는 제3강연을, 구영모 교수와 최경석 교수는 제4강연을, 김선욱 교수는 샌델의 서문을 번역하고, 책 전체의 번역 용어의 통일성을 기하는 작업을 하였으며, 들어가는 말을 쓰고, 샌델 교수와의 인터뷰를 수행하여 수록하였다. 샌델 교수는 전화 연락을 통해 자신은 서문만 쓰겠으며, 들어가는 말은 해당 강연의 역자들의 요약문을 활용하여 김선욱이 쓰도록 하자고 하여 이 글이 마련되었다. 그리고 권말에 이양수 박사가 쓴 샌델 사상에 대한 해설 논문을 수록하였다.

이 책에 수록된 강연 순서는 샌델 교수가 처음에 보내준 논문 순서에 따른 것이다. 2005년 9월에 있었던 샌델 교수의 한국 강연은 청중의 특성을 고려하여 제3강연(서울대), 제4강연(프레스센터), 제1강연(경북대), 제2강연(전북대)의 순서로 이루어졌으나, 이 책에서는 최초의 순서대로 정리하였다.

샌델의 서문을 기다리고 이 번역본을 준비하는 사이에 제10회 '다산기념철학강좌'가 피터 싱어 교수를 모시고 2007년 봄에 진행되었다. 그동안 10회에 걸쳐 이 일에 직접 관여했던 사람들은 이 강좌 시리즈를 통해 정말로 많은 것을 배울 수 있었다. 앞으로도 이 강좌가 지속적으로 운영되어 한국의 철학계를 발전 시키는 중요한 토대가 되기를 바라마지 않는다.

2007년 10월

옮긴이를 대표하여

김 선 욱 배상

■ 제 1 강연 ■ ■ ■

자유주의와 무연고적 자아

번역 김 은 희

이번 강의에서 다룰 주제는 정치와 인간적 가치들 간의 관계다. 도덕적이고 정신적인 문제들로부터 정치를 분리해내는 것이 과연 가능한가? 그리고 가능하다면 그것이 바람직한가? 논증하기에 앞서 나의 대답을 말하자면 그렇지 않다는 것이다. 도덕적이고 정신적인 문제들로부터 정치를 분리해내는 것은 가능하지도 않고 바람직하지도 않다. 우리는 민주적 시민들이 공적 영역에 들어왔을 때 그들이 자신의 도덕적 신념들을 제쳐놓아야 한다고 요구해서는 안 된다. 다원주의적 사회 안에서 사람들은 서로가 도덕적이고 종교적인 문제들에 대해 불일치한다는 사실을 인정해야 한다. 그들은 이런 다원주의를 존중해야 한다. 하지만 이런 불일치를 회피함으로써 그렇게 하는 것이 아니라 공적인 토론을 활성화시킴으로써 그렇게 해야 한다. 필요하다면, 어려운 도덕적 문제에 대해서도 기꺼이 공적인 토론을 해야 한다.

자유주의적 자유와 공화주의적 자유[1]

내가 제시하는 논증은 요즘 영향력 있는 형태의 자유주의 정치 이론과는 잘 들어맞지 않는다. 이러한 자유주의적 정치 이론에 따르면, 정부는 시민들이 지지하는 도덕적이고 종교적인 견해들에 대해 중립적이어야 한다. 사람들은 최선의 삶이 무엇이냐에 대해 불일치하기 때문에, 정부는 어떤 특정한 가치관도 법적으로 지지해서는 안 된다. 그 대신, 정부는 시민 각자가 자신의 가치와 목표를 선택할 수 있도록, 그들을 자유롭고 독립적인 자아로 존중하는 권리 체계를 제공해야 한다.[2] 이런 자유주의는 특정한 인생 목표들보다는 공정한 절차가 우선한다고 주장하기 때문에, 그런 자유주의가 말하는 공적 생활은 절차적 공화정이라고 불릴 수 있을 것이다.[3]

---

1) 이 강의는 Sandel, *Democracy's Discontent* (Harvard University Press), 1996, 1장에서 나온 것이다.

2) 다음을 참조하시오. John Rawls, *A Theory of Justice* (Cambridge, Mass. : Harvard University Press, 1971) ; Ronald Dworkin, "Liberalism", in Stuart Hampshire, ed., *Public and Private Morality* (Cambridge, Mass. : Harvard University Press, 1978), pp.114-143 ; Ronald Dworkin, *Taking Rights Seriously* (Cambridge, Mass. : Harvard University Press, 1977) ; Robert Nozick, Anarchy, State and Utopia (New York : Basic Books, 1977) ; Bruce Ackerman, *Social Justice in the Liberal State* (New Haven : Yale University Press, 1980).

3) "절차적 공화정(procedural republic)"이란 말은 Judith N. Shklar가 나에게 제

자유주의 정치 이론의 한 형태로서 주도적 정치 철학을 기술할 때, 자유주의의 세 가지 의미를 구별하는 것이 중요하다. 미국 정치에 대해 말할 때 일반적으로 자유주의는 보수주의의 반대다. 자유주의는 좀더 관대한 복지국가와 좀더 많은 정도의 사회적, 경제적 평등을 반기는 사람들의 입장이다.[4] 반대로, 유럽 정치 담론에서 자유주의는 사회주의의 반대이고 자유방임주의적, 자유시장적 경향을 나타낸다. 하지만 정치 이론의 역사에서 자유주의는 좀더 광범한 다른 의미를 가진다. 역사적 의미에서 자유주의는 관용을 강조하고 개인적 권리에 대한 존중을 강조하는 사상의 한 전통으로 나타난다. 그 전통은 존 로크, 임마뉴엘 칸트 그리고 존 스튜어트 밀에서부터 롤스에까지 이르는 전통이다.

이 강의에서 내가 제시하는 바는, 현대 자유주의는 관용을 강조하고 권리를 존중한다는 면에서는 옳지만, 자유는 다름 아닌 우리 자신의 가치와 목표를 선택하는 능력이며 따라서 정부는 경합하는 가치관들 사이에서 중립적이어야 한다는 점을 주장한다는 면에서 틀렸다는 점이다. 자유주의적 자유관에 대한 하나의 대안으로서 나는 공화주의적 정치 이론의 한 형태를 옹호한다.

공화주의 이론의 중심 생각에 따르면, 자유는 함께하는 자치(sharing in self-government)에 달려 있다. 이런 생각이 그 자체로 자유주의적 자유와 비일관적인 것은 아니다. 정치 참여는

안한 말이다.

4) 현대 미국 정치에서 사용되는 "자유주의적(liberal)"이란 말의 의미에 관해서는 다음을 참조하시오. Ronald D. Rotunda, *The Politics of Language* (Iowa City : Iowa University Press, 1986).

사람들이 자신의 목표로서 추구하기로 선택한 생활 방식 중 하나일 수 있다. 하지만 공화주의적 정치 이론에 따르면, 자치(self-rule)를 공유하는 것은 그 이상의 어떤 것을 포함한다. 그것은 공동선에 대해 동료 시민들과 숙고하는 것(deliberating)을 의미하고 정치 공동체의 운명을 모색하는 데에 기여한다는 것을 의미한다. 하지만 공동선에 대해 토론을 잘하기 위해서는, 각자가 자신의 목표를 잘 선택하고 타인에게도 그런 똑같은 권리를 인정해줄 수 있는 능력 외의 더 많은 것이 필요하다. 이를 위해서는 공공 사안에 대한 지식, 소속감, 사회 전체에 대한 관심, 나와 운명을 같이하는 공동체와의 도덕적 연결이 필요하다. 따라서 자기 통치를 공유하기 위해서는 시민들이 어떤 특정한 성품 혹은 시민적인 덕을 이미 갖고 있거나 아니면 습득해야 한다. 하지만 이 점은 공화주의적 정치가 시민들이 지지하는 가치와 목적들에 대해 중립적일 수 없다는 점을 의미한다. 자유주의적 자유관과 달리 공화주의적 자유관은 형성적 정치(a formative politics), 즉 자기 통치에 필요한 성품들을 시민들 안에 길러내는 정치를 요구한다.

자유주의적 자유관과 공화주의적 자유관은 모두 미국의 정치적 경험 안에 존재해왔지만, 그 정도와 상대적 중요성을 바꿔가며 존재해왔다. 크게 말하자면, 공화주의는 미국 초기 역사에서 지배적이었고 자유주의는 후기 역사에서 지배적이었다. 최근 몇 십 년간 우리 정치의 시민적 측면 혹은 형성적 측면은 자유롭고 독립적인 자아, 자신이 선택한 적 없는 도덕적 혹은 시민적 유대에 연고되어 있지 않은 자아로서 개인을 생각하는 자유주의에게 자리를 빼앗겼다.

이런 전환은 현재 우리의 정치적 곤경 상태에 대한 통찰을 준다. 왜냐하면 그런 전환은 호소력이 있긴 하지만, 자유주의적 자유관은 자기 통치를 유지시킬 만한 시민적 자원들을 갖고 있지 않기 때문이다. 이런 결함으로 인해 자유주의적 자유관은 우리 공적 생활에 해로운 무기력함에 대해 적절하게 논의할 능력이 없다. 우리 삶이 따르고 있는 그런 자유주의적 공공 철학은 자신이 약속한 자유를 지켜낼 수 없다. 왜냐하면 그것은 자유를 위해 필요한 공동체 의식과 시민 참여 의식을 불러일으키지 못하기 때문이다.

나는 공화주의 정치 이론이 그 나름의 위험성을 전혀 갖고 있지 않다고 제안하는 것이 아니다. 미국 역사에서 공화주의 전통이 노예제, 공적 영역으로부터의 여성의 배제, 재산에 따른 선거권, 이민자에 대한 텃세 등과 함께 해왔다는 것을 인정한다. 더 나아가 공화주의 전통은 때때로 그런 관행들을 옹호하는 입장을 제시하기도 했다.

하지만, 그런 어두운 모든 일화들에도 불구하고, 공동체와 자치에 역점을 둔 공화주의 전통은 우리의 빈약해진 시민 생활에 대한 하나의 교정책으로 제안될 수도 있다. 자치로서의 공화주의적 자유관을 떠올려보면, 우리는 우리가 어떤 식으로 물어야 하는지 잊어버렸던 문제들을 잘 제기할 수 있을지도 모른다. 어떤 경제적 제도가 자치에 적절할까? 어떤 식으로 우리의 정치적 담론은 사람들을 공적 영역으로 불러들이는 도덕적, 종교적 신념들을 젖혀놓는 것이 아니라 그것을 관련시킬 수 있을까?

그리고 다원주의적 사회의 공적 생활은 어떻게 해서 시민 참여에 필요한 확장적 자기 이해(expansive self-understanding)를 시민들 속에 육성시킬 수 있을까?

이런 질문들은 오늘날 세계의 많은 민주주의 사회들 속에서 그 중요성을 더해가고 있다. 하지만 자유주의적 자유관을 중심으로 조직된 정치는 이런 문제들을 공적 논쟁의 중심에 놓지 않는 경향이 많다.

중립성에 대한 열망

정부가 가치 있는 삶의 문제에서 중립적이어야 한다는 생각은 현대 정치 사상의 특징이다. 고대 정치 이론에 따르면, 정치의 목적은 시민의 덕, 즉 도덕적 탁월성을 길러내는 것이다. 아리스토텔레스의 저작에 따르면, 모든 결사체(association)들은 어떤 가치를 향해 있고 폴리스, 즉 정치적 결사체는 가장 고귀하고 가장 포괄적인 가치를 향해 있다. "진정으로 명실상부한 어떤 폴리스도 가치 있음(goodness)을 장려한다는 목적에 집중되어 있어야 한다. 그렇지 않다면, 하나의 정치적 결사체는 단순한 동맹 관계로 귀착되며, 이것이 다른 형태의 동맹들과 다른 점은 공간상으로 다르다는 것뿐이다. 즉, 동맹 관계에 있는 성원들은 서로 멀리 떨어져서 산다는 것뿐이다. 그리고 또한 폴리스가 그런 목적에 집중되어 있지 않다면, 법률은 단지 계약(covenant)—혹은 (소피스트인 라이코프론의 문구에서 나오는) '서로서로에 대항하는 인간들의 권리에 대한 보증인'—이 된다. 폴리스의 성원들을 가치 있고 정의롭게 만들어줄 생활의 규칙이 되지 못한 채 (마땅히 그렇게 되어야 하는데) 말이다."[5)]

아리스토텔레스에 따르면, 정치적 공동체는 "공동 장소에 거주하기 위한, 혹은 상호 부정의를 막고 교환을 원활하게 하기 위한 결사체" 그 이상의 것이다. 이런 것들이 정치적 공동체에서 필요 조건들이기는 하지만, 그런 요소들이 그 공동체의 목적 혹은 궁극적 정당화라고 할 수는 없다. "폴리스의 궁극적 형태와 목적은 가치 있는 삶이며, 사회적 삶의 제도들은 그 목표에 대한 수단이다." 우리가 우리의 본성을 깨닫고 최상의 목표를 성취해나갈 수 있기 위해서는 정치적 결사체의 참여자가 되어야만 한다.[6)]

이런 고대의 생각들과 달리, 자유주의 정치 이론은 정치적 생활을 최상의 인간적 목표와 관련된 것 혹은 시민의 도덕적 탁월성과 관련된 것으로 바라보지 않는다. 자유주의 정치 이론은 가치 있는 삶에 대한 특정한 입장을 육성하기보다는 관용, 공정한 절차, 개인적 권리에 대한 존중을 주장한다. 이런 것들은 자신의 뜻대로 가치를 선택할 사람들의 자유를 존중하는 가치들이다. 하지만 이것은 어려운 문제를 일으킨다. 자유주의 이념이 최상의 인간적 가치의 이름으로 옹호될 수 없다면, 그들의 도덕적 토대는 과연 무엇이란 말인가?

---

5) Aristotle, *The Politics*, trans. Ernest Barker, bookⅢ, chap. 9 (London : Oxford University Press, 1946), p.119.
6) 같은 책, pp.119-120.

공리주의 대 칸트적 자유주의

최근의 정치 철학에서는 주로 두 대안이 제시되어 왔다. 하나는 공리주의이고 하나는 칸트주의다.[7] 존 스튜어트 밀을 따르는 공리주의 입장은 일반적 복지를 극대화한다는 명분으로 자유주의 원칙들을 옹호했다. 국가는 하나의 삶의 방식을 선호하여 그 방식을 시민들에게 부과해서는 안 된다. 시민들 자신의 이익을 위해서라고 해도 말이다. 왜냐하면 그렇게 되면 장기적으로 보아 인간 행복의 총량이 줄어들 것이기 때문이다. 때로 사람들이 잘못된 선택을 할지라도 그들 스스로 선택하는 것이 더 좋다.

밀은『자유론』에서 이렇게 말한다. "자유라고 불릴 만한 유일한 자유는, 우리가 타인의 자유를 빼앗거나 그것을 지키려는 타인의 노력을 방해하려고 하지 않는 한, 우리 자신의 방식대로 우리 자신이 생각하는 가치를 추구하는 자유다." 그리고 그는 자신의 논증이 어떤 추상적인 권리 개념에도 의거하지 않고 오직 최대 다수의 최대 행복 원칙에만 의거하고 있다는 점을 덧붙여 말했다. "나는 효용을 모든 윤리적 문제의 궁극적인 토대라고 본다. 하지만 그것은 가장 광범한 의미의 효용이어야 하는데, 그것은 진보하는 존재로서의 인간이 지니는 영구적 이익에 근거하는 것이다."[8]

도덕 철학의 일반적인 교설로서의 공리주의에 맞서는 많은

7) 이 절은 Michael Sandel, *Liberalism and Its Critics* (Oxford : Basil Blackwell, 1984)의 서문 pp.1-11에서 나옴.

8) John Stuart Mill, *On Liberty* (1859), chap.1.

반론들이 등장해왔다. 어떤 반론은 효용 개념을 문제시하였고, 모든 인간적 가치들이 원칙상 공통적인 척도를 갖는다는 전제를 문제시하였다. 다른 어떤 반론에서는 공리주의자가 모든 가치를 선호와 욕망에 환원시킴으로써 가치의 질적인 특징을 인정하지 못하고, 고급한 욕망을 저급한 욕망으로부터 구별하지 못했다고 공격하였다. 하지만 최근 대부분의 논쟁은 개인적 권리에 대한 존중을 포함하고 있는 자유주의 원칙들을 위한 설득력 있는 토대를 공리주의가 과연 제공할 수 있을지의 문제에 집중되어왔다.[9]

언뜻 보기에, 공리주의는 자유주의적 목적에 잘 들어맞는 것처럼 보인다. 전체 행복을 최대화하려고 하기 위해서는 사람들의 가치가 판단되어야만 하는 것은 아니다. 단지 그 가치들을 총합하기만 하면 된다. 그리고 그 가치들에 대해 판단을 하지 않고서 선호들의 총합을 계산하려는 생각은 관용적 정신과 민주주의적인 정신까지도 나타내주고 있다. 사람들이 투표하러갈 때, 우리는 그들이 누구인지에 상관없이 그들의 표를 계산에 넣는다.

하지만 공리주의적 계산은 그것이 처음에 보였던 것처럼 그렇게 늘 자유주의적인 것이 아니다. 로마인들이 콜로세움에 모여 매우 환호하면서 사자가 기독교인을 잡아먹는 광경을 본다면, 그 로마인들의 전체 쾌락은 기독교인의 고통을 분명 능가할 것이다. 비록 그 고통이 강렬하다고 해도 말이다. 혹은 어떤 큰

---

9) 공리주의에 대한 찬반 논변들의 예시는 다음을 참조: Amartya Sen and Bernard Williams, eds., *Utilitarianism and Beyond* (Cambridge: Cambridge University Press, 1982).

다수 집단이 어떤 작은 종교 집단을 혐오하면서 그 종교가 금지되기를 바란다면, 선호량의 균형에 따라 관용이 아니라 박해가 옹호될 것이다. 공리주의자들은 종종 그런 작은 집단을 지금 존중하는 것이 결국에는 장기적인 효용에 기여할 것이라고 하면서 개인적 권리를 지지한다. 하지만 이런 계산은 가변적이고 우연적이다. 그런 공리주의적 계산은 어떤 이들의 가치보다 우위에 다른 어떤 이들의 가치를 놓지 않겠다는 자유주의자들의 약속을 거의 보장할 수 없다.

공리주의에 대한 반론은 임마뉴엘 칸트가 가장 강력하게 제기하였다. 칸트는 효용과 같은 경험적 원칙들이 도덕적 토대로 기능하기에 부적합하다고 주장했다. 자유와 권리에 대해 전적으로 도구주의적 옹호를 하는 것은 권리를 침해 가능한 것으로 만들 뿐 아니라 인간의 본질적 존엄성도 존중하지 못하게 한다. 공리주의적 계산은 존중받을 만한 가치가 있는 목적 그자체로 인간을 대우하기보다 타인들의 행복에 대한 수단으로 대우한다.[10)]

현대 자유주의자들은 공리주의는 개인들 간의 구별을 심각하게 고려하지 못했다는 주장으로써 칸트의 논증을 확장시킨다. 일반적 복지를 우선적으로 극대화하는 과정에서 공리주의는 사회를 한 사람인 양 생각한다. 공리주의는 많고 다양한 우리의

---

10) 다음을 참조하시오. Immanuel Kant, *Groundwork of the Metaphysics of Morals* (1785), trans. H. J. Paton (New York : Harper and Row, 1956) ; I. Kant, *Critique of Practical Reason* (1788), trans. L.W. Beck (Indianapolis : Bobbs-Merrill, 1956) ; I. Kant, "On the Common Saying : 'This May Be True in Theory, But It Does Not Apply in Practice', "in *Kant's Political Writings*, ed. Hans Reiss (Cambridge : Cambridge University Press, 1970), pp.61-92.

욕망들을 하나의 욕망 체계인 것처럼 생각한다. 공리주의는 사람들 간의 만족의 분배 상태에 대해서는 무관심하다. 그것이 전체 만족 총량에 영향을 끼치는 경우를 제외하면 말이다. 이런 공리주의는 우리의 복수성과 구별성을 존중하지 못한다. 공리주의는 만인의 행복을 위해 어떤 이의 행복을 수단으로서 이용하고, 그 때문에 각자를 목적 자체로서 존중하지 못하게 된다.

현대적 칸트주의의 견해에서 어떤 권리들은 아주 근본적이어서 일반적 복지도 그것을 능가할 수 없다. 존 롤스가 『정의론』에서 말했듯이, "개인 각자는 사회 전체의 복지에 의해서도 능가될 수 없는 정의에 기초한 불가침해성을 지닌다. 정의가 보장한 권리들은 정치적 협상 혹은 사회적 이익 계산에 영향 받지 않는다."11)

그래서 칸트적 자유주의자는 공리주의적 고려 사항들에 의거하지 않는 권리론을 필요로 한다. 더 나아가 칸트적 자유주의자는 어떤 특정한 가치관에도 의존하지 않는 입장, 그리고 어떤 삶의 방식이 다른 것보다 우월하다고 전제하지 않는 입장을 필요로 한다. 목표들 사이에서 중립적인 정당화만이 자유주의적 해결 방식을 유지시킬 수 있다. 자유주의적 해결 방식이란 어떤 특정한 목표를 옹호하지 않는 것 혹은 하나의 각광받는 삶의 방식을 시민들에게 부과하지 않는 것이다. 하지만 이것은 어떤 종류의 정당화가 될 수 있을까? 가치 있는 삶에 대한 어떤 상을 그려내지 않고서, 그리고 어떤 가치를 다른 가치보다 더 지지하지 않고서, 특정한 자유와 권리들을 근본적인 것으로서 확신하

11) Rawls, *A Theory of Justice*, pp.3-4.

는 것이 어떻게 가능할까?

칸트적 자유주의자가 제안한 해결 방식은 "옳음"과 "좋음"을 구분하는 것이다. 즉, 한쪽에는 기본권과 기본적 자유의 체계가 있고, 다른 한쪽에는 사람들이 그 체계 안에서 추구하기로 선택할 만한 가치관들이 있는데 그 양자를 구분하는 것이다. 그 주장에 따르면, 국가가 공정한 체계를 지지하는 것과 어떤 특정한 목표를 공인하는 것은 별개의 문제다. 가령, 사람들이 자신의 견해를 자유롭게 형성하고 자신의 목표를 자유롭게 선택할 수 있도록 자유 언론에 대한 권리를 지켜내는 것은, 정치 토론에 투신한 삶이 공공적 사안과 관련 없는 삶보다 본질적으로 더 가치 있다는 근거에서 그런 권리들을 지지하거나 자유 언론이 일반적인 복지를 증가시킬 것이라는 근거에서 그런 권리들을 지지하는 것과는 별개의 문제다. 첫 번째 방식의 옹호만이 칸트적 견해에 쓰일 만한 옹호다. 그것은 중립적인 틀이라는 이념에 의거해 있다.

이때 여러 목표들에 대한 중립 체제를 유지하려는 입장은 일종의 가치로 보일 수 있다.—이런 의미에서 칸트적 자유주의는 상대주의가 아니다.—하지만 그 가치는 선망되는 삶의 방식이나 가치관을 공인하는 것에 대한 거부를 의미한다. 그렇다면 칸트적 자유주의자에게서 옳음은 좋음보다 우선하는데, 그것은 다음의 두 가지 의미에서 그러하다. 첫째, 개인적 권리(옳음)는 일반적인 가치(좋음)를 위해서 희생될 수 없다. 둘째, 이런 권리를 명시하는 정의 원칙은 가치 있는 삶에 대한 어떤 특정한 입장을 전제로 할 수 없다. 권리(옳음)를 정당화하는 것은 그것이 일반적 복지를 극대화한다거나 가치(좋음)를 증진시킨다는 점에 있지 않다. 그보다는 그것이 개인과 집단들이 자신의 가치와 목표를 선택할 수 있는 공정한 체계 틀을 구성한다는 점에 있다. 이때 개인과 집단들이 선택할 수 있는 가치는 타인들에게도 똑같이 마련된 자유에 모순되지 않는 것이어야 한다.

좋음에 대한 옳음의 우선성 주장은 중립성 이념을 개인적 권리의 우월성에 연결시킨다. 칸트적 자유주의에서 권리는 "개인들이 쥐고 있는 으뜸 패처럼 기능한다." 그 권리로 인해 개인들은, 선호되는 하나의 가치관을 시민들에게 부과하여 결과적으로 가치관 선택의 자유를 존중하지 못하게 되는 정책으로부터 보호받는다. 그 정책이 민주적으로 시행된 것이어도 말이다.[12)]

물론, 자유주의 윤리의 주창자들은 어떤 권리가 근본적인지, 중립성 이념이 어떤 정치 제도를 필요로 하는지에 대해 일치를 이루지 못하고 있다는 비난을 받고 있다. 평등주의적 자유주의자들은 복지 국가를 지지하고 어떤 사회 경제적 권리 — 복지권, 교육권, 의료보장권 등 — 를 함께 갖춘 시민적 자유의 체제를 반기고 있다. 그들은 자신의 목표를 추구하는 개인들의 역량을 존중하려면 존엄한 삶에 대한 최소적 선결 요건들을 정부가 보장해주어야 한다고 주장한다. (현대 정치에서 보통 보수주의로 불리는) 자유지상주의적 자유주의자들은 시장경제를 옹호하고, 재분배 정책이 사람들의 권리를 침해한다고 주장한다. 그들은 사람들을 존중하려면 각자에게 각자가 이룬 노동의 결실을 보장해주어야 한다고 주장하며, 그래서 사적 소유권을 위한 엄정

12) Dworkin, "Liberalism", p.136.

한 체제와 연결된 시민적 자유의 체계를 반긴다. 평등주의적이든 자유지상주의적이든, 칸트적 자유주의는 우리들이 각자의 목표와 이해 관심, 가치관을 지닌, 분리되고 개별적인 사람들이라는 주장으로부터 시작한다. 그 입장은 자유로운 도덕적 행위자로서의 우리 자신의 역량을 실현시키는 권리 체계를 추구한다. 이때 자유는 타인들에게도 똑같이 마련된 자유에 모순되지 않는 것이어야 한다.

자유주의적 자아

공리주의에 대한 칸트적 반론은 그에 대조적인 인간관, 즉 도덕적 행위자의 의미를 생각하는 데에 대조적인 입장으로부터 그 힘의 많은 부분을 얻고 있다. 공리주의자들이 우리의 많은 욕망들을 하나의 단일한 욕망 체계로 넣어 섞어버리는 반면에, 칸트적 자유주의자들은 인간의 분리성을 주장한다. 공리주의적 자아가 단순히 욕망의 총합으로 규정되는 반면에, 칸트적 자아는 어느 순간 우연히 가지는 욕망과 목표들과는 독립적으로 취사선택하는 자아다. 칸트는 자율적 의지를 갖고 행위할 능력을 인간에게 부여함으로써 이런 생각을 표현하고 있다. 이와 유사하게, 현대 자유주의자들은 자신의 목적과 목표에 선행하고 그것에 독립적인 자아 개념에 의거해 있다.

좋음에 대한 옳음의 우선성 주장 그리고 그것에 기여하는 인간관으로 인해, 칸트적 자유주의는 공리주의에 반대될 뿐 아니라 우리가 선택하지 않은 목표—가령 자연 혹은 신이 부여한 목표 또는 가족, 민족, 문화, 전통의 성원으로서의 정체성이 부여한 목표—를 성취할 의무가 있는 존재로서 우리를 바라보는 모든 입장에 반대된다. 가족, 민족, 문화, 전통의 성원으로서의 정체성과 같은 연고 깊은 정체성은 자유주의적 인간관과 상충되는데, 왜냐하면 자유주의적 인간관은 선행되는 도덕적 연대에 속박되지 않고 자기 목표를 스스로 선택할 수 있는 자유롭고 독립적인 자아로서 인간을 바라보기 때문이다. 자유주의적 인간관은 중립 체제로서의 국가라는 이념 속에서 표현되는 관점이다. 칸트적 자유주의자에게 우리가 중립 체제, 즉 경쟁하는 가치와 목적들 사이에서 선택하길 거부할 권리 체계를 필요로 하는 엄밀한 이유는 우리가 자유롭게 선택하는 독립적인 자아라는 점 때문이다. 자유주의적 자아에게서 우선적으로 문제가 되는 것, 우리 인격에 가장 핵심적인 것은 우리가 선택하는 목적들이 아니라 그것을 선택하는 우리의 능력이다. "우리의 목적들이 우리의 본성을 드러내주는 주요한 요소는 아니다." 그보다 우리의 본성을 드러내주는 것은 바로, 우리가 우리의 목적들로부터 벗어나 생각할 경우 동의하게 될 권리 체계다. "왜냐하면 자아는 자아가 확신한 목적들에 선행해 있기 때문이다. 우세한 목적조차도 수많은 가능성들 가운데에서 선택되어야만 한다."13)

자유주의 윤리는 그 입장을 활력 있게 하는 자아상에 호소함으로써 그 도덕적 힘의 많은 부분을 얻는다. 이 입장은 적어도 두 가지 원천에 호소한다. 첫째, 자아가 스스로 선택하지 않은

---

13) Rawls, *A Theory of Justice*, p.560.

목적과 애착 관계들에 연루되지 않은 자유롭고 독립적인 자아라는 자아관은 강력한 자유화(liberating)의 시각을 제공한다. 관습과 전통, 상속된 지위에서 오는 제재가 없고, 선택 이전에 존재한 도덕적 연대에 의해 구속되지도 않은 자유주의적 자아는 주권자로서 설정되어 있고, 자신을 제약하는 의무들의 창조자로서 존재한다. 여건들의 단순한 총합이라는 의미 이상으로, 우리는 "스스로 창조하고, 만들고, 선택하는" 존재로서의 인간이라는 의미에서 인격의 존엄성을 행사할 수 있게 된다.[14] 우리는 우리가 추구하는 목적들의 단순한 도구가 아니라 행위자(agents)다. 우리는 "타당성 주장의 자기 기원적 원천(self-originating sources of valid claims)"이다.[15]

자유주의적 자아관이 호소하는 두 번째 원천은 그것이 평등한 존중을 함축한다는 점에 있다. 하나의 인격은 그 인격이 수행한 역할, 지켜온 관습, 확신해온 신앙, 그 이상의 것이라는 생각은 삶의 우연적 요소들과는 무관하게 존중의 토대를 제공한다. 자유주의적 정의는 인종, 종교, 민족, 성별과 같은 사람들 간의 차이에 대해 주목하고 있지 않다. 왜냐하면 자유주의적 자아관에서 이런 특징들은 우리의 정체성을 우선적으로 규정하지 않기 때문이다. 그런 특징들은 자아의 핵심 구조가 아니라 단순한 속성들이며, 국가가 주목하지 말아야할 것들이다. "우리의 사회적 위치와 계급, 우리의 성별과 인종은 도덕적 견지에서 이

14) George Kateb, "Democratic Individuality and the Claims of Politics", *Political Theory*, 12 (August 1984), p.343.
15) John Rawls, "Kantian Constructivism in Moral Theory", *Journal of Philosophy*, 77 (Summer 1980), p.543.

뤄지는 심의 과정에 영향을 끼쳐서는 안 된다."[16] 이런 우연적 요소들이 일단 우리 인격의 측면들이라기보다 우리 여건의 산물들로 파악된다면, 그런 요소들로 인해 생겨났던 편견과 차별의 익숙한 근거들이 사라지게 된다.

그리고 자유주의적 정의관에 따르면, 우리가 제시하는 덕들 혹은 우리가 지지하는 가치들도 중요하지 않게 된다. "저것보다는 이것을 우리의 가치관으로 가진다는 점은 도덕적 관점과 관련이 없다. 가치관을 형성할 때, 우리는 몇몇 우연성에 의해 영향을 받는다. 그 우연성은 마치 우리의 성, 계급에 대한 지식이 배제될 때 제거되는 우연성과 같다."[17] 자유주의의 여러 입장들은 서로 다른 점을 가지고 있긴 하지만, 자유지상주의적 자유주의와 평등주의적 자유주의는 사람들의 권리는 그들의 업적 혹은 덕 혹은 도덕적 응분에 기반해서는 안 된다는 점에 동의한다. 왜냐하면 사람들을 덕스럽게 만들거나 도덕적으로 응분의 가치가 있게 만드는 성질들은 "도덕적 관점에서 볼 때 자의적인" 요소들에 의거해 있기 때문이다.[18] 따라서 자유주의 국가는 차별하지 않는다. 모든 자유주의 정책 또는 법률은 어떤 사람 혹은 삶의 방식이 본질적으로 다른 이 혹은 다른 삶의 방식보다 더 덕스럽다고 전제해서는 안 된다. 자유주의 정책은 인간을 인간으로서 존중하고 그들이 선택하는 삶을 영위할 수 있는 그들

16) John Rawls, "Fairness to Goodness", *Philosophical Review*, 84 (October 1985), p.537.

17) 같은 곳.

18) Rawls, *A Theory of Justice*, p.312, pp.310-315. 다음도 참조하시오. Friedrich A. Hayek, *The Constitution of Liberty* (Chicago : University of Chicago Press, 1960), chap. 7 : 그리고 Nozick, *Anarchy, State, and Utopia*, pp.155-160.

의 평등한 권리를 보장한다.

칸트적 자유주의에 대한 비판

칸트적 자유주의자들은 이렇게 옳음의 우선성을 주장함으로써 하나의 가치관에 대한 공인을 피해가고 있다. 그런데 여기서 옳음의 우선성은 목적에 선행해 있는 자아라는 자아관에 입각해 있다. 이런 자아관은 어느 정도로 그럴 듯할까? 그런 자아관이 지니는 강력한 호소력에도 불구하고, 무연고적 자아상은 결함 있는 것이다. 그것은 우리의 도덕적 경험을 설명해내지 못한다. 왜냐하면 그것은 우리가 공통적으로 인정하고, 심지어 높이 평가하는 어떤 도덕적, 정치적 책무들을 설명해낼 수 없기 때문이다. 이런 책무들은 연대의 책무, 종교적 의무 그리고 선택과는 무관한 이유들에 의해 우리에게 요구되는 다른 도덕적 연대를 포함하고 있다. 우리가 선택한 적 없는 도덕적 연대에 의해서는 결코 구속되지 않는 자유롭고 독립적인 자아로서 우리 자신을 이해한다면 위에 나열한 책무들은 설명하기 어려운 것이 된다.

우리가 우리 자신을 연고 있는 자아, 즉 어떤 기획과 입장들에 이미 몸담은 자아로 파악하지 않는다면, 우리는 우리의 도덕적, 정치적 경험에 필수불가결한 이런 측면들을 이해할 수 없다.

자유주의적 견해에 따른 제한된 책무관을 살펴보자. 롤스에 따르면, 책무들은 두 가지 방식 중 하나의 방식으로만 나타날 수 있다. 우리가 인간 자체에 대해 가지는 "자연적 의무"로서 혹은 우리가 동의하여 발생시킨 자발적 책무들로서 말이다. 자연적 의무는 우리가 인간으로서의 인간에게 지우는 의무인데, 가령 정의롭게 대할 것, 잔학 행위를 하지 말 것 등이 있다. 이와는 다른 책무, 즉 우리가 특정인들에 대해 갖는 책무는 모두 동의에 기반해 있으며 우리가 한 합의에 의해서만 발생한다. 그 합의가 암묵적인 것이든 명시적인 것이든 말이다.[19]

무연고적 자아로 간주된 상태에서 우리는 모든 이들의 존엄성을 존중해야만 하지만, 이를 넘어서면 우리는 우리가 책임지기로 동의한 것들에만 책임을 진다. 자유주의적 정의에 따르면 우리는 사람들의 권리(중립 체제가 규정한 것으로서의 권리)를 존중해야 하지만, 우리가 그들의 선을 증진할 필요는 없다. 우리가 타인의 선에 관심을 가져야 하는지 아닌지의 문제는 우리가 그렇게 하기로 동의했는지 여부, 그리고 누구와 동의했는지 여부, 그리고 어떤 조건에서 동의했는지 여부에 달려 있다.

이런 관점으로부터 나오는 한 가지 놀라운 결과는 "엄밀히 말해서, 시민들에게 일반적으로 지워질 정치적 책무는 없다"는 점이다. 공직에 있는 사람은 정치적 책무(즉, 선출되었을 경우 그 나라를 위해 일해야 할 책무)가 있을지언정, 보통 시민들은 그런 책무를 갖지 않는다. "행위를 구속하는 필수 요건들이 무엇인지, 그것을 수행해온 사람이 누구인지 분명하지 않다."[20] 따라서 평균적인 시민들은 그들의 동료 시민들에 대해, 부정의

---

19) Rawls, *A Theory of Justice*, pp.108-117.
20) 같은 책, p.114.

를 저지르지 말라는 보편적이고 자연적인 의무 외에 특별한 어떤 책무를 가지지 않는다.

보편적으로 부여되는 의무 혹은 자발적으로 발생하는 책무라는 견지에서 모든 책무를 해석하려는 자유주의적 시도는 우리가 공통적으로 인정하는 시민적 책무, 그리고 다른 도덕적, 정치적 연대를 설명하기 어렵게 만든다. 그것은 위와 같은 충성과 책임을 포착해내지 못한다. 충성과 책임의 도덕적 힘은 부분적으로는 다음과 같은 사실에 놓여 있다. 즉, 그런 충성과 책임을 지키고 산다는 것은 우리 자신을 특정한 사람으로서, 즉 이 가족, 이 도시, 이 나라, 이 민족의 성원으로서, 이 역사의 담지자로서, 이 공화국의 시민으로서 이해하는 일과 떨어질 수 없다. 이런 충성은 내가 일정 거리를 두고 우연히 취하는 가치 그 이상의 것일 수 있다. 그런 충성에서 귀결되는 도덕적 책임은 내가 자발적으로 발생시킨 책무 그리고 내가 인간 자체에 대해 갖는 "자연적 의무"를 넘어선 것일 수도 있다.[21)]

내가 살고 있는 특정한 공동체로부터 흘러나온 특정한 책임 중 어떤 것은 연대의 책무처럼, 동료 성원들에 대해 내가 갖게 되는 것이다. 어떤 다른 책임의 경우, 나는 내 공동체와 도덕적으로 관련 있는 역사를 가진 다른 공동체의 성원에게 그 책임을 갖는다. 가령, 독일이 유태인에 대해 갖는 도덕적 부담, 백인 미국인이 흑인 미국인에게 갖는 도덕적 부담, 혹은 영국과 프랑스가 예전의 식민지였던 나라에게 갖는 도덕적 부담이 그 예다.[22)]

---

21) 다음을 참조하시오. Michael Sandel, *Liberalism and the Limits of Justice* (Cambridge : Cambridge University Press, 1982), pp.179-183.

22) Alasdair MacIntyre, *After Virtue* (Notre Dame : University of Notre Dame

그 책무가 대내적인 것으로 보이든, 대외적인 것으로 보이든, 멤버십에서 오는 책무는 우리가 선택 이전에 존재하는 도덕적 연대를 담당해낼 수 있다는 점을 전제하고 있다. 우리가 그런 존재인 한, 우리 멤버십의 의미는 계약주의적 견지에서 재설명될 수 없다.

때때로 자유주의적 관점을 옹호하기 위해 다음과 같은 주장이 제기된다. 즉, 아무리 심리적으로 강력하게 자리잡았다고 해도 동의에 근거하지 않은 충성(loyalties)과 충실(allegiances)은 감정의 문제이지 도덕의 문제가 아니며, 그런 것들은 무연고적 자아에게 쓸모없는 책무를 제시하지 못한다. 하지만 연대의 책무와, 그것으로부터 귀결되는 두텁게 구성된 연고 깊은 자아를 인정하지 않고서는 우리에게 익숙한 도덕적, 정치적 딜레마들을 이해하기 어렵다.

미국 시민전쟁에서 남부 연합군을 이끌었던 유명한 장군 로버트 리의 경우를 살펴보자. 시민전쟁의 전날 밤, 리 장군은 연방군(thc Union army)의 한 장교로 일하고 있었다. 그는 버지니아 주 출신의 남부인이었지만 분리를 반대했고, 사실상 그것은 반역 행위로 간주했다. 하지만 전쟁의 위협이 다가왔을 때 리 장군은 버지니아 주에 대한 그의 책무가 연방에 대한 그의 책무에 우선하며 노예에 반대한다는 그의 공식적 입장에 우선한다고 결론을 내렸다. 그는 다음과 같이 말했다. "연방에 대해 헌신하는 마음은 있지만 나는 내 친지, 내 아이들, 내 고향을 향해 공격할 마음을 먹을 수 없었습니다 …. 만약 연방이 와해된다면,

---

Press, 1981), pp.204-206.

그리고 정부가 전복된다면, 나는 내가 태어난 주로 되돌아가 나의 인민들과 고통을 나눌 것입니다. 내 고향을 지키는 경우가 아니라면, 나는 다시는 칼을 빼지 않을 것입니다."[23]

우리는 그가 한 선택을 인정하지 않더라도 그가 처한 곤경의 참담함을 이해할 수 있다. 하지만 우리는 그가 반대하는 명분으로 가게 됨에도 불구하고 그의 인민들 편에 설 것을 요청하는 부름이 단순히 감정적 의미가 아닌 도덕적 의미의 주장이라는 점, 이 도덕적 의미는 다른 의무와 책무에 견주어 균형을 이룰 정도로 무게감이 있다는 점을 인정하지 않고서는 그가 처한 딜레마를 도덕적 딜레마로서 이해할 수 없다. 그것을 인정하지 못하면 리 장군의 곤경은 진정한 도덕적 딜레마가 전혀 아니게 되며, 그것은 단지 한쪽의 도덕성과 다른 한쪽의 단순한 감정 혹은 편견이 서로 상충하는 상황이 된다.

리 장군의 곤경을 단지 심리적으로만 해석하게 되면, 우리는 우리가 리 장군과 같은 사람들에게 공감할 뿐 아니라 종종 그런 사람들을 존경한다는 사실을 놓치게 된다. 여기서 이 존경은 반드시 그가 내린 선택 때문에 존경한다는 의미가 아니라, 그의 숙고가 반영하는 성품 때문에 그를 존경한다는 의미다. 여기서 말하는 그 성품은 한 사람의 삶의 여건을 반성적으로 해석된 상황 속의 존재로 보는 경향이다. 나를 어떤 특수한 삶에 연루시

---

23) 리 장군 이야기는 다음에서 인용하였다. Douglas Southall Freeman, *R. E. Lee* (New York : Charles Scribner's Sons, 1934), pp.443, 421. 리 장군에 대한 논의에 대해서 다음의 책도 참조하시오. Morton Grodzins, *The Loyal and the Disloyal* (Chicago : University of Chicago Press, 1965), pp.142-143 ; 그리고 Judith Shklar, *Ordinary Voices* (Cambridge, Mass : Harvard University Press, 1984), p.160.

키는 역사가 요구하는 것은 바로 이런 성품이다. 이때 나는 특수한 삶에 연루되지만 그 특수성을 자각하고 있으며, 좀더 넓은 지평과 다른 삶의 방식에 대해서도 깨어 있다. 하지만 이것은 자기 자신을 무연고적 자아, 즉 발생시키기로 선택한 책무에 의해서만 구속받는 자아로 생각하려는 사람들에게는 없는 성품이다.

리 장군의 예가 말해주듯이 자유주의적 인간관은 너무 얄팍해서 우리가 공통적으로 인정하는 도덕적, 정치적 책무, 가령 연대의 책무와 같은 것들의 모든 범위를 설명해내지 못한다. 그런 인간관이 지니는 설득력은 이 점 때문에 공격받는다. 그뿐 아니라 그것은 현대 복지 국가의 시민들에게 기대되는 덜 강한 공동 책무를 지지하기에도 너무 약할 수 있다. 리 장관의 경우에서처럼 비극적인 영웅적 딜레마를 이해하는 데뿐 아니라 많은 자유주의자들이 옹호하는 권리를 존속시키기 위해서라도 더 강한 공동체관이 필요할 수도 있다.

자유지상주의적 자유주의자들은 시민들에게 거의 요구를 하지 않는 빈면, 좀디 관대힌 형태의 자유주의 윤리는 다양한 공적 부조와 재분배 정책을 지지한다. 평등주의적 자유주의자들은 시민적, 정치적 권리뿐 아니라 사회적, 경제적 권리도 옹호하며, 따라서 동료 시민들이 서로 깊이 연루될 것을 요구한다. 그들은 개인의 "복수성과 구분성"을 주장하지만 또한 그들은 우리가 "서로의 운명을 공유해야 한다"고 요구하며, 자연적 재능을 "공동 자산"으로 간주하라고 요구한다.[24]

공유의 윤리로서의 자유주의는 운의 자의성을 강조하고 평등

24) Rawls, *A Theory of Justice*, pp.101-102.

한 자유의 의미 있는 행사를 위해 필요한 물질적인 선결 조건들의 중요성을 강조한다. “피할 수 없는 여건에 놓인(necessitous) 사람은 자유로운 사람이 아니기 때문에”, 그리고 어떤 경우든 성공을 가능케 하는 자산과 재능은 “도덕적 견지에서 자의적”이기 때문에, 평등주의적 자유주의자는 부자들에게 세금을 매겨 가난한 자들이 존엄 받는 삶의 선결 조건들을 가질 수 있도록 돕는다. 이렇게 복지 국가를 향한 자유주의적 요구는 공동선에 대한 한 이론 혹은 공동 책무에 관한 강한 개념에 의존해 있지 않고, 그 대신 우리가 우리의 이해 관심과 목적들로부터 멀리 떨어져 있을 경우 존중하기로 동의할 만한 권리들에 의존해 있다.

공적 부조를 향한 자유주의적 요구는 강한 공동 연대를 끌어들이지 않는 조건에 잘 들어맞고 이 때문에 그 입장은 호소력을 갖기도 한다. 하지만 그럼에도 불구하고 그것은 재분배 정책이 어떤 사람을 다른 사람의 목적에 대한 수단으로 사용하며, 따라서 자유주의가 우선적으로 보장하려 하는 개인의 “복수성과 구분성”을 침해한다고 주장하는 자유지상주의자들의 반론에 대해 취약하다.[25] 계약론적 공동체관만을 고수한다면, 자유지상주의적 반론에 대응할 방도가 묘연해진다. 만약 내가 공유해줘야만 하는 운명의 사람들이 도덕적으로 말해 진정으로 내 정체성과 연결되어 있는 삶에 참여한 동료가 아닌 타인이라면, 공유의 윤리로서의 자유주의는 공리주의가 직면했던 것과 같은 반론에 노출되어 있는 것으로 보인다. 나에게 내려진 그 요구는 내가

25) 다음을 참조하시오. Nozick, *Anarchy, State, and Utopia*, p.228.

동일시하는 공동체가 부여한 요구가 아니라, 내가 공유할 수도 있고 하지 않을 수도 있는 목적을 지닌, 자의적으로 규정된 집단성이 부여한 요구다.

만약 평등주의적 자유주의자가 사회, 경제적 권리는 사람들에 대한 동등한 존중의 차원에서 필요하다고 대답한다고 해도 왜 이 사람들, 즉 어쩌다 내 나라에 살게 된 이 사람들이 타인들은 가지지 못한 내 배려에 대해 요구를 할 수 있는가라는 문제는 여전히 남는다. 시민권(citizenship)에서 나오는 상호 책임이란 것을 인간으로서의 인간에 대한 존중의 개념에 연결시킨다면, 복지 정책에 관한 도덕적 요구는 외국 원조에 대한 도덕적 요구와 같은 차원에 놓이게 된다.—외국 원조, 이것은 우리가 다른 것은 거의 공유하지 않아도 공통적으로 인간임을 공유하기 때문에 발생하는 의무다. 이런 인간관을 고려해볼 때 자유주의 나름의 공유의 윤리가 전제하지 않을 수 없는 관심의 특정 경계를 자유주의가 어떻게 옹호해낼 수 있을지는 불분명하다.

평등주의적 자유주의가 요구하는 바이지만 그들의 어법으로는 제시하기 힘든 것은, 공유가 이루어질 적절한 공동체를 규정하는 방식, 그 참여자를 상호 빚진 자 혹은 같이 시작하기로 도덕적으로 약속한 자로 보는 방식이다. 자유주의적 사회, 경제 권리는 공통적으로 추구하는 것이 있는 공동 생활을 표현하거나 발전시키는 것으로서 정당화될 수 없기 때문에, 공동 관심의 토대와 경계는 옹호되기 어려워진다. 왜냐하면 우리가 보아왔듯이, 그 공유를 제쳐놓기도 하고 설정해놓기도 할 강한 공동체관 혹은 강한 시민관은 엄밀히 말해서 자유주의적 자아를 부정하는 생각이기 때문이다.

그런 생각이 함축하는 도덕적 연고성과 선행적 책무들은 옳음의 우선성 개념을 근본적으로 흔들 것이다.

최소주의적 자유주의

우리가 자유롭게 선택하는 무연고적 자아, 즉 칸트적 자유주의자가 생각하는 그런 자아가 아니라면, 그 점으로부터 정부가 시민들의 덕을 함양시켜야 한다는 결론이 나오게 될까? 어떤 정치 철학자들은 중립성에 대한 요구는 칸트적 인간관과는 별개의 문제라고 주장한다. 그들 주장에 따르면, 자유주의를 요구한다는 것은 정치적인 의미에서 그런 것이지 철학적이거나 형이상학적인 의미에서 그런 것이 아니라는 것이며, 따라서 자유주의를 주장하는 것은 자아 본성에 관해 의견 분분한 주장들에 의거해 있지 않다는 것이다. 좋음에 대한 옳음의 우선성은 칸트적 도덕 철학을 정치 철학에 적용한 것이 아니라, 현대 민주적 사회에 살고 있는 사람들이 대개 좋음에 관해 불일치하고 있다는 친숙한 사실에 대한 실천적 대응이다. 중립성에 대한 이런 옹호는 칸트적 인간관에 의거해 있지 않고, 그보다는 "철학적으로 말하자면, 그 표면에 머물고 있기" 때문에, 자유주의는 최소주의적 자유주의로 기술될 수 있다.[26]

---

26) 내가 여기에서 최소주의적 자유주의라고 기술한 입장은 롤스의 최근 저서에서 제시되는 것이다. *Political Liberalism* (New York : Columbia University Press, 1993). 그리고 그의 논문 "Justice as Fairness : Political Not Metaphysical",

최소주의적 자유주의자는 우리가 종종 선택과 무관하게 존재하는 도덕적, 종교적 책무들이 제시하는 요구를 받는다는 점을 인정한다. 하지만 그들은 우리가 공적 영역에 들어올 때, 이런 책무들을 옆에 제쳐놓고 들어와야 하며, 정치와 법에 대해 토론할 때 우리가 지닌 도덕적이고 종교적인 신념을 덮어두어야 한다고 주장한다. 개인적 삶에서 우리는 우리 자신을 "어떤 특정한 종교적, 철학적, 도덕적 신념과는 별개로, 혹은 계속 지속되는 특정한 충성심과 애착과는 별개로" 본다는 생각은 도저히 할 수 없다고 여길지도 모른다. 하지만 우리는 우리의 개인적인 정체성과 정치적인 정체성 사이에 구분을 두어야 한다. 우리가 사적으로 어떤 식으로 연루되어 있다 해도, 그리고 아무리 도덕적, 종교적 확신에 따른다 해도, 우리는 공적인 영역에서는 우리의 연고를 덮어두고 공적 자아로서, 즉 어떤 특정한 충성이나 가치관에도 독립적인 자아로서 바라보아야 한다.[27]

시민으로서의 정체성과 개인적인 정체성을 분리해야 한다는 주장은 불 보듯 뻔한 도전을 불러일으킨다. 우리의 정치적 정체성은 왜 우리가 개인적 삶에서 확신하는 도덕적, 종교적 신념을 표출해서는 안 되는가? 정의와 권리를 토론하는 데에 우리는 왜 우리 삶의 (정치적 영역 외에) 나머지 부분을 이끄는 도덕적

Philosophy & Public Affairs, 14 (1985), pp.223-251에서도 제시되었다. 약간 다른 형태에서, 그 입장은 다음의 책에서도 제시되었다. Richard Rorty, "The Priority of Democracy to Philosophy", in *The Virginia Statute for Religious Freedom*, ed. Merrill D. Peterson and Robert C. Vaughan (Cambridge : Cambridge University Press, 1988). 인용 어구는 다음 논문에서 나온 것이다. Rawls, "Justice and Fairness", p.230.

27) Rawls, *Political Liberalism*, p.31, pp.29-35.

판단을 제쳐놓아야만 하는가? 최소주의적 자유주의자들은 시민적 정체성과 개인적 정체성을 분리하는 것은 현대 민주적 생활에 관한 중요한 사실을 존중한다는 의미라고 대답한다. 전통적 사회에서 사람들은 자신의 도덕적, 종교적 이념의 상 속에서 정치적 생활을 그려내려고 했다. 하지만 현대 민주적 사회는 도덕적, 종교적 이념의 다원성을 그 특징으로 한다. 더 나아가 이 다원주의는 합당하기까지 하다. 이 다원주의는 품위 있고 지적인 사람들이 합당한 반성을 거친 이후에도 가치 있는 삶의 본질에 대해 다른 입장에 이를 수 있다는 사실을 여전히 반영한다. 합당한 다원주의라는 사실 아래에서 우리는 하나의 가치관을 다른 가치관보다 우월하다고 공인하지 않고서 정의와 권리에 관한 문제들을 결정해야 한다. 이런 식으로 해야만 우리는 상호 존중에 기반한 사회적 협력이라는 정치적 가치를 확실히 지킬 수 있다.[28]

최소주의적 자유주의는 자아본성론에 대한 논쟁을 포함하는 정치적 논쟁으로부터 자유주의적 원칙들을 분리하려고 한다. 자유주의는 "하나의 정의관을 진리의 차원에서 제시하는 것이 아니라" 민주 사회에서의 정치적 합의를 위한 토대로 기능할 것으로서 제시하고 있다. 그것은 "철학에 대한 민주주의의 우선성"을 주장한다. 그것은 정치적 정의관을 제시하는 것이지 형이상적 혹은 철학적 정의관을 제시하는 것이 아니다.[29]

최소주의적 자유주의 입장은 정치를 철학으로부터 분리해내

28) 같은 책, pp.xxvi-xxviii.

29) Rawls, "Justice as Fairness", p.230 ; Rorty, "Priority of Democracy." p.257.

자는 생각, 즉 정치 관련 영역에서 도덕적, 종교적 문제를 덮어두자는 생각이 지니는 논리적 힘에 의거해 있다. 하지만 이것은 다음과 같은 질문을 야기한다. 사회 협력과 상호 존중을 보장하기 위한 실천적 이해 관심이 실질적인 도덕적, 종교적 견해에서 제기될 수 있는 어떤 강력한 도덕적 이해 관심마저도 모두 격파할 정도로 그렇게 강력한 이유는 무엇인가? 실제적인 것의 우선성(the priority of the practical)을 주장하는 한 방식은, 그 실제적인 것이 덮어둔 도덕적, 종교적 입장이 참일 수도 있다는 점을 부정하는 것이다. 하지만 이것 역시 엄밀히 말해서 최소주의적 자유주의가 피하려고 하는 의견 분분한 형이상학적 주장의 한 종류다. 따라서 만약 자유주의자들이 그러한 어떤 가치관들은 참일 수도 있다는 것을 인정해야 한다면, 그때는 다음과 같은 문제가 남게 된다. 어떤 도덕적, 종교적 교설도 사회 협력에 위한 현실적 이해 관심을 도덕적으로 능가할 정도로 강력한 이해 관심을 발생시키지 못한다고 누가 보장할 수 있는가?

최소주의적 자유주의에 대한 비판: 임신 중절 논쟁

최소주의적 자유주의는 이 문제에 대해 설득력 있는 대답을 제시하지 못한다. 왜냐하면 관용, 사회 협력, 상호 존중과 같은 정치적 가치들의 중요성을 인정한다 해도, 실질적인 도덕적, 종교적 교설로부터 제기될 수 있는 경쟁적 가치들을 제쳐놓는 것이 언제나 합당하지는 않기 때문이다. 적어도 중대한 도덕적 문제들이 관련된 경우, 정치적 합의를 위해서 도덕적, 종교적 논쟁들을 덮어두는 것이 합당한지 여부는 각 입장이 주장하는 도덕적, 종교적 교설 중 어떤 것이 진리인지에 대한 문제에 달려 있기 때문이다. 최소주의적 자유주의는 관용에 대한 요구를 관용되는 관행들의 도덕적 가치에 관한 어떤 판단으로부터도 분리해내고 싶어한다. 하지만 이런 분리가 언제나 옹호될 만한 것은 아니다. 우리는 문제가 되는 관행에 대한 도덕적 판단을 거치지 않고서는 문제의 사안에 대해서 관용이 정당화될 수 있을지 없을지 결정할 수 없다. 가령, 임신 중절의 권리에 대한 현대적 논쟁을 살펴보자.

임신 중절의 도덕적 허용에 관한 강한 불일치가 있는 상황에서는 도덕적, 종교적 논점을 덮어두는—즉, 그런 논점들에서 중립적인—정치적 해결을 추구하려는 주장이 특히나 강력해 보일 것이다. 하지만 정치적 목적 때문에 문제가 되는 도덕적, 종교적 교설들을 덮어두는 것이 합당한지의 여부는 보통 그 교설들 중 어떤 것이 참이냐의 문제에 달려 있다. 만약 가톨릭 교리가 참이라면, 즉 적절한 도덕적 의미에서의 인간 생명이 수태 시기에 시작한다면, 인간 생명의 시작점에 대한 도덕 신학적 문제를 덮어두는 일은 경쟁적인 도덕, 종교적 전제들 위에 하나의 입장을 갖는 일보다 훨씬 합당치 못하게 된다. 관련된 도덕적 의미에서 태아가 아기와 다른 존재라고 우리가 확신하면 할수록 우리는 태아의 도덕적 지위에 대한 논쟁을 제쳐두는 정치적 정의관을 지지하는 데에 더욱 확신 있게 된다.

현대의 임신 중절 논쟁이 반영하듯이, 정치적 정의관도 역시 그것이 덮어둘 법한 논쟁거리들에 대해 하나의 입장을 전제하고 있다. 왜냐하면 임신 중절 논쟁은 인간 생명의 시작점에 관한 논쟁일 뿐 아니라 정치적 목적을 위해 그 문제로부터 물러나는 일이 얼마나 합당한지에 관한 논쟁이기도 하기 때문이다. 임신 중절 반대론자는 도덕적 용어를 정치적 용어로 바꾸는 일에 대해 반대하는데, 왜냐하면 그들은 그들 견해의 많은 부분이 이런 식의 전환을 통해 소실될 것이라는 점을 알기 때문이다. 최소주의적 자유주의가 제공한 중립적 영역은 종교적 신념들보다는 그런 신념의 반대자들에게 더 유리하기 마련이다. 임신 중절 옹호자들에게는 각 입장들이 거의 비교 불가능하다는 점이 중요하다. 임신 중절이 도덕적으로 허용 가능하다고 믿는 것과, 정치적 문제로서 여성들이 스스로 도덕적 문제를 자유롭게 결정해야 한다는 점에 동의하는 것 사이에는 거의 차이가 없다. 임신 중절이 그른 것일 경우 정치적 합의가 치를 도덕적 대가는 그것이 허용 가능한 것일 경우 치러질 대가보다 훨씬 크다. 사람들이 주장하는 도덕적, 종교적 견해들을 덮어두는 것이 얼마나 합당한지의 문제는 이런 견해들 중 어떤 것이 좀더 맞는 주장인지의 여부에 부분적으로 달려 있다.

최소주의적 자유주의는 이렇게 대응할 수도 있을 것이다. 즉, 관용이라는 정치적 가치와 여성에 대한 평등한 시민권이라는 정치적 가치는 여성이 임신 중절할 것인지 여부를 스스로 자유롭게 선택할 수 있어야 한다는 결론에 대해 충분한 근거가 된다. 정부는 인간 생명의 시작점에 대한 도덕적이고 종교적인 논쟁에 어느 한 편을 들어서는 안 된다. 하지만 태아의 도덕적 지위에 관해 가톨릭교회가 옳다면, 즉 임신 중절이 도덕적으로 살인에 해당한다면, 관용과 여성의 평등권이라는 정치적 가치, 그것이 얼마나 중요하든지 간에 그런 가치들이 왜 반드시 우세해야 하는지는 불분명하게 된다. 가톨릭교회가 참이라면, 정치적 가치에 대한 최소주의적 자유주의의 주장은 정의로운 전쟁론의 한 사례가 되어야만 한다. 사람들은 매해 (미국에서만) 백만 명의 시민 살해라는 비용을 치르면서까지 왜 이런 가치들이 우세해야 하는지를 보여야 할 것이다.

물론 인간 생명의 시작점에 관한 도덕 신학적 문제를 덮어둘 수 없음을 제시한다는 것은 임신중절권에 대한 반대 논증이 아니다. 그것은 다만 임신중절권 주장이 그 저변에 깔린 도덕적, 종교적 논쟁에 관해 중립적일 수 없다는 점을 보일 뿐이다. 그런 논쟁은 문제가 되고 있는 실질적인 도덕적, 종교적 교설을 피해가기보다는 그것에 관련해야한다. 자유주의자는 종종 이런 관련을 거부하는데, 왜냐하면 그것은 좋음에 대한 옳음의 우선성을 깨뜨리기 때문이다. 하지만 임신중절권 논쟁은 이런 옳음의 우선성이 유지될 수 없다는 점을 보여준다. 임신 중절을 할 것인지 여부를 스스로를 위해 결정할 수 있는 여성의 권리를 존중하자는 주장은 비교적 이른 시기의 발달 단계에 있는 태아를 유산하는 것과 아이를 죽이는 것 사이에 적절한 도덕적 차이가 존재한다는 점을 보이는 것에 달려 있다.

임신 중절 논쟁은 정치적 정의관이 종종 그것이 덮어두려고 하는 도덕적, 종교적 문제들에 대해 하나의 대답을 전제할 수밖에 없다는 점을 보여준다. 적어도 중대한 도덕적 문제가 제기된 상황에서 정치와 법을 실질적인 도덕적 판단으로부터 떨어뜨려 놓는 것은 가능하지 않다. 하지만 우리의 도덕적, 종교적 신념을 들먹이지 않고서 정치적 논쟁을 하는 것이 가능하다고 할지라도 그것이 늘 바람직한 것은 아닐 수도 있다. 정치적 합의를 위해서 도덕적, 종교적 논증을 공적 영역에서 몰아내려는 노력은 정치적 담론을 빈약하게 만들고 자치에 필요한 도덕적, 시민적 자원을 갉아먹는 결과를 낳을 수도 있다.

* * *

이 강의에서, 나는 자유주의의 한 형태에 대해 반론했다. 그 자유주의는 자유롭게 선택하는 무연고적 자아에 대한 존중이라는 명분 아래 그리고 많은 도덕적, 종교적 신념들이 경쟁해 있는 상황에서의 사회 협력을 위해서, 국가가 가치 있는 삶의 문제에 대해 중립적이어야 한다고 주장한다. 그 입장과는 달리 나는 정부는 자치를 공유하기 위해 갖춰야 할 품성을 시민들 안에 육성해야 한다고 제안했다. 이것은 공화주의적 자유관을 가리킨다. 하지만 과연 공화주의적 전통은 현대의 민주 사회를 특징짓는 다원주의와 양립 가능할까? 그리고 어떤 정치적 정체성들이 지구촌 시대의 시민적 기획에 필요할까? 나는 공화주의적 전통에 대한 이런 도전들을 제2강에서 논의할 것이다.

Liberalism and the Unencumbered Self

My subject in these lectures is the relation between politics and the human good: Is it possible to separate politics from moral and spiritual questions, and if it is possible, is it desirable? Here, in advance of my argument, is my answer: No. It is neither possible nor desirable to separate politics from moral and spiritual questions. Democratic citizens should not be required to set aside their moral convictions when entering the public realm. Pluralist societies should recognize the fact that men and women disagree about moral and religious questions. They should respect this pluralism not by avoiding these disagreements, but by promoting public deliberation even, where necessary, about hard moral questions.

Liberal and Republican Freedom[1]

The argument I propose is at odds with an influential version of liberal political theory. According to this version of liberal political theory, government should be neutral toward the moral and religious views its citizens espouse. Since people disagree about the best way to live, government should not affirm in law any particular vision of the good life. Instead, it should provide a framework of rights that respects persons as free and independent selves, capable of choosing their own values and ends.[2] Since this liberalism asserts the priority of fair procedures over particular ends, the public life it informs might be called the procedural republic.[3]

In describing the prevailing political philosophy as a version of liberal political theory, it is important to distinguish three different meanings of liberalism. In the common parlance of American politics, liberalism is the opposite of conservatism; it is the outlook of those who favor a more

---

1) In this lecture, I draw from Sandel, *Democracy's Discontent*, Harvard University Press, 1996, ch. 1.

2) See John Rawls, *A Theory of Justice* (Cambridge, Mass.: Harvard University Press, 1971); Ronald Dworkin, "Liberalism", in Stuart Hampshire, ed., *Public and Private Morality* (Cambridge: Cambridge University Press, 1978), pp.114-143; idem, Taking Rights Seriously (Cambridge, Mass.: Harvard University Press, 1977); Robert Nozick, *Anarchy, State, and Utopia* (New York: Basic Books, 1977); Bruce Ackerman, *Social Justice in the Liberal State* (New Haven: Yale University Press, 1980).

3) The term "procedural republic" was suggested to me by Judith N. Shklar.

generous welfare state and a greater measure of social and economic equality.[4] In European political discourse, by contrast, liberalism is the opposite of socialism, and stands for a laissez faire, free market orientation. In the history of political theory, however, liberalism has a different, broader meaning. In this historical sense, liberalism describes a tradition of thought that emphasizes toleration and respect for individual rights and that runs from John Locke, Immanuel Kant, and John Stuart Mill to John Rawls.

In these lectures, I suggest that contemporary liberalism is right to emphasize toleration and respect for rights, but wrong to insist that freedom consists in our capacity to choose our own values and ends, and that government must therefore be neutral toward competing conceptions of the good life. As an alternative to the liberal conception of freedom, I defend a version of republican political theory.

Central to republican theory is the idea that liberty depends on sharing in self government. This idea is not by itself inconsistent with liberal freedom. Participating in politics can be one among the ways in which people choose to pursue their ends. According to republican political theory, however, sharing in self rule involves something more. It means deliberating with fellow citizens about the common

---

4) On the meaning of "liberal" as used in contemporary American politics, see Ronald D. Rotunda, *The Politics of Language* (Iowa City : Iowa University Press, 1986).

good and helping to shape the destiny of the political community. But to deliberate well about the common good requires more than the capacity to choose one's ends and to respect others' rights to do the same. It requires a knowledge of public affairs and also a sense of belonging, a concern for the whole, a moral bond with the community whose fate is at stake. To share in self rule therefore requires that citizens possess, or come to acquire, certain qualities of character, or civic virtues. But this means that republican politics cannot be neutral toward the values and ends its citizens espouse. The republican conception of freedom, unlike the liberal conception, requires a formative politics, a politics that cultivates in citizens the qualities of character self government requires.

Both the liberal and republican conceptions of freedom have been present throughout the American political experience, but in shifting measure and relative importance. Broadly speaking, republicanism predominated earlier in American history, liberalism later. In recent decades, the civic or formative aspect of our politics has largely given way to the liberalism that conceives persons as free and independent selves, unencumbered by moral or civic ties they have not chosen.

This shift sheds light on our present political predicament. For despite its appeal, the liberal vision of freedom lacks the civic resources to sustain self government. This defect ill equips it to address the sense of disempowerment that afflicts our public life. The public philosophy by which we live cannot secure the liberty it promises, because it cannot inspire the sense of community and civic engagement that liberty requires.

I do not suggest that republican political theory is without dangers of its own. It must be acknowledged that, in American history, the republican tradition coexisted with slavery, with the exclusion of women from the public realm, with property qualifications for voting, with nativist hostility to immigrants ; indeed it sometimes provided the terms within which these practices were defended.

And yet, for all its episodes of darkness, the republican tradition, with its emphasis on community and self government, may offer a corrective to our impoverished civic life. Recalling the republican conception of freedom as self rule may prompt us to pose questions we have forgotten how to ask : What economic arrangements are hospitable to self government? How might our political discourse engage rather than avoid the moral and religious convictions people bring to the public realm? And how might the public life of a pluralist society cultivate in citizens the expansive self understandings that civic engagement requires?

These questions are of growing importance in many democratic societies around the world today. But a politics organized around the liberal conception of freedom is not likely to put these questions at the center of public debate.

The Aspiration to Neutrality

The idea that government should be neutral on the question of the good life is distinctive to modern political thought. Ancient political theory held that the purpose of politics was to cultivate the virtue, or moral excellence, of citizens. All associations aim at some good, Aristotle wrote, and the polis, or political association, aims at the highest, most comprehensive good : "any polis which is truly so called, and is not merely one in name, must devote itself to the end of encouraging goodness. Otherwise, a political association sinks into a mere alliance, which only differs in space from other forms of alliance where the members live at a distance from one another. Otherwise, too, law becomes a mere covenant or (in the phrase of the Sophist Lycophron) 'a guarantor of men's rights against one another' instead of being, as it should be, a rule of life such as will make the members of a polis good and just."[5)]

According to Aristotle, political community is more than "an association for residence on a common site, or for the sake of preventing mutual injustice and easing exchange."

---

5) Aristotle, *The Politics*, trans. Ernest Barker, book 3, chap. 9 (London : Oxford University Press, 1946), p.119.

Although these are necessary conditions for political community, they are not its purpose or ultimate justification. "The end and purpose of a polis is the good life, and the institutions of social life are means to that end." It is only as participants in political association that we can realize our nature and fulfill our highest ends.[6)]

Unlike the ancient conception, liberal political theory does not see political life as concerned with the highest human ends or with the moral excellence of its citizens. Rather than promote a particular conception of the good life, liberal political theory insists on toleration, fair procedures, and respect for individual rights values that respect people's freedom to choose their own values. But this raises a difficult question. If liberal ideals cannot be defended in the name of the highest human good, then in what does their moral basis consist?

Utilitarianism versus Kantian Liberalism

Recent political philosophy has offered two main alternatives one utilitarian, the other Kantian.[7)] The utilitarian view, following John Stuart Mill, defends liberal principles in

6) Ibid., pp.119-120.

7) In this section I draw on my introduction to Michael Sandel, ed., *Liberalism and Its Critics* (Oxford : Basil Blackwell, 1984), pp.1-11.

the name of maximizing the general welfare. The state should not impose on its citizens a preferred way of life, even for their own good, because doing so will reduce the sum of human happiness, at least in the long run. It is better that people choose for themselves, even if, on occasion, they get it wrong.

"The only freedom which deserves the name", writes Mill in On Liberty, "is that of pursuing our own good in our own way, so long as we do not attempt to deprive others of theirs, or impede their efforts to obtain it." He adds that his argument does not depend on any notion of abstract right, only on the principle of the greatest good for the greatest number. "I regard utility as the ultimate appeal on all ethical questions ; but it must be utility in the largest sense, grounded on the permanent interests of man as a progressive being."[8]

Many objections have been raised against utilitarianism as a general doctrine of moral philosophy. Some have questioned the concept of utility and the assumption that all human goods are in principle commensurable. Others have objected that by reducing all values to preferences and desires, utilitarians are unable to admit qualitative distinctions of worth, unable to distinguish noble desires from base ones. But most recent debate has focused on whether utilitarianism offers a convincing basis for liberal principles, including

---

8) John Stuart Mill, *On Liberty* (1859), chap. 1.

respect for individual rights.[9)]

At first glance, utilitarianism seems well suited to liberal purposes. Seeking to maximize overall happiness does not require judging people's values, only aggregating them. And the willingness to aggregate preferences without judging them suggests a tolerant spirit, even a democratic one. When people go to the polls we count their votes, whatever they are.

But the utilitarian calculus is not always as liberal as it first appears. If enough cheering Romans pack the Coliseum to watch the lion devour the Christian, the collective pleasure of the Romans will surely outweigh the pain of the Christian, intense though it be. Or if a big majority abhors a small religion and wants it banned, the balance of preferences will favor suppression, not toleration. Utilitarians sometimes defend individual rights on the grounds that respecting them now will serve utility in the long run. But this calculation is precarious and contingent. It hardly secures the liberal promise not to impose on some the values of others.

The case against utilitarianism was made most powerfully by Immanuel Kant. He argued that empirical principles such as utility were unfit to serve as a basis for morality. A wholly instrumental defense of freedom and rights not only leaves rights vulnerable but fails to respect the inherent dignity of

---

9) For a sampling of arguments for and against utilitarianism, see Amartya Sen and Bernard Williams, eds., *Utilitarianism and Beyond* (Cambridge : ambridge University Press, 1982).

persons. The utilitarian calculus treats people as means to the happiness of others, not as ends in themselves, worthy of respect.[10)]

Contemporary liberals extend Kant's argument with the claim that utilitarianism fails to take seriously the distinction between persons. In seeking above all to maximize the general welfare, the utilitarian treats society as a whole as if it were a single person ; it conflates our many, diverse desires into a single system of desires. It is indifferent to the distribution of satisfactions among persons, except insofar as this may affect the overall sum. But this fails to respect our plurality and distinctness. It uses some as means to the happiness of all, and so fails to respect each as an end in himself or herself.

In the view of modern day Kantians, certain rights are so fundamental that even the general welfare cannot override them. As John Rawls writes in *A Theory of Justice*, "Each person possesses an inviolability founded on justice that even the welfare of society as a whole cannot override.¤.¤.¤. The rights secured by justice are not subject to political bargaining or to the calculus of social interests."[11)]

---

10) See Immanuel Kant, *Groundwork of the Metaphysics of Morals* (1785), trans. H. J. Paton (New York : Harper and Row, 1956) ; idem, *Critique of Practical Reason* (1788), trans. L. W. Beck (Indianapolis : Bobbs Merrill, 1956) ; idem, "On the Common Saying : 'This May Be True in Theory, But It Does Not Apply in Practice,'" in *Kant's Political Writings*, ed. Hans Reiss (Cambridge : ambridge University Press, 1970), pp.61-92.

So Kantian liberals need an account of rights that does not depend on utilitarian considerations. More than this, they need an account that does not depend on any particular conception of the good, that does not presuppose the superiority of one way of life over others. Only a justification neutral among ends could preserve the liberal resolve not to favor any particular ends or to impose on its citizens a preferred way of life. But what sort of justification could this be? How is it possible to affirm certain liberties and rights as fundamental without embracing some vision of the good life, without endorsing some ends over others?

The solution proposed by Kantian liberals is to draw a distinction between the "right" and the "good" between a framework of basic rights and liberties, and the conceptions of the good that people may choose to pursue within the framework. It is one thing for the state to support a fair framework, they argue, something else to affirm some particular ends. For example, it is one thing to defend the right to free speech so that people may be free to form their own opinions and choose their own ends, but something else to support it on grounds that a life of political discussion is inherently worthier than a life unconcerned with public affairs, or on the grounds that free speech will increase the general welfare. Only the first defense is available on the

11) Rawls, *A Theory of Justice*, pp.3-4.

Kantian view, resting as it does on the ideal of a neutral framework.

Now the commitment to a framework neutral with respect to ends can be seen as a kind of value in this sense the Kantian liberal is no relativist but its value consists precisely in its refusal to affirm a preferred way of life or conception of the good. For Kantian liberals, then, the right is prior to the good, and in two senses. First, individual rights cannot be sacrificed for the sake of the general good ; and second, the principles of justice that specify these rights cannot be premised on any particular vision of the good life. What justifies the rights is not that they maximize the general welfare or otherwise promote the good, but rather that they constitute a fair framework within which individuals and groups can choose their own values and ends, consistent with a similar liberty for others.

The claim for the priority of the right over the good connects the ideal of neutrality with the primacy of individual rights. For Kantian liberals, rights "function as trump cards held by individuals." They protect individuals from policies, even democratically enacted ones, that would impose a preferred conception of the good and so fail to respect people's freedom to choose their own conceptions.[12)]

Of course, proponents of the liberal ethic notoriously

---

12) Dworkin, "Liberalism", p.136.

disagree about what rights are fundamental and what political arrangements the ideal of the neutral framework requires. Egalitarian liberals support the welfare state and favor a scheme of civil liberties together with certain social and economic rights to welfare, education, health care, and so on. They argue that respecting the capacity of persons to pursue their own ends requires government to assure the minimal prerequisites of a dignified life. Libertarian liberals (usually called conservatives in contemporary politics) defend the market economy and claim that redistributive policies violate people's rights. They argue that respect for persons requires assuring to each the fruits of his or her own labor, and so favor a scheme of civil liberties combined with a strict regime of private property rights. Whether egalitarian or libertarian, Kantian liberalism begins with the claim that we are separate, individual persons, each with our own aims, interests, and conceptions of the good life. It seeks a framework of rights that will enable us to realize our capacity as free moral agents, consistent with a similar liberty for others.

The Liberal Self

The Kantian case against utilitarianism derives much of its force from its contrasting conception of the person, its view of what it means to be a moral agent. Where utilitarians conflate our many desires into a single system of desire, Kantian liberals insist on the separateness of persons. Where the utilitarian self is simply defined as the sum of its desires, the Kantian self is a choosing self, independent of the desires and ends it may have at any moment. Kant expressed this idea by attributing to human beings the capacity to act with an autonomous will. Contemporary liberals rely on the similar notion of a self given prior to and independent of its purposes and ends.

The claim for the priority of the right over the good, and the conception of the person that attends it, oppose Kantian liberalism not only to utilitarianism but also to any view that regards us as obligated to fulfill ends we have not chosen ends given by nature or God, for example, or by our identities as members of families, peoples, cultures, or traditions. Encumbered identities such as these are at odds with the liberal conception of the person as free and independent selves, unbound by prior moral ties, capable of choosing our ends for ourselves. This is the conception that finds expression in the ideal of the state as a neutral framework. For Kantian liberals, it is precisely because we are freely choosing, independent selves that we need a neutral framework, a framework of rights that refuses to choose among competing values and ends. For the liberal self, what matters above all, what is most essential to our personhood, is not the ends we choose but our capacity to choose them. "It is not our aims that primarily reveal our nature", but rather the framework of rights we would agree to if we could abstract from our aims. "For the self is prior to the ends which are affirmed by it; even a dominant end must be chosen from among numerous possibilities."[13)]

The liberal ethic derives much of its moral force from the appeal of the self image that animates it. This appeal has at least two sources. First, the image of the self as free and independent, unencumbered by aims and attachments it does not choose for itself, offers a powerful liberating vision. Freed from the sanctions of custom and tradition and inherited status, unbound by moral ties antecedent to choice, the liberal self is installed as sovereign, cast as the author of the only obligations that constrain. More than the simple sum of circumstance, we become capable of the dignity that consists in being persons of our "own creating, making, choosing."[14)] We are agents and not just instruments of the purposes we pursue. We are "self originating sources of valid claims."[15)]

A second appeal of the liberal self image consists in the case it implies for equal respect. The idea that there is more

---

13) Rawls *A Theory of Justice*, p.560.

14) George Kateb, "Democratic Individuality and the Claims of Politics", *Political Theory*, 12 (August 1984), p.343.

15) John Rawls, "Kantian Constructivism in Moral Theory", *Journal of Philosophy*, 77 (Summer 1980), p.543.

to a person than the roles he plays or the customs she keeps or the faith he affirms suggests a basis for respect independent of life's contingencies. Liberal justice is blind to such differences between persons as race, religion, ethnicity, and gender, for in the liberal self image, these features do not really define our identity in the first place. They are not constituents but merely attributes of the self, the sort of things the state should look beyond. "Our social position and class, our sex and race should not influence deliberations made from a moral point of view."16) Once these contingencies are seen as products of our situation rather than as aspects of our person, they cease to supply the familiar grounds for prejudice and discrimination.

Nor does it matter, from the standpoint of liberal justice, what virtues we display or what values we espouse. "That we have one conception of the good rather than another is not relevant from a moral standpoint. In acquiring it we are influenced by the same sort of contingencies that lead us to rule out a knowledge of our sex and class."17) Despite their many differences, libertarian and egalitarian liberals agree that people's entitlements should not be based on their merit or virtue or moral desert, for the qualities that make people virtuous or morally deserving depend on factors "arbitrary

---

16) John Rawls, "Fairness to Goodness", *Philosophical Review*, 84 (October 1985), p.537.
17) Ibid.

from a moral point of view."[18] The liberal state therefore does not discriminate; none of its policies or laws may presuppose that any person or way of life is intrinsically more virtuous than any other. It respects persons as persons, and secures their equal right to live the lives they choose.

Critique of Kantian Liberalism

Kantian liberals thus avoid affirming a conception of the good by affirming instead the priority of the right, which depends in turn on a picture of the self given prior to its ends. But how plausible is this self conception? Despite its powerful appeal, the image of the unencumbered self is flawed. It cannot make sense of our moral experience, because it cannot account for certain moral and political obligations that we commonly recognize, even prize. These include obligations of solidarity, religious duties, and other moral ties that may claim us for reasons unrelated to a choice. Such obligations are difficult to account for if we understand ourselves as free and independent selves, unbound by moral ties we have not chosen. Unless we think of ourselves as encumbered selves, already claimed by certain projects and commitments, we

---

18) Rawls, *A Theory of Justice*, p.312, and, generally, pp.310 315. See also Friedrich A. Hayek, *The Constitution of Liberty* (Chicago: University of Chicago Press, 1960), chap. 7; and Nozick, *Anarchy, State, and Utopia*, pp.155-160.

cannot make sense of these indispensable aspects of our moral and political experience.

Consider the limited scope of obligation on the liberal view. According to Rawls, obligations can arise in only one of two ways, as "natural duties" we owe to human beings as such or as voluntary obligations we incur by consent. The natural duties are those we owe persons qua persons to do justice, to avoid cruelty, and so on. All other obligations, the ones we owe to particular others, are founded in consent and arise only in virtue of agreements we make, be they tacit or explicit.[19]

Conceived as unencumbered selves, we must respect the dignity of all persons, but beyond this, we owe only what we agree to owe. Liberal justice requires that we respect people's rights (as defined by the neutral framework), not that we advance their good. Whether we must concern ourselves with other people's good depends on whether, and with whom, and on what terms, we have agreed to do so.

One striking consequence of this view is that "there is no political obligation, strictly speaking, for citizens generally." Although those who run for office voluntarily incur a political obligation (that is, to serve their country if elected), the ordinary citizen does not. "It is not clear what is the requisite binding action or who has performed it."[20] The average

19) Rawls, *A Theory of Justice*, pp.108-117.

20) Ibid., p.114.

citizen is therefore without any special obligations to his or her fellow citizens, apart from the universal, natural duty not to commit injustice.

The liberal attempt to construe all obligation in terms of duties universally owed or obligations voluntarily incurred makes it difficult to account for civic obligations and other moral and political ties that we commonly recognize. It fails to capture those loyalties and responsibilities whose moral force consists partly in the fact that living by them is inseparable from understanding ourselves as the particular persons we are as members of this family or city or nation or people, as bearers of that history, as citizens of this republic. Loyalties such as these can be more than values I happen to have, and to hold, at a certain distance. The moral responsibilities they entail may go beyond the obligations I voluntarily incur and the "natural duties" I owe to human beings as such.[21)]

Some of the special responsibilities that flow from the particular communities I inhabit I may owe to fellow members, such as obligations of solidarity. Others I may owe to members of those communities with which my own community has some morally relevant history, such as the morally burdened relations of Germans to Jews, of American whites to American blacks, or of England and France to their

---

21) See Michael Sandel, *Liberalism and the Limits of Justice* (Cambridge: Cambridge University Press, 1982), pp.179-183.

former colonies.[22] Whether they look inward or outward, obligations of membership presuppose that we are capable of moral ties antecedent to choice. To the extent that we are, the meaning of our membership resists redescription in contractarian terms.

It is sometimes argued, in defense of the liberal view, that loyalties and allegiances not grounded in consent, however psychologically compelling, are matters of sentiment, not of morality, and so do not suggest an obligation unavailable to unencumbered selves. But it is difficult to make sense of certain familiar moral and political dilemmas without acknowledging obligations of solidarity and the thickly constituted, encumbered selves that they imply.

Consider the case of Robert E. Lee, the famous general who led the southern Confederacy in the American Civil War. On the eve of the Civil War, Lee was serving as an officer in the Union army. Although he was a southerner from the state of Virginia, he opposed the secession, in fact regarded it as treason. And yet when war loomed, Lee concluded that his obligation to Virginia outweighed his obligation to the Union and also his reported opposition to slavery. "With all my devotion to the Union", he wrote, "I have not been able to make up my mind to raise my hand against my relatives, my children, my home…. If the Union is dissolved, and the

---

22) Alasdair MacIntyre, *After Virtue* (Norte Dame : University of Notre Dame Press, 1981), pp.204-206.

Government disrupted, I shall return to my native State and share the miseries of my people. Save in her defense, I will draw my sword no more."[23)]

One can appreciate the poignance of Lee's predicament without necessarily approving of the choice he made. But one cannot make sense of his dilemma as a moral dilemma without acknowledging that the call to stand with his people, even to lead them in a cause he opposed, was a claim of moral and not merely sentimental import, capable at least of weighing in the balance against other duties and obligations. Otherwise, Lee's predicament was not really a moral dilemma at all, but simply a conflict between morality on the one hand and mere sentiment or prejudice on the other.

A merely psychological reading of Lee's predicament misses the fact that we not only sympathize with people such as Lee but often admire them, not necessarily for the choices they make but for the quality of character their deliberation reflects. The quality at stake is the disposition to see and bear one's life circumstance as a reflectively situated being claimed by the history that implicates me in a particular life, but self conscious of its particularity, and so alive to other ways,

---

23) Lee quoted in Douglas Southall Freeman, *R. E. Lee* (New York : Charles Scribner's Sons, 1934), pp.443, 421. See also the discussion of Lee in Morton Grodzins, *The Loyal and the Disloyal* (Chicago : University of Chicago Press, 1965), pp.142-143 ; and Judith Shklar, *Ordinary Voices* (Cambridge, Mass. : Harvard University Press, 1984), p.160.

wider horizons. But this is precisely the quality that is lacking in those who would think of themselves as unencumbered selves, bound only by the obligations they choose to incur.

As the Lee example illustrates, the liberal conception of the person is too thin to account for the full range of moral and political obligations we commonly recognize, such as obligations of solidarity. This counts against its plausibility generally. But it may even be too weak to support the less strenuous communal obligations expected of citizens in the modern welfare state. Some stronger conception of community may be required, not only to make sense of tragic heroic dilemmas such as Lee's, but even to sustain the rights that many liberals defend.

While libertarian liberals ask little of citizens, more generous expressions of the liberal ethic support various policies of public provision and redistribution. Egalitarian liberals defend social and economic rights as well as civil and political rights, and so demand of their fellow citizens a high measure of mutual engagement. They insist on the "plurality and distinctness" of individuals but also require that we "share one another's fate" and regard the distribution of natural talents as "a common asset."[24)]

Liberalism as an ethic of sharing emphasizes the arbitrariness of fortune and the importance of certain material

24) Rawls, *A Theory of Justice*, pp.101-102.

prerequisites for the meaningful exercise of equal liberties. Since "necessitous men are not free men", and since in any case the distribution of assets and endowments that make for success is "arbitrary from a moral point of view", egalitarian liberals would tax the rich to help the poor secure the prerequisites of a dignified life. Thus the liberal case for the welfare state depends not on a theory of the common good or on some strong notion of communal obligation, but instead on the rights we would agree to respect if we could abstract from our interests and ends.

The liberal case for public provision seems well suited to conditions in which strong communal ties cannot be relied on, and this is one source of its appeal. But it lies vulnerable nonetheless to the libertarian objection that redistributive policies use some people as means to others' ends, and so offend the "plurality and distinctness" of individuals that liberalism seeks above all to secure.[25] In the contractual vision of community alone, it is unclear how the libertarian objection can be met. If those whose fate I am required to share really are, morally speaking, others, rather than fellow participants in a way of life with which my identity is bound, then liberalism as an ethic of sharing seems open to the same objections as utilitarianism. Its claim on me is not the claim of a community with which I identify, but rather the claim of

25) See Nozick, *Anarchy, State, and Utopia*, p.228.

an arbitrarily defined collectivity whose aims I may or may not share.

If the egalitarian replies that social and economic rights are required as a matter of equal respect for persons, the question remains why these persons, the ones who happen to live in my country, have a claim on my concern that others do not. Tying the mutual responsibilities of citizenship to the idea of respect for persons qua persons puts the moral case for welfare on a par with the case for foreign aid a duty we owe strangers with whom we share a common humanity but possibly little else. Given its conception of the person, it is unclear how liberalism can defend the particular boundaries of concern its own ethic of sharing must presuppose.

What egalitarian liberalism requires, but cannot within its own terms provide, is some way of defining the relevant community of sharing, some way of seeing the participants as mutually indebted and morally engaged to begin with. Since liberal social and economic rights cannot be justified as expressing or advancing a common life of shared pursuits, the basis and bounds of communal concern become difficult to defend. For as we have seen, the strong notion of community or membership that would save and situate the sharing is precisely the one denied to the liberal self. The moral encumbrances and antecedent obligations it implies would undercut the priority of right.

Minimalist Liberalism

If we are not the freely choosing, unencumbered selves that Kantian liberals imagine us to be, does it follow that government should cultivate the virtue of its citizens after all? Some political philosophers argue that the case for neutrality can be detached from the Kantian conception of the person. The case for liberalism, they argue, is political, not philosophical or metaphysical, and so does not depend on controversial claims about the nature of the self. The priority of the right over the good is not the application to politics of Kantian moral philosophy, but a practical response to the familiar fact that people in modern democratic societies typically disagree about the good. Since this defense of neutrality does not depend on a Kantian conception of the person but instead "stays on the surface, philosophically speaking", it might be described as minimalist liberalism.[26)]

Minimalist liberals acknowledge that we may sometimes be claimed by moral or religious obligations unrelated to a

---

26) The view I describe here as minimalist liberalism is represented by John Rawls's recent book, *Political Liberalism* (New York : Columbia University Press, 1993), and his recent article "Justice as Fairness : Political Not Metaphysical", *Philosophy & Public Affairs*, 14 (1985), pp.223 251. It is also presented, in a somewhat different version, in Richard Rorty, "The Priority of Democracy to Philosophy", in *The Virginia Statute for Religious Freedom*, ed. Merrill D. Peterson and Robert C. Vaughan (Cambridge : Cambridge University Press, 1988). The quotation is from Rawls, "Justice as Fairness", p.230.

choice. But they insist that we set these obligations aside when we enter the public realm, that we bracket our moral and religious convictions when deliberating about politics and law. In our personal lives, we may regard it as unthinkable to view ourselves "apart from certain religious, philosophical, and moral convictions, or from certain enduring attachments and loyalties." But we should draw a distinction between our personal and our political identities. However encumbered we may be in private, however claimed by moral or religious convictions, we should bracket our encumbrances in public and regard ourselves, qua public selves, as independent of any particular loyalties or conceptions of the good.[27)]

The insistence that we separate our identity as citizens from our identity as persons gives rise to an obvious challenge. Why should our political identities not express the moral and religious convictions we affirm in our personal lives? Why, in deliberating about justice and rights, must we set aside the moral judgments that inform the rest of our lives? Minimalist liberals reply that separating our identity as citizens from our identity as persons honors an important fact about modern democratic life. In traditional societies, people sought to shape political life in the image of their own moral and religious ideals. But modern democratic societies are marked by a plurality of moral and religious ideals. Moreover,

---

27) Rawls, *Political Liberalism*, p.31 ; see generally pp.29-35.

this pluralism is reasonable; it reflects the fact that, even after reasoned reflection, decent, intelligent people will come to different conceptions about the nature of the good life. Given the fact of reasonable pluralism, we should try to decide questions of justice and rights without affirming one conception of the good over others. Only in this way can we affirm the political value of social cooperation based on mutual respect.[28)]

Minimalist liberalism seeks to detach liberal principles from political controversy, including debates about the nature of the self. It presents itself "not as a conception of justice that is true", but as one that can serve as a basis for political agreement in a democratic society. It asserts "the priority of democracy over philosophy." It offers a political conception of justice, not a metaphysical or philosophical one.[29)]

The minimalist case for liberalism depends on the plausibility of separating politics from philosophy, of bracketing moral and religious questions where politics is concerned. But this raises the question why the practical interest in securing social cooperation and mutual respect is always so compelling as to defeat any competing moral interest that could arise from within a substantive moral or religious view. One way of assuring the priority of the practical is to deny that any of the moral or religious conceptions it brackets could be true.

---

28) Ibid., pp.xvi-xxviii.

29) Rawls, "Justice as Fairness", p.230; Rorty, "Priority of Democracy", p.257.

But this is precisely the sort of controversial metaphysical claim the minimalist liberal wants to avoid. If the liberal must therefore allow that some such conceptions might be true, then the question remains : What guarantees that no moral or religious doctrine can generate interests sufficiently compelling to burst the brackets, so to speak, and morally outweigh the practical interest in social cooperation?

Critique of Minimalist Liberalism : The Abortion Debate

Minimalist liberalism lacks a convincing answer to this question. For notwithstanding the importance of political values such as toleration, social cooperation, and mutual respect, it is not always reasonable to set aside competing values that may arise from substantive moral and religious doctrines. At least where grave moral questions are concerned, whether it is reasonable to bracket moral and religious controversies for the sake of political agreement partly depends on which of the contending moral or religious doctrines is true. Minimalist liberalism wants to separate the case for toleration from any judgment about the moral worth of the practices being tolerated. But this separation is not always defensible. We cannot determine whether toleration is justified in any given case without passing moral judgment on the practice in question. Consider, for example, the contemporary debate about abortion rights.

Given the intense disagreement over the moral permissibility of abortion, the case for seeking a political solution that brackets the moral and religious issues that is neutral with respect to them would seem especially strong. But whether it is reasonable to bracket, for political purposes, the moral and religious doctrines at stake depends largely on which of those doctrines is true. If the doctrine of the Catholic church is true, if human life in the relevant moral sense really does begin at conception, then bracketing the moral theological question of when human life begins is far less reasonable than it would be on rival moral and religious assumptions. The more confident we are that fetuses are, in the relevant moral sense, different from babies, the more confident we can be in affirming a political conception of justice that sets aside the controversy about the moral status of fetuses.

As the contemporary debate over abortion reflects, even a political conception of justice presupposes a certain view of the controversies it would bracket. For the debate about abortion is not only a debate about when human life begins, but also a debate about how reasonable it is to abstract from that question for political purposes. Opponents of abortion resist the translation from moral to political terms because they know that more of their view will be lost in the translation ; the neutral territory offered by minimalist liberalism is likely to be less hospitable to their religious convictions than to those of their opponents. For defenders of abortion, little comparable is at stake; there is little difference between believing that abortion is morally permissible and agreeing that, as a political matter, women should be free to decide the moral question for themselves. The moral price of political agreement is far higher if abortion is wrong than if it is permissible. How reasonable it is to bracket the contending moral and religious views depends partly on which of those views is more plausible.

The minimalist liberal might reply that the political values of toleration and equal citizenship for women are sufficient grounds for concluding that women should be free to choose for themselves whether to have an abortion; government should not take sides on the moral and religious controversy over when human life begins. But if the Catholic church is right about the moral status of the fetus, if abortion is morally tantamount to murder, then it is not clear why the political values of toleration and women's equality, important though they are, should prevail. If the Catholic doctrine is true, then the minimalist liberal's case for the priority of political values must become an instance of just war theory; he or she would have to show why these values should prevail even at the cost of over a million civilian deaths (in the U.S. alone) each year.

Of course, to suggest the impossibility of bracketing the

moral theological question of when human life begins is not to argue against a right to abortion. It is simply to show that the case for abortion rights cannot be neutral with respect to the underlying moral and religious controversy. It must engage rather than avoid the substantive moral and religious doctrines at stake. Liberals often resist this engagement because it violates the priority of the right over the good. But the abortion debate shows that this priority cannot be sustained. The case for respecting a woman's right to decide for herself whether to have an abortion depends on showing that there is a relevant moral difference between aborting a fetus at a relatively early stage of development and killing a child.

The debate over abortion shows that a political conception of justice must sometimes presuppose an answer to the moral and religious questions it purports to bracket. At least where grave moral questions are at stake, it is not possible to detach politics and law from substantive moral judgment. But even in cases where it is possible to conduct political debate without reference to our moral and religious convictions, it may not always be desirable. The effort to banish moral and religious argument from the public realm for the sake of political agreement may end by impoverishing political discourse and eroding the moral and civic resources necessary to self government.

* * *

I have argued, in this lecture, against the version of liberalism that insists government must be neutral on questions of the good life, whether in the name of respect for freely choosing, unencumbered selves, or for the sake of social cooperation in the face of competing moral and religious convictions. I have suggested instead that government should cultivate in citizens the qualities of character that equip them to share in self government. This points to the republican conception of freedom. But can the republican tradition contend with the pluralism that marks contemporary democratic societies? And what political identities are necessary to the civic project in a global age? I address these challenges to the republican tradition in Lecture 2.

■ 제 2 강연 ■ ■ ■

세계화 시대의 정치적 정체성

번역 강 준 호

자유와 자치[1)]

공화주의 정치 이론은 적어도 두 가지 점들에서 절차적 공화정의 자유주의와 대조된다. 첫 번째는 옳음과 선(좋음)의 관계에 관련되어 있고, 두 번째는 자유와 자치의 관계에 관련되어 있다. 선 개념들에 대해 중립적인 원칙들에 따라 권리들을 정의하는 대신에, 공화주의 이론은 좋은 사회에 대한 특정한 관념에 — 자치적 공화정에 — 비추어 권리들을 해석한다. 그래서 옳음이 좋음에 우선한다는 자유주의의 주장과 대조적으로, 공화주의는 공공선의 정치를 지지한다. 그러나 그것이 지지하는 공공

1) 이 절은 M. Sandel, *Democracy's Discontent*, Harvard University Press, 1996, pp.25-27로부터 가져온 것이다.

선은 개인적 선호들의 결집이라는 공리주의적 개념과는 일치하지 않는다. 공리주의와는 달리 공화주의 이론은 그것들이 무엇이든 사람들의 현재적 선호들을 받아들여 만족시키려고 시도하지 않는다. 대신에 그것은 자치의 공공선에 필수적인 시민들의 인격적 자질들을 배양하고자 한다. 일정한 성향들, 애착들, 관여들이 자치의 실현에 본질적인 만큼, 공화주의 정치는 도덕적 인격(성품)을 단순히 사적인 것이 아니라 공적인 관심사로 간주한다. 이러한 의미에서 그것은 그저 시민들의 이해 관심이 아니라 정체성에 주의를 기울인다.

자유주의 전통과 공화주의 전통의 두 번째 차이는 그것들이 자유와 자치를 연관시키는 방법에 놓여 있다. 자유주의 견해에 의하면, 자유는 민주주의에 반대하여 자치에 대한 하나의 제약으로서 정의된다. 내가 일정한 대다수의 의사 결정들로부터 나의 면책을 보장하는 권리들의 담지자인 한에서 나는 자유롭다. 공화주의 견해에 의하면 자유는 자치의 한 결과로서 이해된다. 내가 그 자체의 운명을 지배하는 정치 공동체의 일원이며, 그것의 직무들을 관장하는 의사 결정 참여자인 한에서 나는 자유롭다.

요점을 달리 표현하자면, 공화주의자는 자유를 자치와 그것을 뒷받침하는 시민적 덕성들(civic virtues)에 내적으로 연결된 것으로 본다. 공화주의적 자유는 어떤 일정한 형태의 공공 생활을 요구하는데, 그것은 다시 시민적 덕성의 수양에 의존한다. 공화주의의 일부 형태들은 자유의 자치에 대한 의존성을 다른 형태들보다 더 강하게 해석한다. 아리스토텔레스에게로 거슬러

올라가면, 강한 형태의 공화주의 이념은 시민적 덕성과 정치적 참여를 자유에 내재하는 것으로 본다. 정치적 존재라는 우리의 본성을 생각한다면, 오직 공공선에 대하여 숙고하고 자유 도시나 공화국의 공공 생활에 참여하는 우리의 역량을 발휘하는 한에서만 우리는 자유롭다.[2] 좀더 온건한 형태의 공화주의 이념은 시민적 덕성과 공무를 자유에 도구적인 것으로 본다. 우리 자신의 목적들을 추구할 자유조차도 우리의 정치 공동체의 자유를 보존함에 의존하고, 이것은 다시 공공선을 우리의 사적 이해 관심들 위에 올려놓으려는 자발성에 의존한다.[3]

대조적으로 자유주의 개념에 의하면 자유는 내적이 아니라 오직 부수적으로 자치에 관련된다. 자유가 나 자신의 이해 관심들과 목적들을 추구할 기회에 놓여 있는 경우에, 자유는 민주주의 정치와 일치할 수도 있고 일치하지 않을 수도 있다. 자유주의 전통의 선도적 옹호자인 아이자야 벌린(Isaiah Berlin)은 "이러한 의미의 자유는 어떤 종류의 독재 정치나 적어도 자치의 부재와 양립 불가능하지 않다"고 적는다. 민주 정체는 계몽 전제 군주가 원칙적으로 존중할 수 있었던 개인의 권리들을 침해할 수도 있다. 자유는 "민주주의 혹은 자치와 논리적으로 연결되지

---

2) Aristotle, *The Politics*, trans. Ernest Barker (London : Oxford University Press, 1946), bks. 1 and 3. "강한" 공화주의 견해의 현대적 진술에 대해서는, Hannah Arendt, *The Human Condition* (Chicago : University of Chicago Press, 1958)을 보시오.

3) Niccolo Machiavelli, *The Discourses*, ed. Bernard Crick, trans. Leslie J. Walker (Harmondsworth : Penguine Books, 1970)을 보시오. 이와 관련하여 Quentin Skinner, "The Paradoxes of Political Liberty", in *The Tanner Lectures on Human Values* (Cambridge : Cambridge University Press, 1985), pp.227-250에서 마키아벨리에 대한 명료한 논의를 보시오.

않으며 … 개인적 자유와 민주적인 통치 사이에는 아무런 필연적 연관이 없다."[4]

17세기에 저술 활동을 하면서, 토마스 홉스(Thomas Hobbes)는 유사한 근거에서 자유와 자치를 관련짓는 고전적 견해를 거부했다. 홉스는 "연방의 자유"와 "개개인들의 자유"를 혼동한 고대인들을 비웃었다. 아테네와 로마가 자유 연방들이었을 수는 있지만, 이 사실은 거기에 살았던 개인들의 자유에 대해 아무것도 말해주지 않는다. 홉스는 "한 특정한 사람이" 군주국보다는 연방에서 "더 많은 자유를 가지리라고" 추론할 수는 없다고 역설한다. 왜냐하면 자유는 "그 연방의 공무로부터의 면책에" 놓여 있기 때문에 그것은 어떤 특정한 통치 형태에도 의존하지 않는다. "한 연방이 군주제든 민주제든, 자유는 여전히 동일하다."[5]

자유에 대한 대조적인 설명으로 인하여, 두 전통들은 상이한 질문을 제기함으로써 정치 제도들을 평가한다. 자유주의자는 정부가 그 시민들을 어떻게 대우해야 할 것인가를 묻는 것으로 시작하여,[6] 개인들이 자신의 다양한 이해 관심들과 목적들을

4) Isaiah Berlin, "Two Conceptions of Liberty", in Berlin, *Four Essays on Liberty* (London : Oxford University Press, 1969), pp.129-130.

5) Thomas Hobbes, *Leviathan* (1651), ed. C. B. Macpherson (Harmondsworth : Penguine Books, 1968), part II, chap. 21, p.266.

6) Ronald Dworkin, "Liberalism", in Stuart Hampshire, ed., *Public and Private Morality* (Cambridge : Cambridge University Press, 1978), p.127 : "정부가 그 시민들을 평등한 자들로 대우한다는 것은 무엇을 뜻하는가? 내가 생각하기에 그것은 정부가 그 모든 시민들을 자유롭거나 독립적이거나 평등한 존엄성을 가진 것으로 대우한다는 것이 무슨 뜻인가라는 물음과 동일한 물음이다. 어떤 경우든, 적어도 칸트 이후의 정치 이론에서 중심적인 물음이었다."

추구할 때 그들을 공평하게 대우하는 정의의 원칙들을 탐구한다. 공화주의자는 어떻게 시민들이 자치를 실행할 수 있는지를 묻는 것으로 시작하여, 뜻있는 자치의 실행을 도모할 정치 형태들과 사회적 조건들을 탐구한다.

결국 각 전통은 상대 전통의 잠재적 결함을 조명한다. 자유주의의 입장에서 보면, 공화주의의 자치에 대한 강조는 개인의 권리들을 다수의 폭정에 공격당하기 쉽도록 내버려둔다. 또한 자유는 시민적 덕성에 달려 있다는 공화주의의 주장은 국가로 하여금 강제와 억압으로의 길을 열지도 모르는 그 시민들의 성품에 이해 관계를 갖도록 한다. 이와 반대로 공화주의의 입장에서 보면, 시민들을 자치적 행위자들이 아니라 얼마나 공평하든 우선 처우의 대상들로서 간주하는 것은 처음부터 어떤 일정한 권한의 박탈(disempowerment)이나 기능의 상실을 용인하는 것이다. 만일 자유가 그 정체성의 일부가 시민적 책임들에 의하여 규정되는 시민들을 요구한다면, 중립적인 국가의 공공 생활은 자유로운 개인으로서의 우리의 기능을 보장하기보다는 침식할지도 모른다.

공화주의적 자유: 난제들과 위험들[7)]

시민적 자유의 맥을 소생시키려는 어떠한 시도도 두 가지의

7) 이 절과 뒤따르는 절들은 M. Sandel, *Democracy's Discontent* (Harvard University Press, 1996), pp.317-323, 338-351에서 발췌한 것이다.

심각한 반론들에 직면하지 않을 수 없다. 첫째는 공화주의 이상들을 부활시키는 것이 가능한지를 의심한다. 둘째는 그것이 바람직한지를 의심한다. 첫 번째 반론은 현대 세계의 규모와 복잡성을 고려한다면 공화주의 전통이 착상한 바대로의 자치를 열망하는 것은 비현실적이라고 주장한다. 아리스토텔레스의 폴리스(polis)로부터 제퍼슨(Jefferson)의 농경 사회 이상에 이르기까지, 시민적 자유관은 그들의 생활 여건이 여가와 교육을 제공하고, 그리고 공적인 관심사를 충분히 숙고하는 공통적 특성을 제공할 수 있었던 사람들이 거주하는, 충분히 자급자족적인 작고 한정된 장소들에서 그 근거지를 발견했다. 그러나 오늘날 우리는 그러한 식으로 살지 않는다. 반대로 우리는 다양성으로 충만하고 격동하는 북아메리카 대륙의 사회에 살고 있다. 또한 이 거대한 사회조차도 자급자족적이지 못하며 세계 경제(global economy)에 편입되어 있는데, 그 안에서 돈·상품·정보·영상의 격렬한 흐름은 훨씬 더 작은 이웃들인 국가들을 거의 괘념치 않는다. 이와 같은 조건들 아래에서 과연 어떻게 시민적 자유의 맥이 확립될 수 있겠는가?

두 번째 반론은 공화주의 이상을 부활시키는 것이 가능하더라도 그렇게 하는 것이 바람직하지 않을 것이라고 논한다. 최근 수십 년 동안 우리 전통의 시민적 명맥이 자유주의 공공 철학에게 길을 양보했다는 사실을 반드시 유감스러워할 까닭은 없다. 모든 것들을 고려한다면, 그것은 더 나은 것을 위한 변화를 뜻할 수도 있다. 공화주의 전통에 대한 비판가들은 절차적 공화정은 공동체와 자치의 일정한 손실을 가져온다고 인정할지도 모르지만, 여전히 이것은 절차적 공화정이 가능하게 만드는 관용(toleration)과 개개인의 선택을 위하여 지불할 가치가 있는 대가라고 역설할 수도 있다.

이 반론의 바탕에는 전통적으로 이해된 공화주의 정치 이론에 대한 두 가지 상호 연관된 우려들이 놓여 있다. 첫 번째는 그것이 배타적이라는 것이고; 두 번째는 그것이 강제적이라는 것이다. 두 우려들은 모두 공화주의적 시민에 대한 특별한 요구사항들로부터 일어난다. 만일 자치에의 참여가 공공선에 대하여 충분히 숙고할 역량을 요구한다면, 시민들은 일정한 인격적 탁월성들과 전체에 대한 판단과 염려를 소유해야 한다. 하지만 이것은 시민권이 무차별적으로 부여될 수 없다는 것을 함축한다. 그것은 관련 덕성들을 소유하거나 그것들을 습득할 수 있는 사람들에게 한정될 것임에 틀림없다.

일부 공화주의 이론가들은 시민적 덕성을 갖출 역량은 일정한 부류의 태생과 신분에 일치할 것이라고 추정해왔다. 예를 들어, 아리스토텔레스는 여자 · 노예 · 거주 외국인들은 그들의 본성이나 역할이 그들로 하여금 적절한 탁월성을 갖추지 못하게 할 것이므로 시민권을 받을 자격이 없다고 간주했다. 19세기의 미국에서도 선거를 위한 재산 자격의 옹호자들, 남부의 노예 제도 옹호자들, 이민자 시민권 부여에 대한 토착민 반대자들에 의하여 비슷한 논증들이 제안되었다.[8] 이 모든 사람들이 시민권

8) 자유 부동산 보유권 투표에 대한 공화주의자들의 찬반 논증들에 관해서는, Merrill D. Perterson ed. *Democracy, Liberty, and Property* (Indianapolis : Bobbs-Merrill, 1966), pp.377-408에 나오는 1829-1830년 버지니아 집회에서의 토론들을 보시오. 또한 Chilton Williamson, *American Suffrage : From Property to Democracy*,

에 대한 공화주의적 관념들을 무자산자들이나 아프리카계 미국 흑인들이나 가톨릭 이민자들의 집단은 그 본성이나 신분이나 신념 때문에 좋은 시민이 요구하는 덕성들을 갖출 역량이 없다는 심층적 가정과 연결시켰다.

그러나 덕성을 갖출 역량은 고쳐질 수 없으며 미리 고정된 역할이나 정체성에 엮여 있다는 가정은 공화주의 정치 이론에 내재된 것이 아니며, 모든 공화주의자들이 그 가정을 포용하지도 않았다. 일부 공화주의자들은 좋은 시민은 발견되는 것이 아니라 만들어지는 것이라고 논하고, 공화주의 정치의 인격 형성적 계획(formative project)에 기대를 걸었다. 이것은 특히 계몽 운동과 함께 일어났던 민주주의 형태의 공화주의적 사고에 해당된다. 고정된 역할과 시민의 역량들에 대한 가정이 무너질 때, 배타성을 인정하는 공화주의 정치의 경향도 무너지게 된다.

하지만 배타의 경향이 물러날 때 강제의 위험은 더 크게 느껴지게 된다. 공화주의 정치가 걸리기 쉬운 두 가지 병리들 중에서 현대 민주주의 체제는 두 번째 것을 경험할 가능성이 높다. 공화주의적 시민의 요구사항들을 가정한다면, 시민 자격의 경

1760-1860(Princeton : Princeton University Press, 1960)을 보시오. 노예 제도 옹호자들에 관해서는, James Henry Hammond, "'Mud-Sill' Speech"(1858), and Josiah Nott, "Types of Mankind"(1854), in Eric L. Mckitrick ed. *Slavery Defended : The Views of the Old South* (Englewood Cliffs, N. J. : Prentice-Hall, 1963), pp.121-138을 보시오. 또한 Kenneth S. Greenberg, *Masters and Statesmen : The Political Culture of American Slavery* (Baltimore : Johns Hopkins University Press, 1985), pp.3-22, 85-106을 보시오. 이민자의 시민권에 대한 반대에 관해서는, Tyler Anbinder, *Nativism and Slavery : The Northern Know Nothings and the Politics of the 1850s* (New York : Oxford University Press, 1992), pp.118-126을 보시오.

계가 넓어질수록 덕성을 배양할 임무는 더 벅차질 것이기 때문이다. 아리스토텔레스의 폴리스에서 인격 형성적 임무는 공공생활과 본성적인 시민적 자질을 공유하는 소규모 집단의 사람들 가운데서 덕성을 배양하는 것이었다. 하지만 공화주의적 사고가 민주적이 될 때 그리고 시민이 될 개인들의 본성적 자질을 더 이상 가정할 수 없을 때, 인격 형성적 계획은 더욱 주춤하게 된다. 막대한 수의 여러 종류의 사람들 가운데서 공통적 시민의식을 세우는 임무는 한층 더 힘든 형태의 영혼 관리 기술(soulcraft)을 요청한다. 이것은 공화주의 정치를 위한 대가를 높이며 강제의 위험을 증대시킨다.

이러한 위험은 민주적 공화정에 필수적인 인격 형성적 사업에 대한 루소의 설명에서 어렴풋이 알 수 있다. 창설자 혹은 위대한 입법자의 임무는 "인간 본성을 변화시키는 것, 즉 각 개인을 어떤 의미로 이 개인에게 그의 생명과 존재를 부여하는 더 커다란 전체의 일부로 변형시키는 것"과 다름없다고 루소(Jean-Jacques Rousseau)는 적는다. 그 입법자는 그 개인을 전체로서의 공동체에 의존하도록 만들기 위하여, "그 개인 자신의 힘(권력)을 부정하지 않을 수 없다." 각 개인의 개별적 의지가 "활기가 잃고 말살될수록", 그가 일반 의지(general will)를 포용할 가능성은 더 높아진다. "그리하여 만일 각 시민은 아무것도 아니며, 다른 모든 시민들과 협동으로 행하는 것을 제외하고는 아무것도 행할 수 없다면, 우리는 그 입법자가 가능한 절정의 완전성을 성취했다고 말할 수 있다."[9]

---

9) Jean-Jacques Rousseau, *On the Social Contract* (1726), trans. and ed. Donald

영혼 관리 기술의 강제적 측면을 미국 공화주의자들이 몰랐던 것은 결코 아니다. 예를 들어, 독립선언서 서명자인 벤저민 러쉬(Benjamin Rush)는 "사람들을 공화주의적 기계들로 개조하고", 각 시민에게 "그는 그 자신에게 속한 것이 아니라 공유재산이라고" 가르치려 했다.[10] 그러나 시민 교육은 그렇게 가혹한 형태를 취할 필요가 없다. 실천에서 성공적인 공화주의적 영혼 관리 기술은 좀더 온화한 성질의 지도 교육을 필요로 한다. 예를 들어, 19세기 미국인들의 생활을 특징지었던 시민 정치경제학은 공통성뿐 아니라 공공선에 대하여 충분히 숙고하는 독립성과 판단력의 배양도 추구했다. 그것은 강제가 아니라 설득과 길들이기의 미묘한 혼합에 의하여, 토크빌(Alexis de Tocqueville)이 "사회의 그 자체에 향한 느리고 조용한 작용"이라고 불렀던 것에 의하여 이루어졌다.[11]

루소의 공화주의 운동을 토크빌이 기술하는 시민적 관행들부터 구별하는 것은 토크빌 시대의 분산되고 특수화된 미국인들의 공공 생활의 특징과 이러한 특수화가 허락했던 간섭적 양식의 인격 형성이다. 부조화를 참을 수 없는 루소의 공화주의 이상은 시민들로 하여금 일종의 형언할 수 없는 투명성 혹은 즉각적 상호 대면의 상태에 서도록 하여 개인들 사이의 거리를 허물

A. Cress, book 2, chap. 7 (Indianapolis : Hackett, 1983), p.39.

10) Benjamin Rush, "A Plan for the Establishment of Public Schools and the Diffusion of Knowledge in Pennsylvania (1786)", in Frederick Rudolph ed. *Essays on Education in the Early Republic* (Cambridge, Mass. : Harvard University Press, 1965), pp.9, 14, 17.

11) Alexis de Tocqueville, *Democracy in America* (1835), trans. Henry Reeve, ed. Phillips Bradley (New York : Alfred A. Knopf, 1945), vol. 1, p.416.

려고 시도한다. 일반 의지가 우세한 경우에, 시민들은 "스스로를 한 단일한 통일체로 생각하게 되며", 정치적 논쟁은 필요하지 않다. "처음 [새로운 법을] 제안하는 사람은 그저 모든 사람이 이미 느끼고 있었던 바를 말할 뿐이다." 그리고 그 법의 통과를 보장하기 위한 "술책이나 웅변은 문제되지 않는다." 일반 의지의 획일적 성격을 생각해보면, 최선의 숙고는 무언의 만장일치가 낳는다. "집회들에서 조화가 더 충만할수록, 말하자면 의견들이 만장일치에 더 가까워질수록, 일반 의지는 더욱 지배적이게 된다. 그러나 오랜 논쟁들, 의견 차이들, 소동들은 사적 이해 관심들의 우세와 국가 몰락의 조짐이 된다." 공공선은 경쟁하는 해석들을 인정하지 않기 때문에, 의견 불일치는 부패, 즉 공공선을 저버림을 나타낸다.12)

루소의 정치학을 강제를 용인하는 방향으로 기울어지게 한 것은 인격 형성적 의욕이 아니라 공공선은 획일적이고 논란의 여지가 없다는 바로 이 가정이다. 또한 그것은 공화주의 정치에 필수불가결한 가정이다. 시민 정치경제학에 대한 미국의 경험이 시사하는 것처럼, 시민적 자유관은 의견 불일치를 불필요한 것으로 만들지 않는다. 그것은 정치적 논쟁을 초월하는 것이 아니라 그것을 수행하는 방법을 제공한다.

루소의 획일적인 시각과는 달리 토크빌이 기술하는 공화주의의 정치는 합의에 의해 성립된 것이라기보다는 불만이 많아 소란스러운 것이다. 그것은 구별(분화)을 경멸하지 않는다. 개인들

---

12) Rousseau, *On the Social Contract*, book 4, chaps. 1-2, pp.79-81. 또한 book 2, chap. 3, p.32를 보시오. "만약 충분히 정보를 가진 대중이 숙고할 때, 그 시민들이 서로 소통하지 않는다면, 항상 일반 의지가 결과로서 일어날 것이다."

사이의 공간을 와해하는 대신에, 그것은 이 공간을 다양한 역량을 가진 사람들을 모으는, 그들을 분리하기도하고 연결시키기도 하는 정치 기구들로 채운다.[13] 이 정치 기구들은 지방 정부들, 학교들, 종파들 그리고 민주적 공화정이 요구하는 "심성"과 "습성"을 형성하는 덕성 배양의 직업들을 포함한다. 그것들의 더 특수한 목적들이 무엇이든, 이 시민 교육의 대행자들은 공적인 일들에 주목하는 습관을 주입한다. 그럼에도 그 대행자들의 다수성이 주어진다면 그것들은 공공 생활이 하나의 분화되지 않은 전체로 용해되는 것을 막는다.[14]

그래서 시민적 자유의 맥은 필연적으로 배타적이거나 강제적인 것은 아니다. 그것은 때때로 민주주의적이고 다원론적으로 표현될 수 있다. 이러한 만큼 공화주의 정치 이론에 대한 자유주의자의 반론들은 자리를 잘못 잡고 있다. 그러니 자유주의자의 염려는 분명 간단히 처리될 수 없는 하나의 통찰을 포함하고 있다. 공화주의 정치는 모험적인 정치, 즉 보장이 없는 정치다. 그리고 그것이 동반하는 위험들은 인격 형성적 계획에도 내재

---

13) 공공 영역에 대한 한나 아렌트의 설명도 이러한 특징을 강조한다. "대중 사회를 이다지도 지탱하기 어렵게 만드는 것은 거기에 포함된 사람들의 수가 아니다. 적어도 그 수가 일차적인 것이 아니라, 그들 가운데 있는 세계가 그들을 함께 모으고 그들을 서로 연관시키고 분리시키는 힘을 잃어버렸다는 사실이다"; Hannah Arendt, *The Human Condition* (Chicago : University of Chicago Press, 1958), pp.52-53.

14) Tocqueville, *Democracy in America*, vol. 1, chap. 17, p.299 ; 대체로 chap. 5, pp.66-68 and chap. 17, pp.299-325를 보시오. 자유가 특수하고 정체성을 형성하는 시민사회의 대행자들에 의해 분화되거나 뚜렷이 구별되는 공공 생활을 요구한다는 이 착상은 G. W. F. Hegel, *Philosophy of Right* (1821), trans. T. M. Knox (London : Oxford University Press, 1952)에서 핵심적이다.

한다. 정치 공동체로 하여금 그 시민들의 인격에 이해 관계를 가지게 하는 것은 나쁜 공동체들이 나쁜 인격들을 형성할 수 있다는 가능성을 시인하는 것이다. 권력의 분산과 시민 조직의 다양한 장소들은 이러한 위험들을 줄일 수는 있지만 제거할 수는 없다. 이것이 공화주의 정치에 대한 자유주의자의 불평 속에 있는 진실이다.

인격 형성적 계획을 회피하려는 시도

이러한 불평을 어떻게 이해할지는 그 대안들에 달려 있다. 만일 시민들의 인격에 주의를 기울이지 않고도 자유를 확보하는 방법 혹은 좋은 삶에 대한 한 관념을 지지하지 않고도 권리들을 규정할 방법이 있다면, 인격 형성적 계획에 대한 자유주의자의 반론은 결정적일 수도 있다. 그런데 그러한 방법이 있는가? 자유주의 정치 이론은 그러한 방법이 있다고 주장한다. 주의주의(voluntarist) 자유관은 공화주의 정치의 위험들을 최종적으로 잠재울 수 있다고 약속한다. 만일 자유가 자치의 실행으로부터 분리되고, 대신에 개인들이 자신의 목적들을 선택할 수 있는 역량으로 이해될 수 있다면, 시민적 덕성을 형성하는 그 어려운 임무는 마침내 필요가 없어진다. 또는 적어도 관용과 타인에 대한 존중을 함양하는 언뜻 보기에 더욱 단순한 임무로 좁혀지게 된다.

주의주의 자유관에 따르면, 국가 관리 기술(statecraft)은 한

정된 영역을 제외하면 더 이상 영혼 관리 기술을 필요로 하지 않는다. 자유를 자유롭게 선택하는 자아의 권리들에 대한 존중과 결합하는 것은 어떻게 자치의 습관들을 형성할 것인가에 대한 낡은 논의들을 억누를 것이다. 일단 자유가 인격 형성적 계획으로부터 유리되면, 칸트의 유명한 말처럼, "하나의 국가를 세우는 문제는 악마들의 종족에 의해서도 해결될 수 있다." "왜냐하면 그러한 임무는 인간의 도덕적 향상을 포함하지 않기 때문이다."[15]

그러나 자유를 인격 형성적 계획으로부터 유리시키려는 자유주의자의 시도는 그 자체의 문제들, 즉 절차적 공화정의 이론과 실천 모두에서 발견될 수 있는 문제들에 직면한다. 철학적 난제는 선택에 선행하는 도덕적 혹은 시민적 속박들에 의해 방해받지 않는, 자유롭게 선택하는 독립적 자아들이라는 자유주의적 시민 개념에 놓여 있다. 이러한 시각은 충성(loyalty)이나 결속의 책무들처럼 우리가 공통적으로 인정하는 광범위한 도덕적 · 정치적 책무들을 설명할 수 없다. 우리는 오직 우리가 그 자체로 선택하는 목적들과 역할들에 의해서만 구속된다고 역설함으로써, 자유주의적 시민관은 우리는 언제고 우리가 선택하지 않은 목적들에 의하여, 예를 들어 자연이나 신에 의해 주어진 목적들에 의하여 혹은 가족이나 국민이나 문화나 전통의 일원이라는 우리의 정체성에 의하여 요구를 받는다는 것을 부정한다.

일부 자유주의자들은 우리가 이러한 책무들에 의하여 구속될

---

15) Immanuel Kant, "Perpetual Peace" (1795), in *Kant's Political Writings*, ed. Hans Reiss (Cambridge : Cambridge University Press, 1970), pp.112-113.

수도 있다는 것을 인정하지만, 그것들이 사적인 생활에만 적용되고 정치에는 아무런 관계가 없다고 주장한다. 그러나 이것은 한층 더 어려운 문제를 제기한다. 왜 시민이라는 우리의 정체성을 더욱 넓게 이해된 인격들이라는 우리의 정체성으로부터 분리하기를 고집하는가? 왜 정치적 숙고는 인간의 최고의 목적에 대한 우리의 최상의 이해를 반영해선 안 되는가? 내가 제3강연에서 제시하겠지만 정의와 권리에 대한 어떤 논변들은 우리가 수용하든지 수용하지 않든지 불가피하게 좋은 삶에 대한 특수한 관념들을 끌어들인다.

절차적 자유주의 이론의 문제점들은 그것이 고무하는 실천에서 두드러진다. 지난 반세기에 걸쳐서 미국의 정치는 인격 형성적 의욕을 단념시키고 좋은 삶에 대한 경쟁적 관념들에 대해 정부는 중립적이어야 한다고 주장하는 형태의 자유주의를 구체화하기에 이르렀다. 절차적 공화정은 자유를 자치와 그것을 뒷받침하는 덕성들에 결합하기보다는 개인들이 그들 자신의 목적들을 선택하고 추구할 수 있으며, 그 목적들 대해 중립적인 태도를 취하는 권리 구조를 추구한다.

그러나 오늘날 미국의 공공 생활을 둘러싼 불만은 이러한 해결책의 부적당함을 예시한다. 너무 완전하게 도덕과 종교를 괄호로 묶으려는 정치는 곧 그 자신의 각성을 초래하게 된다. 정치적 담론이 도덕적 공명을 결여하는 경우에, 좀더 풍부한 의미를 가진 공공생활에 대한 동경은 바람직하지 않은 방식으로 표출된다. 일부 기독교 보수 집단들은 노출된 공동 광장을 편협하고 불관용의 설교들로 덮으려고 시도한다. 근본주의자들(fundamentalists)은 자유주의자들이 발을 들여놓기 두려워하는 곳으로 뛰어든다. 또한 그 각성은 더욱 세속적인 형태들을 취한다. 공적인 문제들의 도덕적 중요성을 다루는 정치적 안건도 없는 채로, 공무원의 사적 악행들에 주의가 집중된다. 정치적 담화는 점점 타블로이드판 신문, 토크쇼 그리고 마침내는 주요 매스컴에 의해 공급된 스캔들과 선정적이고 자백적인 내용들에 의해 선점된다. 현대 자유주의 공공 철학이 이러한 경향들에 전적인 책임이 있다고 말할 수는 없다. 그러나 정치적 담화에 대한 그것의 시각은 민주주의적 삶의 도덕적 활력을 담아내기에는 너무 빈약하다. 그것은 불관용과 오도된 도덕주의로의 길을 여는 도덕적 공허를 창출한다.

실질적인 도덕적 담화를 결여하는 정치적 안건은 절차적 공화정의 공공 철학이 드러내는 한 징후다. 또 하나의 징후는 지배력의 상실이다. 주의주의 자유관의 승리는 점점 커지는 박탈감과 동시에 일어났다. 최근 수십 년간 권리들의 확장에도 불구하고 미국인들은 좌절 속에서 자신의 삶을 지배하는 힘들에 대한 통제력을 상실하고 있다는 사실을 발견한다. 이것은 부분적으로 세계 경제에서의 고용 불안정과 연관이 있지만, 또한 우리가 가지고 살아가는 자아상을 반영한다. 자유주의의 자아상과 현대의 사회적 · 경제적 생활의 현실적인 구성은 예리하게 충돌하고 있다. 우리가 자유롭게 선택하는 독립된 자아라고 생각하고 행동하는 때조차도, 우리는 우리의 이해와 통제를 허용하지 않는 몰개인적인 힘의 구조들에 의해 지배되는 세계와 직면한다. 주의주의 자유관은 우리가 이러한 상황과 싸워나갈 장비가 거의 없는 상태로 남겨둔다. 비록 우리는 우리가 선택하지 않은 정체성의 무거운 짐으로부터 해방되었을지도 모르지만, 비록 우리는 복지 국가가 보장하는 범위의 권리들에 대한 자격을 얻었을지도 모르지만, 자력으로 세계와 맞서게 되었을 때 우리는 완전히 압도되어버린 우리 자신을 발견하게 된다.

자치와 공동체의 침식에 대처하는 유력한 정치적 안건을 내놓을 수 없음은 우리의 공공 생활에 내재하는 빈곤한 시민관과 자유관을 반영한다. 우리가 당면한 곤경은 자유는 자치와 그것을 뒷받침하는 덕성들로부터 유리될 수 없다는, 결국 인격 형성적 계획이 필수불가결하다는 공화주의적 주장에 힘을 실어준다. 절차적 공화정은 자치가 요구하는 도덕적·시민적 참여를 낳을 수 없으므로, 그것이 약속하는 자유를 확보할 수 없다는 것이 드러난다.

만약 현대 자유주의의 공공 철학이 민주주의의 불만에 응하지 못한다면, 어떻게 공화주의적 주제들에 대하여 새롭게 일어나는 관심이 우리의 상황과 싸워나갈 더 나은 장비들을 제공할 수 있는지에 대한 물음이 남는다. 공화주의적 의미에서의 자치가 현대의 상황들 아래에서도 과연 가능한 것일까? 만약 그렇다면 그것은 어떠한 경제적·정치적 장치들을 요구할 것이며, 그것들을 뒷받침하기 위하여 어떤 인격적 자질들이 필요할 것인가?

세계화된 정치와 특수한 정체성들

자치의 역량을 갖춘 시민의 형성에 대한 공화주의적 관심을 부활시키려고 시도했던 정치조차도 주춤하게 만드는 장애물에 직면할 것이다. 이 장애물은 현대의 경제 생활이 조직화된 엄청난 규모와 그것을 운용하기 위해 필요한 민주적인 정치적 권위를 구성하는 어려움이다. 이 어려움은 현실적으로 두 가지의 연결된 난제들을 내포하고 있다. 하나는 세계 경제를 운용할 역량이 있는 정치 기구들을 고안하는 것이다. 다른 하나는 그 기관들을 지탱하는 데 필요한 시민적 정체성을 배양하는 것, 즉 그것들에게 그것들이 요구하는 도덕적 권위를 제공하는 것이다. 이 난제들이 모두 만족될 수 있다는 것은 당연하지 않다.

자본과 상품, 정보와 영상, 오염 물질과 사람들이 유례가 없이 손쉽게 국경선을 가로질러 유통되는 세계에서, 정치는 초국가적(transnational) 형태를, 만약 이대로 지속된다면 세계화된 형태까시도 취해야 할 것이다. 그렇지 않으면 경제력들은 민주적으로 재가된 정치적 권력에 의해 억제되지 않은 채로 움직일 것이다. 전통적으로 자치의 수단이었던 민족국가들(nation-states)은 점차 시민들의 판단들과 가치들이 그들의 운명을 지배하는 경제력들에 영향을 주도록 할 수 없다는 것을 발견할 것이다. 세계 경제에 직면한 민족국가의 권한 박탈은 미국 정치뿐 아니라 전 세계의 다른 민주 정체들을 괴롭히는 불만의 한 원천일 수도 있다.

하지만 만약 경제의 세계화라는 성격이 초국가적인 형태의 통치의 필요성을 시사한다면, 여전히 그러한 정치 장치들이 민주적 권위가 궁극적으로 의존하는 귀속 의식과 충성심을 — 도덕적 · 시민적 문화를 — 산출할 수 있는지가 보여야 한다. 사실 그것들이 그렇게 할 수 있다는 것을 의심할 이유가 있다. 전쟁과 같은 특수한 순간들을 제외하고 민족국가들조차도 자치가 요구하는 공동체감과 시민적 참여를 일으키는 것은 어렵다는 것을 발견한다. 국가들보다 더 방대하고 의존할 만한 문화적 전통들과 역사적 기억들이 더 적은 정치적 연합체들은 공통성 배양의 임무가 더더욱 힘들다는 것을 알 수 있다.

초국가적인 통치에서 가장 성공적인 실험들 중의 하나인 유럽공동체(EC)조차도 지금까지는 그것의 경제적·정치적 통합의 메커니즘을 지원하기에 충분한, 하나의 공통된 유럽인의 정체성을 배양하는 데 실패해왔다. 한층 더 나아간 유럽의 통합을 옹호하는 사람들은 선출된 대표들이 아니라 전문 위원들과 공무원들이 대부분의 공동체 업무들을 수행할 때 일어나는 "민주주의의 결손"에 대하여 염려한다. 셜리 윌리엄스(Shirley Williams)는 그렇게 "엷어진 정치적 무대는 정치의 생혈을 구성하는 분노, 정렬, 참여, 당파성을" 획득하지 못한다고 관찰한다. 그것은 "시민들의 유럽"이 아니라 "사업가의 유럽"을 향해 나아간다.[16] 전 체코 대통령 바츨라프 하벨(Vaclav Havel)은 공유하는 도덕적 목적의 부재를 강조한다. "오늘날의 유럽은 에토스를 결여한다. … 유럽에는 통합의 의도나 목적을 가진 진정한 일체화가 없다." 그는 "유럽 통합의 정신과 에토스가 성장할 수 있는 덕성들을 배양할" 범유럽적인 기구들을 요청한다.[17]

---

16) Shirley Williams, "Sovereignty and Accountability in the European Community", in Robert O. Keohane and Stanely Hoffman, eds., *The New European Community* (Boulder : Westview Press, 1991), pp.155-176.

17) Vaclav Havel, "Address to the General Assembly of the Council on Europe, Vienna, October 9, 1993", trans. Paul Wilson, *New York Review of Books*, 40 (November 18, 1993), p.3.

세계 경제에서 자치의 난제는 어떤 면에서 20세기 초반 수십 년간 미국 정치가 직면했던 곤경과 닮아 있다. 지금처럼 그 당시에도 경제 생활과 사람들이 자신의 정체성을 이해하는 상황들 사이에는 간극 혹은 적합성의 결여, 즉 많은 사람들이 방향 상실과 권한 박탈로 경험했던 간극이 있었다. 자신들의 위치를 작은 공동체들로부터 확인하는데 오랫동안 익숙해져 있던 미국인들은 갑작스레 전국적인 규모의 경제에 맞닥뜨린 자신들을 발견했다. 정치 기구들은 뒤쳐져서 대륙적인 사회 생활에 부적합했다. 지금처럼 그 당시에도 새로운 형태의 상업과 통신이 친숙한 정치적 경계선들을 가로질러 확산되었으며, 멀리 떨어진 사람들 사이에 상호 의존적인 네트워크를 창출하였다. 그러나 새로운 상호의존성은 새로운 의미의 공동체를 동반하지 않았다. 사회개혁가 제인 애덤스(Jane Addams)가 관찰했던 것처럼, "상호 의존이라는 단지 기계적인 사실은 아무 의미도 없다."[18]

오늘날 애덤스의 통찰이 덜 적절한 것은 아니다. 그녀의 시대에 철도·전신선·전국 시장들이 반드시 이웃이나 동료 시민이나 공동 사업 참여자가 아니고도 멀리 떨어진 사람들을 연결하는 도구들이었던 것처럼, 우리 시대에는 위성방송·CNN·사이버 공간·세계 시장들이 그러한 도구들이다. 통신과 상호 의존의 네트워크들을 지지할 만한 가치가 있는 공공 생활로 전환하는 것은 도덕적·정치적 문제이지 기술적 문제가 아니다.

그들의 곤경과 우리의 곤경 사이의 유사성을 가정한다면, 그들

18) Jane Addams, *Democracy and Social Ethics* (New York : Macmillan, 1907), pp.210-211.

이 추구했던 해결책을 상기해보는 것은 교훈적이다. 민주적 통치에 반항할 우려를 보여주는 경제에 직면하여, 시어도어 루즈벨트(Theodore Roosevelt)로부터 프랭클린 루즈벨트(Franklin Delano Roosevelt)에 이르는 진보주의자들은 정부 권력의 증대를 추구했다. 그들은 만약 민주주의가 살아남으려면 경제력의 집중은 비슷한 정치 권력의 집중과 결합해야 한다고 결론지었다. 그러나 이것은 정부의 중앙 집권화 이상을 포함했다. 그것은 또한 정치의 전국화(全國化)를 요구했다. 정치 공동체의 기본 형태가 전국적인 규모로 탈바꿈해야 했다. 오직 이러한 식으로 그들은 사회적 · 경제적 생활의 규모와 사람들이 자신의 정체성을 이해하는 상황들 사이의 간극을 완화시킬 수 있었다. 오직 강력한 의미의 국가 공동체만이 근대적 산업 질서의 광범위한 난제들을 도덕적 · 정치적으로 떠맡을 수 있었다.

그들의 해결책의 논리가 우리 시대로 확장될 수 있다는 생각은 유혹적이다. 만약 한 국가 경제를 다루는 방법이 정부를 강화하고 국민 의식을 배양하는 것이었다면, 아마도 세계적 경제를 다루는 방법은 세계적 관리(global governance)를 강화하고 세계적 혹은 세계주의적 시민이라는 대응 의식을 배양하는 일일 것이다.

국제적 성향의 개혁가들은 이미 이러한 충동을 분명하게 표출하기 시작했다. 1995년 세계 각국으로부터 온 28명의 관리들의 집단인 세계적 관리위원회는 국제 기구들을 강화할 필요성을 강조하는 보고서를 출판했다. 그들은 세계적 상호 의존은 강력한 기술력과 경제력에 의해 추진되어 성장하고 있다고 관찰했다. 그러나 세계의 정치 조직들은 보조를 맞추지 못해왔다. 위원회는 경제적 · 환경적 쟁점들을 다룰 새로운 국제 기구, 궁극적으로 세계의 국민들에 의해 선출될 수 있는 "국민의회", 세계적 관리의 활동들에 자금을 조달할 국제 조세 기구 그리고 국제재판소에 더욱 큰 권위를 요청했다. 이 계획에 적당한 윤리를 배양할 필요성에 주의를 기울이면서 위원회는 또한 "세계시민을 육성하고", "세계적 시민 윤리의 광범위한 수용"을 고무하고, "경제적 거래와 향상된 통신 기관들에 기반을 두는 세계적 이웃관계를 하나의 보편적인 도덕적 공동체로" 변형하려는 노력을 요구했다.19)

1990년대의 다른 주석가들은 국제적인 환경 · 인권 · 여성 운동들에서 세계 시장과 미디어의 힘에 대항하는 평형추로 사용될 수 있는 "세계적 시민사회"의 출현을 발견했다. 정치학자 리처드 포크(Richard Falk)에 따르면, 그러한 운동들은 "세계적 혹은 종족적 연대에 전제된" 하나의 새로운 "세계시민"에 대한 기대를 내포하고 있다. 그는 "이러한 세세시민의 정신은 거의 완전하게 비영역화된다"고 관찰한다. 그것은 도시든 국가든 특정한 정치 공동체에 대한 충성과는 무관하며, 대신에 "단일 세계 공동체(one-world community)"의 이상을 열망한다.20) 유사한 생각에서 철학자 마르타 누스봄(Martha C. Nussbaum)은 세

19) *Our Global Neighborhood : The Report of the Commission on Global Governance* (New York : Oxford University Press, 1995), pp.154, 257, 303-304, 5, 46-49, 336.

20) Richard Falk, "The Making of Global Citizenship", in Jeremy Brecher, John Brown Childs, and Jill Cutler, eds., *Global Vision : Beyond the New World Order* (Boston : South End Press, 1993), pp.39-50.

계시민을 길러낼 시민 교육을 주장한다. 민족적 정체성은 "도덕적으로 무관한 특징"이므로, 학생들에게 그들이 전 세계인들의 공동체에 우선적으로 충성해야 한다고 가르쳐야 한다.[21]

세계시민주의적 이상은 우리가 공유하는 인간애를 적절히 강조하고, 그것으로부터 나오는 도덕적 결과들에 우리의 주의를 향하도록 한다. 그것은 인종적·민족적 정체성들이 추락할 수 있는, 편협하고 때로는 살인적인 쇼비니즘(chauvinism)에 대한 개선책을 제공한다. 그것은 부유한 국가들에게 인류에 대한 그들의 책무가 영해의 경계선에서 끝나지 않는다는 것을 깨닫도록 한다. 그것은 우리에 대한 지구의 유용성을 초월하여 지구를 보살필 이유들도 제시할 수 있다. 이 모든 것은, 특히 정치 생활의 세계화 양상은 국가들을 초월하는 충성의 형태들을 요구하기 때문에, 세계주의 이상을 하나의 매력적인 윤리로 만든다.

이러한 장점들에도 불구하고 세계주의 이상은 도덕적 이상으로도 우리 시대에 자치를 위한 공공 철학으로도 결함을 갖는다. 보편적 정체성들은 항상 특수한 정체성들에 우선한다는 관념은 오랜 다채로운 이력을 가지고 있다. 칸트는 도덕성을 개개인의 특징들로부터 독립된 합리적 존재들로서의 개인들에 대한 존중과 결합시켰으며, 그리고 마르크스(Karl Marx)는 인간의 자기 종족과의 연대를 최상의 연대로 간주했다. 아마도 도덕적 이상으로서 세계주의적 윤리의 가장 명료한 진술은 계몽주의 철학자 몽테스키외(Michael de Montesquieu)가 제공한 다음과 같은

21) Martha C. Nussbaum, "Patriotism and Cosmopolitanism", *Boston Review*, October / November 1994, p.3.

진술일 것이다. “만약 내가 어떤 것이 나에게는 유용하지만 내 가족에게 해가 된다는 것을 알았다면, 나는 내 영혼으로부터 그 것을 거부할 것이다. 만약 내가 어떤 것이 내 가족에게는 유용하지만 내 국가에는 그렇지 않다는 것을 알았다면, 나는 그것을 잊어버리려고 노력할 것이다. 만약 내가 어떤 것이 내 국가에는 유용하지만 유럽에는 해가 되거나, 유럽에는 유용하지만 인류에게는 해가 된다는 것은 알았다면, 나는 그것을 범죄라고 간주할 것이다. … [왜냐하면] 나는 한 프랑스인이기 이전에 한 인간이기 때문이며, 혹은 차라리, … 내가 그저 우연히 한 프랑스인이기 이전에 필연적으로 한 인간이기 때문이다.”22)

만약 우리의 포괄적인 충성들이 좀더 지엽적인 충성들에 항상 우선될 수 있다면, 친구와 이방인 사이의 구별은 이상적으로 극복될 수 있을 것이다. 친구들의 복지에 대한 우리의 특별한 관심은 일종의 편견, 말하자면 보편적인 인간 관심사로부터 우리의 일정한 거리일 것이다. 몽테스키외는 이러한 결론 때문에 주춤하지 않는다. 그는 “진정으로 유덕한 사람은 그 자신의 친구에게와 마찬가지로 빠르게 가장 먼 이방인을 도우러 올 것이다”라고 적는다. “만약 인간들이 완전하게 유덕하다면, 그들은 친구가 없을 것이다.”23)

사람들이 너무나 유덕하여 친구를 가지지 않고 오직 우정에 대한 보편적 성향만을 가지는 세계를 상상하기란 어렵다. 문제는 단순히 그러한 세계를 이루는 것이 어렵다는 것이 아니라 그

---

22) Montesquieu, *Mes pensées, in Oeuvres complètes*, ed. Rober Chaillois (Paris: Gallimard, 1949), nos. 10, 11, pp.980-981.
23) ibid., no. 604, pp.1129-1130.

것을 인간 세계로 인정하는 것이 어렵다는 것이다. 인류애는 고귀한 감성이지만 대부분의 시간 동안 우리는 더 작은 연대들에 의해 살아간다. 이것은 도덕적 공감의 범위에 대한 어떤 한계들을 반영할 수도 있다. 더 중요한 것은, 이것은 우리가 인류를 일반적으로가 아니라 그 특수한 표현들을 통하여 사랑하도록 배운다는 것을 반영한다.

독일 낭만주의 철학자 헤르더(J. G. Herder)는 언어 · 문화 · 민족적 정체성의 차이들을 우리 인간성의 독특한 표현들로 긍정한 최초의 인물들 중 하나다. 그는 전적으로 추상적으로 인류에 헌신하는 세계주의적 시민을 비웃었다. "자기 자신과 자신의 아내와 자녀를 말없이 기꺼이 사랑하고, 자기 부족의 선을 위하여 적당하게 일하는 야만인이 한 인간의 그림자보다, 모든 자기 동료 그림자들에 대한 사랑에 도취되어 오직 환영만을 사랑하는 세련된 세계시민보다 더 참된 존재"다. 그는 실제로 이방인을 자신의 초라한 오두막으로 환영하는 것은 그 야만인이라고 적는다. "다른 한편으로 쓸모없는 세계주의자의 충만한 가슴은 누구에게도 은신처를 제공하지 않는다."[24] 또한 찰스 디킨스(Charles Dickens)는 해외 자선 운동들에 종사하면서 자신의 자녀들은 비참하게 방치한 『황폐한 집』의 인물, 젤리바이 부인에 대한 기술에서 어떤 상황에도 놓여 있지 않은 세계주의자의 어리석음을 묘사했다. 그녀는 "아름다운 눈을 가진" 여자지만, "그것은 너무 멀리 바라보려는 기묘한 습관을 갖고 있었다. 마치

24) Johann Gottfried Herder, *Ideas for a Philosophy of History of Mankind* (1791), in *J. G. Herder on Social and Political Culture*, trans. and ed. F. M. Bernard (Cambridge : Cambridge University Press, 1969), p.309.

… 그것은 아프리카보다 더 가까운 것도 아무것도 볼 수 없는 것처럼 말이다"라고 적는다.[25]

이웃들로부터 국가들에 이르기까지 우리를 세계 속에 위치시키는 특수한 공동체들을 도덕적으로 관련된 것으로 긍정하는 것은, 우리가 동료 인간들인 개인들에게 아무것도 빚진 것이 없다고 주장하는 것은 아니다. 최상의 상태에서 지역적 연대들은 그것들 자체를 초월하여 우리의 공통적 인간성의 지평을 포함하는, 도덕적 관심의 더 넓은 지평들을 향하여 몸짓한다. 세계주의적 윤리는 우리가 전체로서의 인류에게 일정한 책무들을 가지고 있다고 주장하는 데에서가 아니라 차라리 우리가 거주하는 더 포괄적인 공동체들이 더 지역적인 공동체들에 항상 우선해야 한다고 주장하는 데에서 잘못된 것이다.

우리들 대부분은 자신이 언제나 일부는 중첩되고 일부는 경합하는, 광범위의 상이한 공동체들로부터 요구를 받는다는 사실을 알게 된다. 책무들이 충돌할 때 미리 최종적으로 어느 것이 우세할지 결정한 방법은 없다. 한 개인의 정체성들 — 부모나 직업인, 어떤 신념의 추종자나 어떤 주장의 열성적 지지자, 자기 국가의 시민이나 세계시민이라는 정체성들 — 중에서 어느 것이 정당하게 관계된 것인지를 결정하는 것은 문제가 되는 쟁점에 따라 달라지는 도덕적 반성과 정치적 숙고의 문제다. 최선의 숙고는 요구들의 내용, 그것들의 상대적인 도덕적 무게 그리고 참여자들이 자기들 삶의 의미에 대해 이해하게 되는 이야기

25) Charles Dickens, *Bleak House* (1853) (Oxford : Oxford University Press, 1978), chap. 4, p.36.

들(narratives) 속에서 그것들의 역할에 주의를 기울일 것이다. 몽테스키외와 반대로, 그 요구들은 단순히 그것들을 제기하는 공동체의 크기와 영역에 따라 순서를 따질 수 없다. 실천적으로 매우 유용한 일반적 원칙도 책무들의 우열을 미리 결정할 순 없지만, 그럼에도 도덕적·정치적 딜레마들에 대한 일부 반응들은 다른 반응들보다 더 낫다—더 훌륭하거나 가치 있거나 적절하다. 만약 그렇지 않다면 숙고 자체에 아무런 의미도 부담도 없을 것이다.

세계주의적 윤리의 도덕적 결함은 그것의 정치적 결함과 연결되어 있다. 왜냐하면 세계 경제가 더 보편적 형태의 정치적 정체성을 요구하는 때도 특수자들의 매력이 거듭 주장되기 때문이다. 국가들이 세계적 관리의 새로운 기구들에 동의하는 때에도 국가들은 인종적·종교적·언어적 집단들로부터 제기되는 다양한 형태의 정치적 승인과 자결권에 대한 요구들에 직면한다. 이 요구들은 부분적으로 소비에트연합처럼 한때 그것들을 억누르던 제국들의 붕괴에 의해 촉발된다. 그러나 공동체적 정체성들의 공개적 표현에 대한 증대하는 열망은 또한 점차 거대하고 소원한 힘들에 의해 지배되는 세계 속에서 사람들의 위치를 정해줄 수 있는 정치적 정체성들에 대한 열망을 반영할 수도 있다.

한때 민족국가는 이러한 열망에 부응하겠다고, 즉 정체성과 자치 사이의 연결 고리를 제공하겠다고 약속했다. 적어도 이론적으로 각 국가는 공통된 역사나 언어나 전통에 의해 규정된 한 민족의 집합적 정체성을 표현하는, 어느 정도 자급자족적인 정치적·경제적 단위였다. 민족국가는 그 주권의 행사가 그 시민들의 집합적 정체성을 표현한다는 근거에서 그 시민들의 충성을 요구했다.

그러나 현대 세계에서 이러한 주장은 그 힘을 잃어가고 있다. 국가의 주권은 국경선을 가로지르는 자본·상품·정보의 유동성, 세계 금융 시장들의 통합, 산업 생산의 초국가적 성격에 의해 위에서부터 침식된다. 동시에 국가의 주권은 국가보다 작은 집단들에서 다시 살아나는 자율과 자치에 대한 열망들에 의해 아래로부터 도전받는다. 국가들의 실제적 주권이 희미해지면서 그것들은 점점 그 시민들의 충성에 대한 지배력을 상실한다. 세계 경제가 통합되는 경향들과 집단 정체성들이 파편화되는 경향들에 의해 둘러싸이면서, 민족국가들은 점점 정체성과 자치를 연결할 수 없게 된다. 가장 강력한 국가들조차 세계 경제의 명령을 피해 달아날 수 없다 ; 가장 작은 국가들조차도 그들 가운데 살고 있는 다른 집단들을 억압하지 않고 어떤 하나의 인종적 혹은 민족적 혹은 종교적 집단의 자치 단체적 정체성으로 완전하게 표현되기에는 너무나 이질적으로 구성되어 있다.

우리는 초국가적 정치 기구들이 없이 세계 경제를 운용할 수 없으며, 우리는 더 넓은 시민적 정체성들을 배양하지 않고 그 기구들을 지탱하리라고 기대할 수 없다. 이것이 세계주의적 관점에 있는 진리의 요소다. 인권 협약, 세계 환경 협정, 무역·금융·경제 개발을 관리하는 세계 조직들은, 공개적인 지원을 얻기 위하여 우리가 공유하는 세계의 운명에 대한 더욱 커다란 의미에서의 참여를 고무하는 데 의존할 기구들의 사례다.

그러나 세계주의적 시각은 우리가 단순히 주권과 시민권을 위쪽으로 밀어올림으로써 자치를 회복할 수 있다고 제안하는 데에서 그릇된 것이다. 자치에의 희망은 주권의 재배치가 아니라 그것을 분산시킴에 있다. 주권 국가에 대한 가장 희망적인 대안은 인류의 연대에 바탕을 둔 단일 세계 공동체가 아니라, 그 속에서 주권이 두루 분산되는 — 일부는 국가보다 더 넓거나 일부는 국가보다 덜 넓은 — 다수의 공동체들과 정치 집단들이다. 민족국가가 사라져야 할 필요가 없으며, 다만 그것이 주권의 유일한 보유고이고 정치적 충성의 첫 번째 대상이라는 주장만 양보하면 된다. 정치적 연합의 상이한 형태들이 생활의 상이한 영역들을 지배할 것이며, 우리 정체성의 상이한 측면들에 관여할 것이다. 오직 주권을 위쪽으로 그리고 아래쪽으로 분산시키는 정권만이 세계 시장의 힘들에 맞서는 데 필요한 힘과 그 시민들의 반성적 충성을 고취하기를 기대하는 공공 생활에 요구되는 분화를 결합할 수 있다.

만약 국가가 최소한의 공통성 이상을 불러일으킬 수 없다면, 세계 공동체가 적어도 그 자체만으로 더 잘할 것 같지는 않다. 국가들을 초월하여 뻗어가는 민주주의적 정치를 위한 더 그럴듯한 토대는 우리가 거주하는 더 특수한 공동체들 속에서 자양분을 얻어 새롭게 부활하는 시민 생활이다. 세계화 시대의 이웃의 정치(the politics of neighborhoods)는 덜 중요한 것이 아니라 더 중요한 것이다. 사람들은 거대하고 소원한 존재자들에게, 얼마나 중요하든 그 기구들이 참여자들의 정체성을 반영하는 정치적 장치들과 연결되지 않다면, 충성을 맹세하지 않을 것이다.

주권 국가와 주권 자아를 넘어서

우리의 삶의 형체를 이루는 세계적 매스컴들과 시장들은 경계와 소속을 초월한 세계로 우리를 손짓한다. 그러나 이러한 힘들을 지배하거나 적어도 그것들과 경쟁하는 데 필요한 시민적 자원은 세계 속에 우리의 위치를 정하고 우리의 생활에 도덕적 특수성을 부여하는 장소들과 이야기들, 기억들과 의미들, 사건들과 정체성들 속에서 아직 발견되어야 한다.

우리가 가지고 살아가는 공공 철학은 우리로 하여금 이러한 집착들을 괄호로 묶어두도록, 정치적 목적에서 그것들을 제쳐두도록, 그것들에 대한 언급이 없이 정치적 논쟁들을 수행하도록 명한다. 정치적 담화로부터 도덕적·종교적 논쟁을 추방해 버린 절차적 공화정은 빈곤한 시민 생활을 향해 나아간다. 또한 그것은 자치에 대한 열망에 부응하지 못한다; 그것의 자유롭고 독립적인, 자신이 선택하지 않은 도덕적 혹은 시민적 속박들에 의해 방해받지 않는 자아들로서의 시민상은 우리에게 자치를 위한 장비들을 제공하는 공공 정신을 떠받칠 수 없다.

아리스토텔레스의 폴리스 시대 이후로 공화주의 전통은 자치를 어떤 특정한 장소에 뿌리를 두고, 그 장소에 충성하는 시민들에 의해 수행되는 활동과 그 활동이 구현하는 삶의 방식으로 보았다. 하지만 오늘날의 자치는 이웃들로부터 국가들로, 전체로서의 세계에 이르는, 복수의 설정들 속에서 역할을 다하는 정치를 요구한다. 그러한 정치는 복수의 상황들 속에 놓인 자아로서 생각하고 행동할 수 있는 시민들을 요구한다. 우리 시대의 특징적인 시민적 덕성은 우리에게 요구되는 때로는 중첩되고 때로는 충돌하는 책무들 속에서 자신의 길을 뚫고 나아가는 능력 그리고 다수의 충성들이 일으키는 긴장들을 짊어지고 살아갈 능력이다. 이 능력을 지탱하는 것은 어려운데, 개인들 속에서보다는 개인들 사이에서 다원성을 가지고 살아가는 것이 더 쉽기 때문이다.

공화주의 전통은 모든 덕성에는 특징적인 형태의 타락이나 부패가 대응한다는 사실을 우리에게 상기시킨다. 시민적 덕성이 현대적 자아들의 복잡한 정체성들을 함께 유지하는 데 놓여 있는 경우에 그것은 두 종류의 타락에 빠지기 쉽다. 첫째는 근본주의로의 경향, 즉 분할된 주권과 복수의 연고를 가진 자아들에 연계된 애매성을 견딜 수 없는 사람들의 반응이다. 현대 정치가 주권 국가들과 주권 자아들을 의문시하는 만큼, 애매성을 떨어버리고 국경을 유지하고 내부자와 외부자의 차별을 강화하고 "우리의 문화를 되찾고 우리의 조국을 되찾는", 그리고 거칠게 "우리의 주권을 회복하는" 정치를 기대하는 사람들부터의 반발들을 유발시킬 가능성이 있다.[26)]

복수의 연고를 가진 시민들이 빠지기 쉬운 두 번째 타락은 무정형의, 변화무쌍한, 내력이 없는 자아들로, 즉 자신의 정체성의 다양한 가닥들을 정합적인 전체로 엮을 능력이 없는 자아들로 흘러가는 것이다. 정치 공동체는 이야기들에 의존하는데, 그것들에 의하여 사람들은 자신의 상황을 이해하고 그들이 공유하

---

26) 인용된 문구들은 Patrick J. Buchanan, *Speech to Republican National Convention*, August 12, 1992와 Richard L. Berke, "A Conservative Sure His Time Has Come", *New York Times*, May 30, 1995, p.A1에서 인용된 Buchanan의 말에서 나온 것이다.

는 공공 생활을 해석한다. 최상의 상태에서 정치적 숙고는 경합하는 정책들에 대한 것일 뿐 아니라 공동체의 성격에 대한, 즉 그것의 의지와 목적에 대한 다양한 해석들에 대한 것이다. 시민권의 원천들과 장소들을 증식시키는 정치는 해석적 계획을 복잡하게 만든다. 시민 생활의 이야기적인 자원들이 — 핵심 문구들(soundbites), 활자화된 의사 사실들(factoids), 우리의 미디어로 충만한 문화의 분절된 이미지들이 입증하는 것처럼 — 이미 남용된 시점에서, 우리의 삶을 정돈할 이야기들을 말하는 것은 점점 어려워지고 있다. 개인적으로 그리고 집합적으로 우리는 파편화되고 이야기가 없는 상태로 미끄러져 들어가는 자신을 발견하게 될 위험이 점점 커지고 있다. 이야기 능력의 상실은 인간 주체의 궁극적인 권한의 박탈에 이를 것이다. 왜냐하면 이야기가 없이는 현재와 과거 사이에 연속성이 없으며, 따라서 책임이 없으며, 따라서 우리 자신을 지배하기 위하여 함께 행동할 가능성이 없기 때문이다.

인간은 이야기하는 존재들이기 때문에 이야기의 부재(storylessness)로 흘러감에 반항하지 않을 수 없다. 그러나 그 반항들이 유익한 형태를 취할 것이라는 보장은 없다. 일부 사람들은 이야기에 굶주려 고백적 토크쇼들, 유명 인사들의 스캔들들, 선정적인 재판들의 공허하고 대리 만족적인 내용에 빠질 것이다. 다른 사람들은 근본주의에서 은신처를 구할 것이다. 그 대신에 우리 시대의 희망은 우리의 상황을 이해하고 민주주의가 의존하는 시민 생활을 복구하려는 신념과 자제를 불러일으킬 수 있는 사람들에게 달려 있다.

Political Identity in a Global Age

Liberty and Self-Government[1)]

Republican political theory contrasts with the liberalism of the procedural republic in at least two respects. The first concerns the relation of the right to the good ; the second, the relation of liberty to self government. Instead of defining rights according to principles that are neutral among conceptions of the good, republican theory interprets rights in the light of a particular conception of the good society—the self governing republic. In contrast to the liberal claim that the right is prior to the good, republicanism thus affirms a politics of the

1) This section draws on Sandel, *Democracy's Discontent* (Harvard University Press, 1996), pp.25-27.

common good. But the common good it affirms does not correspond to the utilitarian notion of aggregating individual preferences. Unlike utilitarianism, republican theory does not take people's existing preferences, whatever they may be, and try to satisfy them. It seeks instead to cultivate in citizens the qualities of character necessary to the common good of self government. Insofar as certain dispositions, attachments, and commitments are essential to the realization of self government, republican politics regards moral character as a public, not merely private, concern. In this sense, it attends to the identity, not just the interests, of its citizens.

The second contrast between the liberal and republican traditions consists in the way they relate liberty to self government. On the liberal view, liberty is defined in opposition to democracy, as a constraint on self government. I am free insofar as I am a bearer of rights that guarantee my immunity from certain majority decisions. On the republican view, liberty is understood as a consequence of self government. I am free insofar as I am a member of a political community that controls its own fate, and a participant in the decisions that govern its affairs.

To put the point another way, the republican sees liberty as internally connected to self government and the civic virtues that sustain it. Republican freedom requires a certain form of public life, which depends in turn on the cultivation of civic virtue. Some versions of republicanism construe the dependence of liberty on self government more strongly than others. The strong version of the republican ideal, going back to Aristotle, sees civic virtue and political participation as intrinsic to liberty ; given our nature as political beings, we are free only insofar as we exercise our capacity to deliberate about the common good, and participate in the public life of a free city or republic[2]. More modest versions of the republican ideal see civic virtue and public service as instrumental to liberty ; even the liberty to pursue our own ends depends on preserving the freedom of our political community, which depends in turn on the willingness to put the common good above our private interests.[3]

On the liberal conception, by contrast, liberty is not internally but only incidentally related to self government. Where liberty consists in the opportunity to pursue my own interests and ends, it may or may not coincide with democratic government. "Liberty in this sense is not incompatible with some kinds of autocracy, or at any rate with the absence of self government", writes Isaiah Berlin,

---

2) Aristotle, *The Politics*, trans. Ernest Barker (London : Oxford University Press, 1946), bks. 1 and 3. For a contemporary statement of the "strong" republican view, see Hannah Arendt, *The Human Condition* (Chicago : University of Chicago Press, 1958).

3) See Niccolo Machiavelli, *The Discourses*, ed. Bernard Crick, trans. Leslie J. Walker (Harmondsworth : Penguin Books, 1970) ; and the illuminating discussion of Machiavelli in this connection in Quentin Skinner, "The Paradoxes of Political Liberty", in *The Tanner Lectures on Human Values* (Cambridge : Cambridge University Press, 1985), pp.227-250.

a leading defender of the liberal tradition. A democracy may violate individual rights that an enlightened despot could in principle respect. Freedom is "not logically connected with democracy or self government…. There is no necessary connection between individual liberty and democratic rule."[4]

On similar grounds, Thomas Hobbes, writing in the seventeenth century, rejected the classical view linking liberty and self government. Hobbes ridicules the ancients for confusing "the liberty of the commonwealth" with the "liberty of particular men." Athens and Rome may have been free commonwealths, but this fact says nothing about the freedom of the individuals who lived there. It cannot be inferred, Hobbes insists, "that a particular man has more liberty" in a republic than in a monarchy. Since liberty consists in "immunity from the service of the commonwealth", it does not depend on any particular form of rule. "Whether a commonwealth be monarchical or popular, the freedom is still the same."[5]

In virtue of their contrasting accounts of liberty, the two traditions assess political institutions by asking different questions. The liberal begins by asking how government should treat its citizens,[6] and seeks principles of justice that

---

4) Isaiah Berlin, "Two Conceptions of Liberty", in Berlin, *Four Essays on Liberty* (London : Oxford University Press, 1969), pp.129-130.

5) Thomas Hobbes, *Leviathan* (1651), ed. C.B. Macpherson (Harmondsworth : Penguin Books, 1968), part II, chap. 21, p.266.

treat persons fairly as they pursue their various interests and ends. The republican begins by asking how citizens can be capable of self government, and seeks the political forms and social conditions that promote its meaningful exercise.

Finally, each tradition highlights a potential deficiency in the other. From the liberal standpoint, the republican emphasis on self government leaves individual rights vulnerable to the tyranny of the majority. Moreover, the republican claim that freedom depends on civic virtue gives the state a stake in the character of its citizens that may open the way to coercion and oppression. From the republican standpoint, on the other hand, to view citizens first and foremost as objects of treatment, however fair, rather than as agents of self rule is to concede from the start a certain disempowerment, or loss of agency. If liberty requires citizens whose identity is defined in part by civic responsibilities, then the public life of the neutral state may erode rather than secure our agency as free persons.

---

6) See Ronald Dworkin, "Liberalism", in Stuart Hampshire, ed., *Public and Private Morality* (Cambridge : Cambridge University Press, 1978), p.127 : "What does it mean for the government to treat its citizens as equals? That is, I think, the same question as the question of what it means for the government to treat all its citizens as free, or as independent, or with equal dignity. In any case, it is a question that has been central to political theory at least since Kant."

Republican Freedom: Difficulties and Dangers[7)]

Any attempt to revitalize the civic strand of freedom must confront two sobering objections. The first doubts it is possible to revive republican ideals; the second doubts it is desirable. The first objection holds that, given the scale and complexity of the modern world, it is unrealistic to aspire to self government as the republican tradition conceives it. From Aristotle's polis to Jefferson's agrarian ideal, the civic conception of freedom found its home in small and bounded places, largely self sufficient, inhabited by people whose conditions of life afforded the leisure, learning, and commonality to deliberate well about public concerns. But we do not live that way today. To the contrary, we live in a highly mobile continental society, teeming with diversity. Moreover, even this vast society is not self sufficient but is situated in a global economy whose frenzied flow of money and goods, information and images, pays little heed to nations, much less neighborhoods. How, under conditions such as these, could the civic strand of freedom possibly take hold?

The second objection argues that even were it possible to recover republican ideals, to do so would not be desirable. That the civic strand of our tradition has given way in recent decades to a liberal public philosophy is not necessarily cause

---

7) This and the following sections draw on Sandel, *Democracy's Discontent* (Harvard University Press, 1996), pp.317-323, 338-351.

for regret. All things considered, it may represent a change for the better. Critics of the republican tradition might even concede that the procedural republic comes with a certain loss of community and self government, and still insist that this is a price worth paying for the toleration and individual choice the procedural republic makes possible.

Underlying this objection are two related worries about republican political theory as traditionally conceived. The first is that it is exclusive; the second is that it is coercive. Both worries flow from the special demands of republican citizenship. If sharing in self rule requires the capacity to deliberate well about the common good, then citizens must possess certain excellences of character, judgment, and concern for the whole. But this implies that citizenship cannot be indiscriminately bestowed. It must be restricted to those who either possess the relevant virtues or can come to acquire them.

Some republican theorists have assumed that the capacity for civic virtue corresponds to fixed categories of birth or condition. Aristotle, for example, considered women, slaves, and resident aliens unworthy of citizenship because their nature or roles deprived them of the relevant excellences. Similar arguments were offered in nineteenth century America by defenders of property qualifications for voting, southern defenders of slavery, and nativist opponents of citizenship for immigrants.[8] All linked republican notions of citizenship to the further assumption that some group or other—the propertyless, or African Americans, or Catholic immigrants—were, by nature or condition or conviction, incapable of the virtues good citizenship requires.

But the assumption that the capacity for virtue is incorrigible, tied to roles or identities fixed in advance, is not intrinsic to republican political theory, and not all republicans have embraced it. Some have argued that good citizens are made, not found, and have rested their hopes on the formative project of republican politics. This is especially true of the democratic versions of republican thought that arose with the Enlightenment. When the assumption of fixed roles and civic capacities gives way, so does the tendency of republican politics to sanction exclusion.

As the tendency to exclusion recedes, however, the danger of coercion looms larger. Of the two pathologies to

---

8) On republican arguments for and against freehold suffrage, see the debates in the Virginia Convention of 1829 30, in Merrill D. Peterson, ed., *Democracy, Liberty, and Property* (Indianapolis : Bobbs Merrill, 1966), pp.377-408 ; also Chilton Williamson, *American Suffrage : From Property to Democracy, 1760-1860* (Princeton : Princeton University Press, 1960). On defenders of slavery, see James Henry Hammond, "'Mud Sill' Speech" (1858), and Josiah Nott, "Types of Mankind" (1854), in Eric L. McKitrick, ed., *Slavery Defended : The Views of the Old South* (Englewood Cliffs, N.J. : Prentice Hall, 1963), pp.121-138 ; also Kenneth S. Greenberg, *Masters and Statesmen : The Political Culture of American Slavery* (Baltimore : Johns Hopkins University Press, 1985), pp.3-22, 85-106. On opposition to citizenship for immigrants, see Tyler Anbinder, *Nativism and Slavery : The Northern Know Nothings and the Politics of the 1850s* (New York : Oxford University Press, 1992), pp.118-126.

which republican politics is prone, modern democracies are more likely to suffer the second. For given the demands of republican citizenship, the more expansive the bounds of membership, the more demanding the task of cultivating virtue. In Aristotle's polis, the formative task was to cultivate virtue among a small group of people who shared a common life and a natural bent for citizenship. When republican thought turns democratic, however, and when the natural bent of persons to be citizens can no longer be assumed, the formative project becomes more daunting. The task of forging a common citizenship among a vast and disparate people invites more strenuous forms of soulcraft. This raises the stakes for republican politics and heightens the risk of coercion.

This peril can be glimpsed in Rousseau's account of the formative undertaking necessary to a democratic republic. The task of the founder, or great legislator, he writes, is no less than "to change human nature, to transform each individual .¤.¤. into a part of a larger whole from which this individual receives, in a sense, his life and his being." The legislator "must deny man his own forces" in order to make him reliant on the community as a whole. The more each person's individual will is "dead and obliterated", the more likely he is to embrace the general will. "Thus if each citizen is nothing and can do nothing except in concert with all the others .¤.¤. one can say that the legislation has achieved the highest possible point of perfection."[9)]

The coercive face of soulcraft is by no means unknown among American republicans. For example, Benjamin Rush, a signer of the Declaration of Independence, wanted "to convert men into republican machines" and to teach each citizen "that he does not belong to himself, but that he is public property ."[10)] But civic education need not take so harsh a form. In practice, successful republican soulcraft involves a gentler kind of tutelage. For example, the political economy of citizenship that informed nineteenth century American life sought to cultivate not only commonality but also the independence and judgment to deliberate well about the common good. It worked not by coercion but by a complex mix of persuasion and habituation, what Tocqueville called "the slow and quiet action of society upon itself."[11)]

What separate Rousseau's republican exertions from the civic practices described by Tocqueville are the dispersed, differentiated character of American public life in Tocqueville's day and the indirect modes of character formation this

---

9) Jean Jacques Rousseau, *On the Social Contract* (1726), trans. and ed. Donald A. Cress, book 2, chap. 7 (Indianapolis : Hackett, 1983), p.39.

10) Benjamin Rush, A Plan for the Establishment of Public Schools and the Diffusion of Knowledge in Pennsylvania (1786), in Frederick Rudolph, ed., *Essays on Education in the Early Republic* (Cambridge, Mass. : Harvard University Press, 1965), pp.9, 17, 14.

11) Alexis de Tocqueville, *Democracy in America* (1835), trans. Henry Reeve, ed. Phillips Bradley (New York : Alfred A. Knopf, 1945), vol. 1, p.416.

differentiation allowed. Unable to abide disharmony, Rousseau's republican ideal seeks to collapse the distance between persons so that citizens stand in a kind of speechless transparence, or immediate presence to one another. Where the general will prevails, the citizens "consider themselves to be a single body", and there is no need for political argument. "The first to propose [a new law] merely says what everybody has already felt; and there is no question of intrigues or eloquence" to secure its passage. Given the unitary character of the general will, deliberation at its best issues in silent unanimity: "The more harmony reigns in the assemblies, that is to say, the closer opinions come to unanimity, the more dominant too is the general will. But long debates, dissensions, and tumult betoken the ascendance of private interests and the decline of the state." Since the common good does not admit of competing interpretations, disagreement signals corruption, a falling away from the common good.12)

It is this assumption, that the common good is unitary and uncontestable, not the formative ambition as such, that inclines Rousseau's politics to coercion. It is, moreover, an assumption that republican politics can do without. As

---

12) Rousseau, *On the Social Contract*, book 4, chaps. 1-2, pp.79-81. See also book 2, chap. 3, p.32: "If, when a sufficiently informed populace deliberates, the citizens were to have no communication among themselves, the general will would always result."

America's experience with the political economy of citizenship suggests, the civic conception of freedom does not render disagreement unnecessary. It offers a way of conducting political argument, not transcending it.

Unlike Rousseau's unitary vision, the republican politics Tocqueville describes is more clamorous than consensual. It does not despise differentiation. Instead of collapsing the space between persons, it fills this space with public institutions that gather people together in various capacities, that both separate and relate them.[13] These institutions include the townships, schools, religions, and virtue sustaining occupations that form the "character of mind" and "habits of the heart" a democratic republic requires. Whatever their more particular purposes, these agencies of civic education inculcate the habit of attending to public things. And yet given their multiplicity, they prevent public life from dissolving into an undifferentiated whole.[14]

---

13) Hannah Arendt's account of the public realm also emphasizes this feature : "What makes mass society so difficult to bear is not the number of people involved, or at least no primarily, but the fact that the world between them has lost its power to gather them together, to relate and to separate them" ; Hannah Arendt, *The Human Condition* (Chicago : University of Chicago Press, 1958), pp.52-53.

14) Tocqueville, *Democracy in America*, vol. 1 chap. 17, p.299 ; see generally chap. 5, pp.66-68, and chap. 17, pp.299 325. This idea that freedom requires a common life that is nonetheless differentiated or articulated by particular, identity forming agencies of civil society is central to G. W. F. Hegel, *Philosophy of Right* (1821), trans. T. M. Knox (London : Oxford University Press, 1952).

So the civic strand of freedom is not necessarily exclusive or coercive. It can sometimes find democratic, pluralistic expression. To this extent, the liberal's objection to republican political theory is misplaced. But the liberal worry does contain an insight that cannot be dismissed : Republican politics is risky politics, a politics without guarantees. And the risks it entails inhere in the formative project. To accord the political community a stake in the character of its citizens is to concede the possibility that bad communities may form bad characters. Dispersed power and multiple sites of civic formation may reduce these dangers but cannot remove them. This is the truth in the liberal's complaint about republican politics.

The Attempt to Avoid the Formative Project

What to make of this complaint depends on the alternatives. If there were a way to secure freedom without attending to the character of citizens, or to define rights without affirming a conception of the good life, then the liberal objection to the formative project might be decisive. But is there such a way? Liberal political theory claims that there is. The voluntarist conception of freedom promises to lay to rest, once and for all, the risks of republican politics.

If liberty can be detached from the exercise of self government and conceived instead as the capacity of persons to choose their own ends, then the difficult task of forming civic virtue can finally be dispensed with. Or at least it can be narrowed to the seemingly simpler task of cultivating toleration and respect for others.

On the voluntarist conception of freedom, statecraft no longer needs soulcraft, except in a limited domain. Tying freedom to respect for the rights of freely choosing selves would dampen old disputes about how to form the habits of self rule. It would spare politics the ancient quarrels about the nature of the good life. Once freedom is detached from the formative project, "the problem of setting up a state can be solved even by a nation of devils", in Kant's memorable words. "For such a task does not involve the moral improvement of man."[15)]

But the liberal attempt to detach freedom from the formative project confronts problems of its own, problems that can be seen in both the theory and the practice of the procedural republic. The philosophical difficulty lies in the liberal conception of citizens as freely choosing, independent selves, unencumbered by moral or civic ties antecedent to choice. This vision cannot account for a wide range of moral and political obligations that we commonly recognize, such as

---

15) Immanuel Kant, "Perpetual Peace" (1795), in *Kant's Political Writings*, ed. Hans Reiss (Cambridge : Cambridge University Press, 1970), pp.112-113.

obligations of loyalty or solidarity. By insisting that we are bound only by ends and roles we choose for themselves, it denies that we can ever be claimed by ends we have not chosen¾ends given by nature or God, for example, or by our identities as members of families, peoples, cultures, or traditions.

Some liberals concede we may be bound by obligations such as these, but insist they apply to private life alone and have no bearing on politics. But this raises a further difficulty. Why insist on separating our identity as citizens from our identity as persons more broadly conceived? Why should political deliberation not reflect our best understanding of the highest human ends? As I tried to suggest in Lecture 1, some arguments about justice and rights unavoidably draw on particular conceptions of the good life, whether we admit it or not.

The problems in the theory of procedural liberalism show up in the practice it inspires. Over the past half century, American politics has come to embody the version of liberalism that renounces the formative ambition and insists government should be neutral toward competing conceptions of the good life. Rather than tie liberty to self government and the virtues that sustain it, the procedural republic seeks a framework of rights, neutral among ends, within which individuals can choose and pursue their own ends.

But the discontent that besets American public life today

illustrates the inadequacy of this solution. A politics that brackets morality and religion too completely soon generates its own disenchantment. Where political discourse lacks moral resonance, the yearning for a public life of larger meaning finds undesirable expression. Some Christian conservative groups seek to clothe the naked public square with narrow, intolerant moralisms. Fundamentalists rush in where liberals fear to tread. The disenchantment also assumes more secular forms. Absent a political agenda that addresses the moral dimension of public questions, attention becomes riveted on the private vices of public officials. Political discourse becomes increasingly preoccupied with the scandalous, the sensational, and the confessional as purveyed by tabloids, talk shows, and eventually the mainstream media as well. In cannot be said that the public philosophy of contemporary liberalism is wholly responsible for these tendencies. But its vision of political discourse is too spare to contain the moral energies of democratic life. It creates a moral void that opens the way for intolerance and other misguided moralisms.

A political agenda lacking substantive moral discourse is one symptom of the public philosophy of the procedural republic. Another is the loss of mastery. The triumph of the voluntarist conception of freedom has coincided with a growing sense of disempowerment. Despite the expansion of rights in recent decades, Americans find to their frustration that they are losing control of the forces that govern their lives. This has partly to do with the insecurity of jobs in the global economy, but it also reflects the self image by which we live. The liberal self image and the actual organization of modern social and economic life are sharply at odds. Even as we think and act as freely choosing, independent selves, we confront a world governed by impersonal structures of power that defy our understanding and control. The voluntarist conception of freedom leaves us ill equipped to contend with this condition. Liberated though we may be from the burden of identities we have not chosen, entitled though we may be to the range of rights assured by the welfare state, we find ourselves overwhelmed as we turn to face the world on our own resources.

The inability of the reigning political agenda to address the erosion of self government and community reflects the impoverished conceptions of citizenship and freedom implicit in our public life. Our present predicament lends weight to the republican claim that liberty cannot be detached from self government and the virtues that sustain it, that the formative project cannot be dispensed with after all. The procedural republic, it turns out, cannot secure the liberty it promises because it cannot inspire the moral and civic engagement self government requires.

If the public philosophy of contemporary liberalism fails to answer democracy's discontent, it remains to ask how a renewed attention to republican themes might better equip us to contend with our condition. Is self government in the republican sense even possible under modern conditions? If so, what economic and political arrangements would it require, and what qualities of character would be necessary to sustain them?

Global politics and particular identities

Even a politics that sought to revive the republican concern with forming citizens capable of self government would confront a daunting obstacle. This obstacle consists in the formidable scale on which modern economic life is organized and the difficulty of constituting the democratic political authority necessary to govern it. This difficulty actually involves two related challenges. One is to devise political institutions capable of governing the global economy. The other is to cultivate the civic identities necessary to sustain those institutions, to supply them with the moral authority they require. It is not obvious that these challenges can both be met.

In a world where capital and goods, information and images, pollution and people, flow across national boundaries with unprecedented ease, politics must assume transnational, even global forms, if only to keep up. Otherwise, economic power will go unchecked by democratically sanctioned political power. Nation states, traditionally the vehicles of self government, will find themselves increasingly unable to bring their citizens' judgments and values to bear on the economic forces that govern their destinies. The disempowering of the nation state in the face of the global economy may be one source of the discontent that afflicts not only American politics but other democracies around the world.

If the global character of the economy suggests the need for transnational forms of governance, however, it remains to be seen whether such political units can inspire the identification and allegiance the moral and civic culture on which democratic authority ultimately depends. There is reason, in fact, to doubt that they can. Except in extraordinary moments, such as war, even nation states find it difficult to inspire the sense of community and civic engagement self government requires. Political associations more expansive than nations, and with fewer cultural traditions and historical memories to draw upon, may find the task of cultivating commonality more difficult still.

Even the European Community, one of the most successful experiments in supranational governance, has so far failed to cultivate a common European identity sufficient to support its mechanisms of economic and political integregation. Advocates of further European integration worry about the "democratic deficit" that arises when expert commissioners and civil servants rather than elected representatives conduct most of the Community's business. Such an "attentuated political scene", Shirley Williams observes, misses "the anger, the passion, the commitment, and the partisanship that constitute the lifeblood of politics." It makes for a "businessman's Europe", not a "citizens' Europe."[16] Czech President Vaclav Havel emphasizes the absence of shared moral purpose. "Europe today lacks an ethos.... There is no real identification in Europe with the meaning and purpose of integration." He calls upon pan European institutions "to cultivate the values from which the spirit and ethos of European integration might grow."[17]

In certain ways, the challenge to self government in the global economy resembles the predicament American politics faced in the early decades of the twentieth century. Then as now, there was a gap, or lack of fit between the scale of economic life and the terms in which people conceived their identities, a gap that many experienced as disorienting and disempowering. Americans long accustomed to taking their bearings from small communities suddenly found themselves

16) Shirley Williams, "Sovereignty and Accountability in the European Community", in Robert O. Keohane and Stanely Hoffman, eds., *The New European Community* (Boulder : Westview Press, 1991), pp.155-176.

17) Vaclav Havel, "Address to the General Assembly of the Council on Europe, Vienna, October 9, 1993", trans. Paul Wilson, *New York Review of Books*, 40 (November 18, 1993), p.3.

confronting an economy that was national in scope. Political institutions lagged behind, inadequate to life in a continental society. Then as now, new forms of commerce and communication spilled across familiar political boundaries and created networks of interdependence among people in distant places. But the new interdependence did not carry with it a new sense of community. As the social reformer Jane Addams observed, "[T]he mere mechanical fact of interde- pendence amounts to nothing."[18]

Addams' insight is no less apt today. What railroads, telegraph wires, and national markets were to her time, satellite hook ups, CNN, cyberspace, and global markets are to ours instruments that link people in distant places without necessarily making them neighbors or fellow citizens or participants in a common venture. Converting networks of communication and interdependence into a public life worth affirming is a moral and political matter, not a technological one.

Given the similarity between their predicament and ours, it is instructive to recall the solution they pursued. Confronted with an economy that threatened to defy democratic control, Progressives from Theodore Roosevelt to Franklin Delano Roosevelt sought to increase the powers of the national government. If democracy were to survive, they concluded, he

18) Jane Addams, *Democracy and Social Ethics* (New York : Macmillan, 1907), pp.210-211.

concentration of economic power would have to be met by a similar concentration of political power. But this involved more than the centralization of government ; it also required the nationalization of politics. The primary form of political community had to be recast on a national scale. Only in this way could they hope to ease the gap between the scale of social and economic life and the terms in which people conceived their identities. Only a strong sense of national community could morally and politically underwrite the extended involvements of a modern industrial order.

It is tempting to think that the logic of their solution can be extended to our time. If the way to deal with a national economy was to strengthen the national government and cultivate a sense of national citizenship, perhaps the way to deal with a global economy is to strengthen global governance and cultivate a corresponding sense of global, or cosmopolitan citizenship.

Internationally minded reformers have already begun to articulate this impulse. In 1995, the Commission on Global Governance, a group of 28 public officials from around the world, published a report stressing the need to strengthen international institutions. Global interdependence was growing, they observed, driven by powerful technological and economic forces. But the world's political structures had not kept pace.

The Commission called for new international institutions to deal with economic and environmental issues, a "people's assembly" that might ultimately be elected by the people of the world, a scheme of international taxation to finance activities of global goverance, and greater authority for the World Court. Mindful of the need to cultivate an ethic adequate to its project, the Commission also called for efforts to "foster global citizenship", to inspire "broad acceptance of a global civic ethic", to transform "a global neighborhood based on economic exchange and improved communications into a universal moral community ⋯."[19]

Other commentators of the 1990s saw in international environmental, human rights, and women's movements the emergence of a "global civil society" that might serve as a counterweight to the power of global markets and media. According to political science Richard Falk, such movements hold promise for a new "global citizenship...premised upon global or species solidarity." "This spirit of global citizenship is almost completely deterritorialized", he observes. It has nothing to do with loyalty to a particular political community, whether city or state, but aspires instead to the ideal of "one world community."[20] Philosopher Martha Nussbaum argues, in a similar spirit, for a civic education that cultivates

---

19) *Our Global Neighborhood : The Report of the Commission on Global Governance* (New York : Oxford University Press, 1995), pp.154, 257, 303-304, 5, 46-49, 336.

20) Richard Falk, "The Making of Global Citizenship", in Jeremy Brecher, John Brown Childs, and Jill Cutler, eds., *Global Visions : Beyond the New World Order* (Boston : South End Press, 1993), pp.39-50.

cosmopolitan citizenship. Since national identity is "a morally irrelevant characteristic", students should be taught that their "primary allegiance is to the community of human beings in the entire world."[21)]

The cosmopolitan ideal rightly emphasizes the humanity we share and directs our attention to the moral consequences that flow from it. It offers a corrective to the narrow, sometimes murderous chauvinism into which ethnic and national identities can descend. It reminds wealthy nations that their obligations to humanity do not end at the water's edge. It may even suggest reasons to care for the planet that go beyond its use to us. All this makes the cosmopolitan ideal an attractive ethic, especially now that the global aspect of political life requires forms of allegiance that go beyond nations.

Despite these merits, however, the cosmopolitan ideal is flawed, both as a moral ideal and as a public philosophy for self government in our time. The notion that universal identities must always take precedence over particular ones has a long and varied career. Kant tied morality to respect for persons as rational beings independent of their particular characteristics, and Marx identified the highest solidarity as that of man with his species being. Perhaps the clearest statement of the cosmopolitan ethic as a moral ideal is the one

21) Martha Nussbaum, "Patriotism and Cosmopolitanism", *Boston Review*, October / November 1994, p.3

offered by the Enlightenment philosopher Montesquieu : "If I knew something useful to me, but prejudicial to my family, I would reject it from my soul. If I knew something useful to my family but not to my country, I would try to forget it. If I knew something useful to my country, but prejudicial to Europe, or useful to Europe but prejudicial to humankind, I would regard it as a crime.... [For] I am a man before I am a Frenchman, or rather,...I am necessarily a man, while I am a Frenchman only by chance."[22]

If our encompassing loyalties should always take precedence over more local ones, then the distinction between friends and strangers should ideally be overcome. Our special concern for the welfare of friends would be a kind of prejudice, a measure of our distance from universal human concern. Montesquieu does not shrink from this conclusion. "A truly virtuous man would come to the aid of the most distant stranger as quickly as to his own friend", he writes. "If men were perfectly virtuous, they wouldn't have friends."[23]

It is difficult to imagine a world in which persons were so virtuous that they had no friends, only a universal disposition to friendliness. The problem is not simply that such a world would be difficult to bring about but that it would be difficult to recognize as a human world. The love

---

22) Montesquieu, *Mes pensées, in Oeuvres complètes*, ed. Roger Chaillois (Paris : Gallimard, 1949), nos. 10, 11, pp.980-981.
23) Ibid., no. 604, pp.1129-1130.

of humanity is a noble sentiment, but most of the time, we live our lives by smaller solidarities. This may reflect certain limits to the bounds of moral sympathy. More important, it reflects the fact that we learn to love humanity not in general but through its particular expressions.

J. G. Herder, the German Romantic philosopher, was among the first to affirm differences of language, culture, and national identity as distinctive expressions of our humanity. He was scornful of the cosmopolitan citizen whose devotion to humankind was wholly abstract. "The savage who loves himself, his wife and child, with quiet joy, and in his modest way works for the good of his tribe" is "a truer being than that shadow of a man, the refined citizen of the world, who, enraptured with the love of all his fellow shadows, loves but a chimera." In practice, Herder writes, it is the savage in his poor hut who welcomes the stranger. "The inundated heart of the idle cosmopolite, on the other hand, offers shelter to nobody."[24] Charles Dickens also caught the folly of the unsituated cosmopolitan in his description of Mrs. Jellyby, the character in *Bleak House* who woefully neglects her children while pursuing charitable causes overseas. She was a woman "with handsome eyes", Dickens writes, "though they had a curious habit of seeming to look a long way off. As if...they

---

24) Johann Gottfried Herder, *Ideas for a Philosophy of History of Mankind* (1791), in J. G. Herder on Social and Political Culture, trans. and ed. F. M. Bernard (Cambridge : Cambridge University Press, 1969), p.309.

could see nothing nearer than Africa."[25)]

To affirm as morally relevant the particular communities that locate us in the world, from neighborhoods to nations, is not to claim that we owe nothing to persons as persons, as fellow human beings. At their best, local solidarities gesture beyond themselves toward broader horizons of moral concern, including the horizon of our common humanity. The cosmopolitan ethic is wrong, not for asserting that we have certain obligations to humanity as a whole but rather for insisting that the more universal communities we inhabit must always take precedence over more particular ones.

Most of us find ourselves claimed, at one time or another, by a wide range of different communities, some overlapping, others contending. When obligations conflict, there is no way of deciding in advance, once and for all, which should prevail. Deciding which of one's identities is properly engaged as parent or professional, follower of a faith or partisan of a cause, citizen of one's country or citizen of the world is a matter of moral reflection and political deliberation that will vary according to the issue at stake. The best deliberation will attend to the content of the claims, their relative moral weight, and their role in the narratives by which the participants make sense of their lives. Montesquieu to the contrary, such claims cannot simply be ranked according to

25) Charles Dickens, *Bleak House* (1853) (Oxford : Oxford University Press, 1978), chap. 4, p.36.

the size or scope of the community that gives rise to them. No general principle of much practical use can rank obligations in advance, and yet some responses to moral and political dilemmas are better more admirable or worthy or fitting than others. Unless this were so, there would be no point, and no burden, in deliberation itself.

The moral defect of the cosmopolitan ethic is related to its political defect. For even as the global economy demands more universal forms of political identity, the pull of the particular reasserts itself. Even as nations accede to new institutions of global governance, they confront rising demands from ethnic, religious, and linguistic groups for various forms of political recognition and self determination. These demands are prompted in part by the dissolution of the empires that once contained them, such as the Soviet Union. But the growing aspiration for the public expression of communal identities may also reflect a yearning for political identities that can situate people in a world increasingly governed by vast and distant forces.

For a time, the nation state promised to answer this yearning, to provide the link between identity and self rule. In theory at least, each state was a more or less self sufficient political and economic unit that gave expression to the collective identity of a people defined by a common history, language, or tradition. The nation state laid claim to the allegiance of its citizens on the ground that its exercise of sovereignty expressed their collective identity.

In the contemporary world, however, this claim is losing its force. National sovereignty is eroded from above by the mobility of capital, goods, and information across national boundaries, the integration of world financial markets, the transnational character of industrial production. At the same time, national sovereignty is challenged from below by the resurgent aspirations of subnational groups for autonomy and self rule. As their effective sovereignty fades, nations gradually lose their hold on the allegiance of their citizens. Beset by the integrating tendencies of the global economy and the fragmenting tendencies of group identities, nation states are increasingly unable to link identity and self rule. Even the most powerful states cannot escape the imperatives of the global economy ; even the smallest are too heterogeneous to give full expression to the communal identity of any one ethnic or national or religious group without oppressing others who live in their midst.

We cannot hope to govern the global economy without transnational political institutions, and we cannot expect to sustain such institutions without cultivating more expansive civic identities. This is the moment of truth in the cosmopolitan vision. Human rights conventions, global environmental accords, and world bodies governing trade, finance, and economic development are examples of institutions that will depend for public support on inspiring a greater sense of engagement in a shared global destiny.

But the cosmopolitan vision is wrong to suggest that we can restore self government simply by pushing sovereignty and citizenship upward. The hope for self government lies not in relocating sovereignty but in dispersing it. The most promising alternative to the sovereign state is not a one world community based on the solidarity of humankind, but a multiplicity of communities and political bodies some more, some less expansive than nations among which sovereignty is diffused. The nation state need not fade away, only cede its claim as sole repository of sovereign power and primary object of political allegiance. Different forms of political association would govern different spheres of life and engage different aspects of our identities. Only a regime that disperses sovereignty upward and downward can combine the power required to rival global market forces with the differentiation required of a public life that hopes to inspire the reflective allegiance of its citizens.

If the nation cannot summon more than a minimal commonality, it is unlikely the global community can do better, at least on its own. A more promising basis for a democratic politics that reaches beyond nations is a revitalized civic life nourished in the more particular communities we inhabit. In a global age, the politics of neighborhood matters more, not less. People will not pledge allegiance to vast and distant entities, whatever their importance, unless those institutions are somehow connected to political arrangements that reflect the identity of the participants.

Beyond sovereign states and sovereign selves

The global media and markets that shape our lives beckon us to a world beyond boundaries and belonging. But the civic resources we need to master these forces, or at least to contend with them, are still to be found in the places and stories, memories and meanings, incidents and identities that situate us in the world and give our lives their moral particularity.

The public philosophy by which we live bids us to bracket these attachments, to set them aside for political purposes, to conduct our political debates without reference to them. But a procedural republic that banishes moral and religious argument from political discourse makes for an impoverished civic life. It also fails to answer the aspiration for self government; its image of citizens as free and independent selves, unencumbered by moral or civic ties they have not chosen, cannot sustain the public spirit that equips us for self rule.

Since the days of Aristotle's polis the republican tradition viewed self government as an activity rooted in a particular place, carried out by citizens loyal to that place and the way of life it embodies. Self government today, however, requires a politics that plays itself out in a multiplicity of settings, from neighborhoods to nations to the world as a whole. Such a politics requires citizens who can think and act as multiply situated selves. The civic virtue distinctive to our time is the capacity to negotiate our way among the sometimes overlapping, sometimes conflicting obligations that claim us, and to live with the tension to which multiple loyalties give rise. This capacity is difficult to sustain, for it is easier to live with the plurality between persons than within them.

The republican tradition reminds us that to every virtue there corresponds a characteristic form of corruption or decay. Where civic virtue consists in holding together the complex identities of modern selves, it is vulnerable to corruption of two kinds. The first is the tendency to fundamentalism, the response of those who cannot abide the ambiguity associated with divided sovereignty and multiply encumbered selves. To the extent that contemporary politics puts sovereign states and sovereign selves in question, it is likely to provoke reactions from those who would banish ambiguity, shore up borders, harden the distinction between insiders and outsiders, and promise a politics to "take back our culture and take back our country", and to "restore our sovereignty" with a vengeance.[26)]

The second corruption to which multiply encumbered

citizens are prone is the drift to formless, protean, storyless selves, unable to weave the various strands of their identity into a coherent whole. Political community depends on the narratives by which people make sense of their condition and interpret the common life they share; at its best, political deliberation is not only about competing policies but also about competing interpretations of the character of a community, of its purposes and ends. A politics that proliferates the sources and sites of citizenship complicates the interpretive project. At a time when the narrative resources of civic life are already strained as the soundbites, factoids, and disconnected images of our media saturated culture attest it becomes increasingly difficult to tell the tales that order our lives. There is a growing danger that, individually and collectively, we will find ourselves slipping into a fragmented, storyless condition. The loss of the capacity for narrative would amount to the ultimate disempowering of the human subject, for without narrative there is no continuity between present and past, and therefore no responsibility, and therefore no possibility of acting together to govern ourselves.

Since human beings are story telling beings, we are

---

26) The quoted phrases are from Patrick J. Buchanan, *Speech to Republican National Convention*, August 12, 1992, and from Buchanan as quoted in Richard L. Berke, "A Conservative Sure His Time Has Come", *New York Times*, May 30, 1995, p.A1.

bound to rebel against the drift to storylessness. But there is no guarantee the rebellions will take salutory form. Some, in their hunger for story, will be drawn to the vacant, vicarious fare of confessional talk shows, celebrity scandals, and sensational trials. Others will seek refuge in fundamentalism. The hope of our time rests instead with those who can summon the conviction and restraint to make sense of our condition and repair the civic life on which democracy depends.

■ 제 3 강연 ■ ■ ■

돈으로 살 수 없는 것 : 시장의 도덕적 한계*

번역 박 상 혁

Ⅰ. 상품화 · 상업화 · 사유화

튜터에게 팁을 주기

내가 대학원생으로 옥스퍼드의 발리올대학교에 처음 도착했을 때, 크리스토퍼 힐 학장이 나를 환영하면서 자신이 대학원생 때 겪었던 얘기를 해주었다. 그가 옥스퍼드에서 튜터(개인 교수)를 할 때 고학년 학생 중 한 명은 의무감이 강하지만 어떤 면에서 생색을 내기 좋아했는데, 학기 말에 그에게 팁으로 5파

* 이 강연은 내가 옥스퍼드대학교 브라세노즈대에서 발표한 인간 가치에 관한 태너 강연에 기초하고 있는데, 그 강연은 Grethe B. Peterson, ed. *The Tanner Lectures on Human Values*, vol.21, (The University of Utah Press, 2000), pp.87-132에 실려 있다.

운드를 주었다는 것이다.

내가 생각하기에 힐 학장님 말씀의 요점은 시대가 변했다는 것이다. 그 당시에 학생은 선생님께 팁을 줄 수 없었다는 것이다. (힐 학장님이 말하기 전에 나에게 그 생각이 떠올랐다는 것은 아니다.) 하지만 그 얘기는 흥미로운 질문을 제기한다. 왜 튜터에게 팁을 주면 안 되는가? 튜터에게 팁을 주는 것이 무엇이 잘못된 것인가? 만일 튜터가 경제학자라면 아마 아무것도 잘못된 것이 없다고 생각할지도 모른다. 사실 많은 경제학자들이나, 경제학자들은 아니지만 경제적 사유 방식을 취하는 사람들에 의하면 돈은 가치 있는 것을 할당하거나 감사를 표현하는 데 언제나 좋은 방식이다.

크리스토퍼 힐 학장님이 튜터에게 팁을 주는 것에 반대하는 것은 교육에 대해 돈으로 지불하는 것을 모욕으로, 교육에 대해 적절한 존경심을 가지고 있지 않은 것으로 보기 때문이다. 하지만 모든 사람이 돈과 교육을 이런 식으로 보지 않는다. 한 예로 아담 스미스는 그렇게 보지 않았다. 그는 시장 원리에 따라 대학 교수들에게 보수를 주는 것이 문제가 있다고 보지 않았다. 아담 스미스는 강의를 수강한 학생들의 숫자에 따라 그 강의를 담당한 교수에게 보수를 지불해야 한다고 생각했다. 아담 스미스에 따르면, 대학이 교수들에게 고정된 보수를 지급하는 것은 교수들의 게으름을 장려하는 것이고, 특히 대학이 자치적인 경우에 더욱더 그렇다는 것이다. 그런 조건 아래에서 대학 교수들은 "서로에게 매우 관대하고, 각 교수가 자신의 의무를 소홀히 해도 되는 한 그의 동료가 그의 의무를 소홀히 해도 된다고 동

의하기" 쉬우리라는 것이다.[1)]

크리스토퍼 힐 학장님과 아담 스미스가 돈과 교육에 관해서 가지고 있는 서로 다른 두 가지 견해는 내가 이 강연에서 다루고자 하는 문제, 즉 돈으로 살 수 없는 것인가라는 문제를 제기한다. 내 대답은 슬프게도 점점 더 적어지고 있다는 것이다. 오늘날 시장과 비슷한 관행들은 삶의 거의 모든 영역으로 그 범위를 확장하고 있다.

책을 고려해보자. 서점의 책을 전시하는 창에 전시된 책이나 서점 앞의 전시용 탁자에 놓여 있는 책들은 서점의 누군가가 — 서점의 소유자나 지배인 또는 구매자가 — 그 책들이 미래의 독자에게 특별히 흥미가 있거나 중요하다고 생각했기 때문에 거기에 진열해놓았다. 하지만 오늘날에는 점점 더 그렇지 않다. 이제 출판사들은 서점, 특히 대형 서점들에 그들의 책을 전시용 창이나 눈에 잘 띄는 다른 곳에 전시해달라고 많은 돈을 지불한다. 미국의 많은 서점에서 표지가 정면으로 전시되어 있는 책들이나 책꽂이에 꽂혀 있는 책들까지도 출판사가 서점에 전시해달라고 돈을 지불한 책들이다. 프레첼, 감자 칩 그리고 시리얼을 만드는 회사들이 자신들의 상품들을 잘 보이는 진열 칸에 진열해달라고 슈퍼마켓에 돈을 지불하는 것은 이미 오래전부터 계속되어온 일이다. 오늘날 강력한 슈퍼마켓 식 서점의 등장으로 인해 책들은 시리얼과 같은 방식으로 팔린다.[2)]

---

1) Adam Smith, *An Inquiry into the Nature and Causes of the Wealth of Nations* (1776).

2) Mary B. W. Tabor, "In Bookstore Chains, Display Space is for Sale", *The New York Times*, January 15, 1996, p.A1.

이것에 무언가 잘못된 것이 있는가? 많은 저술가들이 그렇게 한다고 하는데, 당신이나 내가 서점에 들어가서 우리가 쓴 책을 찾는다고 가정해보자. 그리고 우리의 소중한 책들이 서점 뒤편의 눈에 잘 안 띄는 낮은 칸에 진열되어 있는 것을 발견한다고 해보자. 당신이나 내가 서점 주인에게 그 책을 진열장에 전시하도록 뇌물을 주고 매수한다고 상상해보자. 당신이나 내가 그렇게 하는 것이 매수하는 것이라면 대형 출판사가 힐러리 클린턴 같은 유명한 저자들의 책의 판매를 증가시키기 위해 그렇게 하는 것은 매수하는 것이 아닌가?

두 번째 예로 감옥을 생각해보자. 전통적으로 범죄자들을 감금하는 것은 정부의 영역이었지만, 지금은 이윤이 많이 남는 급속히 성장하는 사업이다. 1980년대 중반부터 점점 더 많은 정부들이 재소자들을 감금하는 역할을 영리 목적의 사설 회사들에게 넘기고 있다. 미국에서 사설 감옥 사업은 10억 달러 상당의 사업이다. 27개의 주 정부와 연방 정부가 미국 교정 회사(the Corrections Corporation of America) 같은 사설 회사들과 재소자들을 수용하는 계약을 맺었다. 이런 경향이 시작된 1980년대 중반에 겨우 1000명 정도의 재소자들이 사설 감옥에 수용되어 있었다. 하지만 현재에는 8만 5000명이 넘는 재소자들이 영리 목적의 사설 감옥에서 형기를 치르고 있다. 이런 경향은 영국, 호주, 뉴질랜드, 캐나다, 프랑스, 네덜란드, 남아프리카공화국으로 확산되어 왔다.[3)]

---

3) Nzong Xiong, "Private Prisons : A Question of Savings", *The New York Times*, July 13, 1997.

세 번째 예로 전통적으로 시장 논리가 지배하지 않던 영역에서 상표화, 시장화, 상업적 광고화의 경향이 증대하는 것을 고려해보자. 전통적으로 상표 바꾸기는 생산된 제품의 진부한 이미지를 바꿀 필요가 있는 회사들이 사용한 방법이었다. 하지만 오늘날 블레어 정부는 영국을 "세계의 박물관이 아니라 세계의 개척자로서" 영국의 "상표를 바꾸려" 노력하고 있다. 미국의 한 언론이 표현한 것처럼, 영국관광청(The British Travel Authority)의 "Cool Britania(멋진 영국)"라는 새로운 슬로건이 "Rule Britania (영국의 규칙)"를 대체하고 있다.[4)]

영국이 자국의 이미지(상표)를 바꾸려는 노력은 현대에 드문 일이 아니라 일반적인 일이다.[5)] 정부뿐 아니라 대학들도 자신의 상표를 허가하는 사업에 뛰어들었다. 1980년대 말에 하버드대는 하버드 교명의 상업적 이용을 감시하기 위하여 상표를 허가하는 사무실을 설치했다. 그 사무소의 일 중의 하나는 허가받지 않은 사용자들에게 단호한 조치를 취하는 것이다. 이렇게 허가를 받지 않고 하버드의 상표를 사용한 예로 한국의 양계 회사가 있다. 이 양계 회사는 학사모를 쓴 그림과 이 계란을 먹으면 당신도 하버드대에 다니는 학생처럼 똑똑해질 것이라는 문구가 인쇄된 계란 곽에 담긴 '하버드' 계란을 팔았다.[6)] 상표를 허가하는 사업에 뛰어든 하버드대의 변명은 상표를 보호하기 위해서

---

4) Warren Hoge, "London Journal ; Blair's 'Rebranded' Britain is No Museum", *The New York Times*, November 12, 1997.

5) 이 문단과 다음 문단은 내가 쓴 다음의 글에서 가져온 것이다. "Branded" *The New Republic*, January 19, 1998, pp.10-11.

6) "Harvard Eggs? Protecting the Name", *Harvard Magazine*, January-February 1998, p.72.

는 상표를 사용해야 한다는 것이다. 그래서 하버드는 상표를 사용하고 있다. 하버드는 일본에서 하버드의 이름이 들어가 있는 옷과 장신구에 상표 사용을 허가했다. 이 상품들은 굉장히 인기가 있어서 일본의 상표 사용료로 하버드가 벌어들이는 돈은 1년에 55만 달러나 된다. 경쟁이 없지는 않다. 프린스턴대 역시 일본에서 생산 라인을 시작했다.[7)]

이런 세 가지 경우들은 — 책의 상품화, 감옥의 사설화, 정부와 대학의 상업화 — 우리 시대의 가장 강력한 사회적 정치적 경향들 중의 하나, 즉 이전에는 시장과 시장 지향적인 사고 방식이 미치지 못한다고 생각되었던 영역들에 이들이 확장되는 경향을 예증하고 있다.

나는 전체적으로 볼 때 이런 경향이 나쁜 일이고 따라서 반대해야 할 발전이라고 논변할 것이다. 그것이 왜 나쁜지를 설명하면서 나는 시장 평가와 교환 범위를 확장하는 것에 반대하는 두 가지 반론을 구별하고자 한다. 두 가지 반론은 시장의 도덕적 한계에 관한 논변에 자수 등장한다. 이 두 가지 논변들은 자주 섞여 나타나는데 그것들을 구별하는 것이 중요하다.

두 가지 반론: 강제와 타락

첫 번째 반론은 강제로부터의 논변(argument from coercion)이다. 이 논변은 사람들이 심한 불평등이나 경제적으로 심하게

7) 위의 책, p.73.

곤궁한 조건에서 어떤 것을 사고 팔 때 부정의가 발생할 수 있다는 것을 지적한다. 이 반론에 따르면 열렬한 시장 옹호자들이 주장하는 것처럼 시장 교환이 반드시 자발적이지 않다는 것이다. 농부가 자신의 굶주린 가족을 먹이기 위해 그의 신장이나 각막 같은 장기를 팔겠다고 동의할 수 있지만, 그의 동의는 진정한 의미에서 자발적인 것이 아니라 사실상 그가 처한 상황의 필요성에 의해서 강제된 것이다.

두 번째 논변은 타락으로부터의 논변(argument from corruption)이다. 이 논변은 시장 평가와 교환이 가치나 관행(practice)의 격을 떨어뜨린다고 것을 강조한다. 이 반론에 따르면 어떤 도덕적 시민적 가치들을 매매하는 것은 그것들의 가치를 감소시키거나 타락시킨다는 것이다. 그 가치들을 매매하는 거래 조건을 공정하게 한다 하더라도 타락으로부터의 논변에 응답할 수 없다. 만일 인간 신체 부위의 판매가 내재적으로 격을 떨어뜨리는 것이라면 인간 신체의 신성 불가침성을 위반하는 것, 한 예로 신장의 판매는 부자나 가난한 사람 모두에게 잘못된 것이다. 이 반론은 장기 판매가 심한 가난에 의해 강제되지 않는 경우에도 타당할 것이다.

두 가지 반론은 상이한 도덕적 이상에 의지하고 있다. 강제로부터의 논변은 동의의 이상에, 좀더 정확하게 말하면 공정한 배경 조건 아래에서 수행된 동의의 이상에 기초하고 있다. 그 반론은 엄격히 말하자면 시장 자체에 대한 반론이 아니라 시장의 배경 조건이 강제적인 거래 조건을 만들 만큼 심하게 불평등하다는 것에 대한 반론이다. 따라서 강제로부터의 논변은 그 배경 조건이 공정한 사회에서 어떤 가치들의 상품화에 반대하는 논거를 제공하지는 않는다.

타락으로부터의 논변은 다르다. 그것은 동의가 아니라 시장에 의한 가치 평가와 교환이 격을 떨어뜨리는 가치들의 도덕적 중요성에 호소한다. 타락으로부터의 논변은 시장 교환이 일어나는 배경 조건을 고침으로써 응답될 수 없다는 의미에서 내재적이다. 그것은 평등한 조건과 불평등한 조건 모두에 적용된다.

매춘에 대해서 두 가지 표준적인 반론을 고려해보자. 어떤 사람들은 매춘이 진짜 자발적으로 행해지는 경우가 거의 없다는 근거에서 매춘에 반대한다. 이 논변에 따르면 섹스를 위해 몸을 파는 사람들은 전형적으로 가난이나 마약 중독 같은 불행한 삶의 조건에 의해서 강제된다는 것이다. 다른 사람들은 매춘이 본질적으로 격을 떨어뜨리는 행위, 즉 인간 섹슈얼리티의 도덕적 가치를 타락시키기 때문에 반대한다. 격을 떨어뜨린다는 반론은 자발적 동의가 아니라는 것에 의존하지 않는다. 이 반론은 가난과 절망이 없는 사회에서, 부유한 사람이 매춘을 좋아하고 자유롭게 매춘을 선택한 경우에도 매춘을 비난할 것이다.

나의 요점은 매춘에 찬성하거나 반대하는 것이 아니라 두 가지 반론의 차이를 설명하고 두 번째 반론이 첫 번째 반론으로 환원될 수 없다는 것을 설명하는 것이다. 타락에 대한 걱정은 단지 공정한 배경 조건을 확립함으로써 해결될 수 있는 것이 아니다. 권력과 부의 차이가 부정의하지 않은 사회에서도 돈으로 살 수 없는 것이 있다.

이 강연의 나머지에서 나는 두 번째 반론이 첫 번째 반론과 다르다고 논변할 것이다. 그리고 나는 두 번째 반론이 첫 번째 반론보다 더 근본적이라는 것을 보여주려고 한다. 나는 여러 가지 예들을 고려할 것이다. 하지만 이 예들을 고려하기 전에 나는 중요한 제한이 있음을 강조하고 싶다. 비록 어떤 특정한 가치가 매매되어서는 안 된다는 것을 보여준다 하더라도 그 가치의 판매가 법적으로 금지되어야 하는지는 더 고려해보아야 할 문제다. 어떤 가치의 상품화가 도덕적으로 반대되어야 하지만 모든 것을 고려했을 때 그것의 상품화가 법적으로 금지되어서는 안 되는 경우도 있을 것이다. 어떤 가치를 법적으로 금지하는 데 드는 도덕적, 실천적인 비용이 그 가치를 법적으로 금지하는 데서 생기는 좋은 점을 훨씬 능가할 수 있다. 그리고 그것을 하지 않도록 권유하는 다른 좋은 방법이 있을 수도 있다. 나의 질문은 어떤 형태의 상품화가 법적으로 제한되어야 하는지가 아니라 어떤 형태의 상품화가 도덕적으로 반대할 만한지 하는 것이다. 어떤 가치를 상품화하는 것의 도덕적 지위는 그것의 법적 허용 여부를 결정하는 데 사용되는 여러 가지 고려들 중의 하나로 이해되어야 한다.

대리모의 경우

나는 이제 상업적 대리모라는 논쟁적인 예를 고려할 것이다. “대리모” 계약은 자신들의 아기를 임신하거나 낳을 수 없는 부부와 수수료를 대가로 아버지의 정액으로 수정하고 출산 후에 그 아기를 포기하는 여성을 포함한다.

어떤 사람들은 상업적 대리모가 반대할 만한 상업화라고 논변한다. 그런 주장을 어떻게 평가할 수 있을까? 상업화에 관한 많은 논변은 유비에 의해 진행된다. 대리모 계약에 반대하는 사람들은 대리모 계약이 도덕적으로 아기를 판매하는 것과 같다고 주장한다. 상업적 대리모는 아기를 포기하는 대가로 돈을 (대리모 시장에서 일반적으로 만 달러) 받는다.

상업적 대리모의 옹호자들은 이 유비를 반대하거나 양쪽의 실천을 옹호해야 한다. 유비 관계를 반대하는 사람들은 상업적 대리모는 아기를 파는 것보다 정자를 파는 것에 더 가깝다고 주장한다. 대리모가 수수료를 받고 임신하기로 동의할 때 그녀는 이미 존재하는 아기를 파는 것이 아니라 다른 부부가 그녀의 출산(새생산) 능력을 사용하도록 허용하는 것이다. 이 논변은 만일 남자가 자신의 재생산 능력을 파는 것이 도덕적으로 허용된다면 왜 여자가 자신의 재생산 능력을 파는 것이 도덕적으로 허용되지 말아야 하는가 하고 묻는다.

나는 이 두 가지 유비 논변 모두를 고려하고자 한다. 각각의 유비가 상업적 대리모의 도덕적 지위를 밝히는 데 도움을 줄 수 있다. 하지만 유비에 의한 추론의 경우에 자주 그렇듯이 우리의 도덕적인 출발점인 직관들이 그대로 유지될 수 없다는 것을 발견하게 될지 모른다. 대리모의 도덕적 지위에 대한 고찰이 우리가 처음에 아기 판매와 정자 판매에 관해 가졌던 견해를 바꾸도록 할 수도 있다.

어떤 경우에 아기 판매는 사실상 계약 임신보다 낳을 수도 있다. 『뉴욕타임스』가 몇 년 전에 보도한 다음과 같은 실화를 고려해보자. 토마스 힉스 박사(Thomas J. Hicks)는 조지아 주 작은 마을의 시골 의사였다. 부업으로 그는 아기를 파는 비밀 사업을 했다. 현재 오하이오에 사는 서른두 살의 제인 블레지요(Jane Blasio) 여사는 판매된 아기들 중의 한 명이었다. 1965년에 그녀를 입양한 부모는 오하이오 주의 에이크론에서 여덟 시간을 운전하고 가서 힉스 박사에게 천 달러를 지불하고 새로운 딸아기를 데리고 집으로 돌아왔다. 이 판매 가격에는 구매자를 생부모로 기재한 가짜 출생증명서도 포함되어 있었다.[8)]

블레지오 여사는 그녀의 생모를 알기 위해서 여러 해 후에 출생증명서들을 면밀히 조사하다가 힉스 박사의 부업에 관해 알게 되었다. 힉스 박사는 1972년에 사망했는데, 1951년과 1964년 사이에 200여 명의 아기들을 팔았다는 것이 판명되었다.

아기 판매는 보통은 존경받을 만한 사업이 아니지만 힉스 박사의 사업은 그 결점을 도덕적으로 보완하는 면이 있다. 아기 없는 부부들만이 그의 고객은 아니었다. 조지아 주의 차타누가에서 애틀랜타까지 임신한 처녀들이 조지아 북부의 산악 지역에 있는 그의 병원으로 왔다. 당시 임신 중절은 불법이었는데 힉스 박사는 임신 중절을 시술하는 것으로 알려져 있었다. 때때로 그는 임신한 처녀들에게 임신을 계속해서 아기를 낳도록 설득했고, 그래서 아기 없는 구매자들의 수요에 맞추어 아기들을

---

8) 힉스 박사에 관한 얘기는 브랙(Rick Bragg)에 의해 기사화되었다. Rick Bragg, "Town Secret is Uncovered in Birth Quest", *The New York Times*, August 23, 1997, pp. A1, A7. 이 다음의 논의는 내가 쓴 다음의 글에서 가져온 것이다. Michael Sandel "Baby Bazzar", *The New Republic*, October 20, 1997, p.25.

공급할 수 있었다.

힉스 박사의 행위는 도덕적으로 복잡해서 그의 행위를 비난하는 것은 쉽지 않다. 힉스 박사의 경우에는 도덕적 좋음(임신 중절을 하지 않은 것과 원하지 않던 아기를 사랑하는 부모에게 입양시켜준 것)이 도덕적인 나쁨(아기를 판매하는 것)을 능가한다고 주장할 수도 있을 것이다. 어쨌든 힉스 박사의 아기 암시장을 현대의 상업적 대리모와 비교해보자.

힉스 박사의 소박한 사업에 비교할 때 미국에서만 4000만 달러 규모인 상업적 대리모는 큰 사업이다. 전문적인 아기 중개업자는 아기를 원하는 부부들과 수수료를 받고 인공 수정을 통해 아기를 낳아줄 뜻이 있는 여성들을 모집하는 광고를 한다. 중개인은 대리모에게 일반적으로 의료 비용과 만 달러를 지불한다는 내용을 담은 계약서를 작성한다. 대리모는 아버지의 정액으로 인공 수정하고, 임신을 끝까지 계속해서 아기를 낳고, 아기를 양도하고, 어머니로서의 모든 권리를 양도하는 것에 동의한다. 중개인은 1만 5000달러의 수수료를 받기 때문에 아기 한 명당 가격은 2만 5000달러 이상이다.

모든 상업적 계약같이 대리모 계약은 양측에 이익을 보장한다고 약속한다. 불임인 부부는 아버지의 유전적 형질을 가진 아기를 가질 수 있고 그들의 자식으로 키울 수 있다. 한편, 대리모는 9개월의 일로 만 달러를 벌 수 있으며 감사하는 부부에게 생명의 선물을 줄 수 있다.

하지만 계약 임신이 언제나 그렇게 행복하게 끝나지는 않는다. 때때로 대리모는 마음을 바꿔서 아기를 양도하지 않고 자신이 키우기를 원한다. 그것이 뉴저지 주에서 법정 소송이 일어난 유명한 "아기 M 사건(Baby M case)"이다.[9]

대리모인 와이트헤드(Whitehead)는 그녀에게 임신하라고 돈을 지불한 스턴(Stern) 씨 부부에게 아기를 양도하지 않고 아기를 데리고 플로리다 주로 도망갔다. 뉴저지의 하급 법원은 계약이 유효하다고 판결했다. 계약은 계약이고 생모가 단순히 마음을 바꾸었다는 이유로 그녀가 계약을 파기할 권리는 없다는 것이다. 하지만 뉴저지 대법원은 하급 법원의 판결을 파기하고 계약이 유효하지 않다고 판결했다. 대법원은 스턴 씨에게 아기양육권을 주었다. 하지만 스턴 부인의 아기 입양을 무효화하고 와이트헤트 부인을 법적인 어머니로 선언하고 방문권을 부여했다.[10]

각각의 법원은 어떤 근거에서 그들의 판결을 정당화했을까? 하급 법원은 스턴 씨가 와이트헤드 부인과 계약하면서 아기를 산 것이 아니라 — 그가 정자를 기여했다 — 단지 보수를 받고 용역을 수행하는 여성을 고용한 것이라고 주장했다. 하지만 내가 보기에 이 정당화는 적절치 않아보인다. 이런 부자연스런 구별은 그 계약이 와이트헤드 부인에게 아기를 낳을 뿐 아니라 어머니로서의 권리를 포기하라는 것을 요구한다는 사실을 간과하고 있다. 실제로 계약은 제품 보증도 포함하고 있다. 만일 아기가 비정상으로 태어난다면 스턴 부부는 금전적 지원을 제공할 의무는 있지만 아기를 데려갈 필요는 없다.

뉴저지 대법원은 계약을 무효로 하고 상업적 대리모를 아기

9) In re Baby M., New Jersey Superior Court, 313, 1987.

10) Matter of Baby M, 537 *Atlantic Reporter*, 2nd Series, 1227 (New Jersey 1988).

판매에 비유했다. "이것은 아기를 판매하는 것이거나 최소한 아기에 대한 어머니의 권리를 판매하는 것이다. 죄를 경감시키는 유일한 요소는 구매자 중의 한 사람이 아버지라는 것이다."[11] 하지만 만일 계약 임신이 도덕적으로 아기 매매와 같은 것이라면 아기 매매에 대한 우리의 거부감이 잘 정당화되는 것인지 하는 문제가 남는다. 사람들이 자신들의 선택에 의해서 아기를 매매하는 게 무엇이 잘못된 것인가?

이 질문에 대해서 두 가지 가능한 답변이 있는데, 이 답변들은 상업화 일반에 대한 두 가지 반론으로 우리를 다시 돌아가게 한다. 한 답변은 동의의 행위에서 강제나 다른 결함에 관해 우려하는 반면, 다른 답변은 임신, 육아와 부모의 역할과 관련된 도덕적 가치와 사회적 규범의 타락에 대해서 걱정한다.

대리모와 아기 매매를 동의의 이름으로 반대하는 사람들은 보수를 받고 아기를 임신하는 것이 표면적으로 보이는 것처럼 자발적이 아니라는 것이다. 이들은 대리모가 충분한 정보에 근거한 동의를 하지 않기 때문에 대리모 계약은 진정으로 자발적이지 않다고 주장한다. 대리모가 임신 기간 동안 아기에게 갖게 될 유대의 강도를 사전에 알 수 없기 때문에 아기가 태어난 후에 대리모에게 계약을 지키라고 요구하는 것은 공정치 않다는 것이다.

"아기 M 사건"에서 스턴부부의 변호사들은 와이트헤드 부인이 이미 자신의 아기들을 가져보았기 때문에 그녀의 동의가 충분한 정보에 근거한 동의였다고 주장했다. 하지만 이전의 임신

11) 위의 책, p.1248.

경험이 대리모 계약에 관해 적절한 지식을 제공한다는 것은 명백하지 않다. 대리모 계약의 특별한 점은 그것이 여성에게 아기를 낳고 그리고 나서 그 아기를 포기하라고 요구한다는 것이다. 아기를 사랑으로 낳고 자신의 자식으로 키우는 것이 여성에게 돈을 위해 아기를 낳은 후에 아기를 포기하는 것이 어떤 것인지를 알려주진 않는다.

대리모 계약에 대한 두 번째 반론은 동의의 행위에서 결점을 찾는 데에 의존하지 않는다. 그 반론은 어떤 것들은 매매되어서는 안 되기 때문에 자발적이고 충분한 정보에 근거해서 아기를 파는 것에 동의했다 하더라도 도덕적인 효력이 없다는 것이다. 이것이 뉴저지 주 대법원의 입장인데, 대법원은 "문명화된 사회에서는 돈으로 살 수 없는 것들이 있다"고 판결했다.[12] 그 논변에 따르면 우리가 소중하게 여기는 것들에 우리가 원하기만 하면 어떤 가치든 자유롭게 부과할 수 있다고 간주하지 말아야 한다. 가치의 종류에 따라 가치 평가의 형태가 달라지는 것이 적절하다. 하지만 아기를 상품으로 대하는 것은 아기를 사랑과 보호를 받을 가치가 있는 사람으로가 아니라 이윤을 획득하기 위한 수단으로 이용함으로써 아기의 격을 떨어뜨린다는 것이다. 또한 계약 임신은 여성의 몸을 공장으로 취급하고 여성이 자신이 낳는 아기와 유대를 갖지 못하게 함으로써 여성의 격을 떨어뜨린다는 것이다.

앤더슨(Elizabeth Anderson)은 이런 종류의 논변을 설득력 있게 다음과 같이 개진한다. "대리모 계약은 대리모에게 자신의

---

12) 위의 책, p.1249.

아기에 대해 느끼는 어머니의 사랑을 억누르게 함으로써 여성의 노동을 소외된 노동으로 만든다." 대리모는 자신의 노동(출산)을 임신이라는 사회적 행위가 올바르게 장려하는 목적인 아기와의 감정적인 유대를 갖지 않도록 해야 하기 때문에 "대리모의 노동(출산)은 소외된 노동이다."[13] 앤더슨의 논변은 상업화에 반대하는 타락으로부터의 논변의 성격을 명료화한다. 어떤 가치에 대한 시장 평가와 교환이 그 가치의 성격을 타락시킨다고 반대하는 것은 그 가치가 어떤 방식으로 적절하게 간주되고 취급되어야 한다는 것을 가정하는 것이다. 따라서 앤더슨은 임신과 육아의 적절한 목적에 관한 어떤 특정한 개념에 호소한다. 이 견해에 따르면 어떤 것이 시장에서 교환될 수 있는지를 알기 위해서는 어떤 종류의 평가가 그 가치에 맞는지 또는 적절한지를 알 필요가 있다. 이것은 그 가치가 얼마만큼의 가치가 있는 것을 아는 것과 다르다. 그것은 양적인 판단이 아니라 질적인 판단을 포함한다.

그러한 판단은 논쟁의 여지가 있을 뿐 아니라 어떤 때는 위협적이기까지 하다. 시장의 호소력 중의 일부는 시장이 사람들이 매매하는 것의 내재적 가치에 대해 판단하지 않기 때문이다. 다른 사람들은 상품을 다르게 평가하고 시장은 사람들이 자신들의 가치 평가에 따라 행동하도록 방임한다. 때때로 어떤 사람들은 타락으로부터의 논변과 달리 동의에 기초한 논변은 교환되는 것의 내재적 가치나 그것에 적합한 가치 평가의 방식에 대한

13) Elizabeth Anderson, "Is Women's Labor a Commodity?", *Philosophy and Public Affairs*, vol. 19, Winter 1990, pp.81, 83.

판단을 하지 않는 것이 장점이라고 생각해왔다.

하지만 이런 외관상의 장점에도 불구하고 동의로부터의 논변은 상업적 임신에서 도덕적으로 가장 문제가 되는 점을 적절히 다루지 못한다. 왜냐하면 상업적 임신을 어떤 종류의 아기 판매보다 도덕적으로 나쁘게 하는 것은 바로 상업적 임신의 의도적, 자발적인 성격이다. 힉스 박사의 아기 암시장은 시장의 고려와 다른 문제에 응답한 것이었다. 그는 결혼하지 않은 여성의 아기를 팔기는 했지만 먼저 그 여성에게 임신하라고 하지는 않았다. 만일 그가 그랬다면, 즉 그가 돈을 받기 위해서 임신하고 애를 낳고 아기를 포기할 여성들을 광고하고 모집했다면 그의 아기 매매 사업은 실제보다 도덕적으로 더욱 반대할 만했을 것이다. 그것은 오늘날 공식적으로 진행되는 상업적 대리모 사업만큼 도덕적으로 반대할 만했을 것이다.

타락으로부터의 논변은 우리에게 어떤 가치나 사회적 관행에 적합한 가치 평가의 방식에 주의를 기울이게 하는데, 대리모와 정자 판매의 유비 관계의 도덕적 함의를 다시 생각하게 한다. 이 유비는 일반적으로 대리모를 정당화하기 위해 사용된다. 만일 남자들이 자신들의 재생산 능력을 자유롭게 팔수 있다면 여자들도 자신들의 재생산 능력을 자유롭게 팔 수 있어야 하지 않는가? 남자들에게는 허용하고 여자들에게 허용하지 않는 것은 불공정하고 성차별적인 것이 아닌가?

하지만 이 유비 논변은 숙고한 후에는 반대 방향으로 진행될 수도 있다. 만일 대리모 경우를 성찰함으로써 우리가 특정한 종류의 가치에 대해서는 특정한 종류의 가치 평가 방식이 적합하다고 결론짓는다면 우리는 정자 판매의 도덕적 허용 여부에 대해 의문을 품게 될 수도 있다. 이런 의문은 정자 시장이 상업화되는 뻔뻔스러운 방식 때문에 더욱 심화된다.

하버드의 학생 신문인 『크림슨(*The Crimson*)』에 "미국 최대의 정자은행이 기증자를 찾습니다" 하는 광고가 때때로 실린다. 자격이 되는 사람들은 한 번 정자 기증에 35달러를 받는다. 별다른 노력 없이, 자격이 되는 하버드 남자 학생들은 정자를 팔아서 일주일에 105달러를 벌수 있다. 크리오뱅크사(Cryobank Inc.)가 정자은행을 동부에는 하버드대와 MIT대 근처에, 서부에는 스탠포드대와 버클리대 근처에 두고 있는 것은 우연이 아니다. 매달 나오는 카탈로그는 고객들에게 각 기증자의 전공을 포함해서 신체적 인종적 특징을 소개한다.

아이비리그 정자 마케팅은 상업적 대리모가 임신을 상품화하는 것처럼 남성의 재생산 능력을 상품화한다. 양쪽은 재생산을 사랑, 친밀함, 책임의 규범에 따라 행사되어야 할 인간의 능력으로보다는 이윤을 위한 상품으로 취급한다.

다양성과 공약 가능성

타락으로부터의 논변은 상업화에 관한 논쟁이 진행되어야 하는 방식에 관해 중요한 시사점을 던져준다. 강제로부터의 논변과 달리 타락으로부터의 논변은 각각의 경우마다 다른데 그 이유는 다음과 같다. 강제로부터의 논변은 언제나 동의의 이상에 호소하는 데 반해 타락으로부터의 논변은 문제가 되는 개별적인 가치의 이상에 호소한다. 대리모, 아기 매매 그리고 정자 판매의 경우에 문제가 되는 이상들은 모성, 부성 그리고 아기 양육의 의미와 관련되어 있다. 일단 우리가 문제가 되는 가치가 무엇인지를 밝히면 시장 평가와 교환이 그 가치의 성격을 감소시키거나 타락시키는지 또는 어떤 면에서 그런지 하는 것은 더 고려되어야 할 문제다.

비록 문제가 되는 가치들이 달라지더라도 상업화에 반대하는 타락으로부터의 논변의 일반적 성격을 밝히는 것은 가능하다. 모든 타락으로부터의 논변은 많은 시장 지향적인 사고를 형성하는 가정에 대해 의문을 제기한다. 이 가정은 모든 가치들이 통약 가능하고 모든 가치들이 하나의 가치를 측정하는 척도나 단위로 환원될 수 있다는 것이다.

모든 가치들이 통약 가능하다는 것은 적어도 공리주의의 일부 버전, 특히 제레미 벤담의 공리주의에서 친숙한 명제다. 상업화에 반대하는 타락으로부터의 논변은 이 주장에 반대한다. 통약 가능성 명제를 일반적으로 증명하거나 논파하는 것이 가능해보이지 않기 때문에, 가치의 상업화에 관한 논쟁에서 유비에 의한 논변은 중요한 역할을 한다. 하지만 모든 가치들이 한 종류의 가치 척도에 의해 포섭될 수 있다는 생각에 의문을 제기하는 것은 합리적이고, 이런 의문을 설명하기 위해 내가 옥스퍼드대에서 20년도 전에 공부할 때 기억하는 다른 이야기를 하겠다.

당시에 남자 대학과 여자 대학은 아직 남녀 공학이 아니었다. 그리고 여자 대학은 남자들이 밤에 묵고 가는 것을 금지하는 규칙을 가지고 있었다. 대학 당국은 이 규칙을 강제적으로 실행하지 않았고 사람들은 그 규칙을 쉽게 어겼다. 적어도 나는 그렇게 들었다. 하지만 1970년대 말에 이 규칙을 완화하라는 압력이 고조되었고 세인트 앤대학교의 교수들 사이에서 논쟁거리가 되었다. 나이 든 여교수들은 전통주의자들이었다. 그들은 전통적인 도덕적 근거에서 변화를 반대했다. 하지만 시대가 변했고 그들은 변화에 반대하는 자신들의 진짜 이유를 밝히는 것을 불편해했다. 그래서 그들은 그들의 논변을 공리주의적인 용어로 바꾸었다.

만일 남자들이 밤에 묵는다면 대학의 비용이 증가할 것이다. 어떻게 그러냐고 당신은 물을 것이다. 그들은 남자들이 목욕하기를 원할 것이고 따라서 온수를 다 사용해버릴 것이라고 말했다. 게다가 침대의 매트리스를 더 자주 바꾸어야 한다고 그들은 주장했다(이것은 실화다). 변화에 찬성하는 교수들은 변화에 반대하는 교수들의 요구에 응해서 다음과 같은 타협안을 내놓았다. 남자 손님이 대학에 이런 비용을 지불하기 위해 하룻밤에 50펜스를 낸다면, 한 여성은 일주일에 최대한 세 명의 남자들을 손님으로 맞을 수 있다는 것이었다. 타협안이 채택된 다음 날 『가디언(*The Guardian*)』지는 "세인트 앤대학교의 여대생 : 하룻밤 50펜스"라는 머리기사를 실었다. 얼마 지나지 않아 대학교 기숙사의 이성 방문자 규칙과 그 비용이 폐지되었다. 하지만 이 이야기는 모든 가치들이 통약 가능하고 모든 가치와 미덕이 돈으로 환산될 수 있다는 명제에 의문을 제기한다. 타락으로부터의 논변은 그 명제를 거부하는 것이다.

Ⅱ. 시장 · 도덕 그리고 공적 영역

타락으로부터의 논변에 대한 반론

상업화가 어떤 종류의 가치들을 타락시키거나 격을 떨어뜨린다는 논변은 강제로부터의 논변에는 적용되지 않는 두 가지 어려움에 직면한다. 하나는 타락으로부터의 논변은 경우마다 다른 방식으로 구성되어야 한다는 것이다. 이 종류의 논변은 어떻게 각 경우에 시장 평가와 교환이 비시장적인 관행이 구현하는 중요한 가치와 목적의 격을 떨어뜨리거나 타락시키는지를 보여주어야 한다. 이와 대조적으로 강제로부터의 논변은 매번 다른 방식으로 구성될 필요가 없다. 이 논변은 여러 개의 이상들이 아니라 단 하나의 이상—동의의 이상—만을 지적한다. 논변의 형식은 언제나 같다. 경제적 강제 또는 경제적 필요성이 그 배후에서 작동하고 있기 때문에 돈을 대가로 해서 재화와 용역의 자유로운 교환처럼 보이는 것이 진짜로는 자발적인 것이 아니라는 것이다.

두 번째 어려움은 첫 번째 어려움으로부터 바로 도출된다. 타락으로부터의 논변은 동의가 아니라 특정한 인간적인 가치가 가지고 있는 도덕적 가치를 지목하기 때문에 이 가치들이 어떻게 입증될 수 있는지, 특히 대립하는 도덕적 종교적 신념들이 있을 때 어떻게 그럴 수 있는지 하는 문제가 생긴다. 상업적 대리모에 반대하는 앤더슨의 논변을 생각해보자. 앤더슨은 어떤 특정한 종류의 가치에는 어떤 특정한 가치 평가 방식이 "맞거나 적절하다"고 주장한다. 적어도 어떤 사람들에게는 이 논변이 걱정스러울 정도로 아리스토텔레스적인 면(본질주의적인 면)이 있는데 이 논변이 어떤 사회적 관행에 특정한 목적을 부여하기 때문이다. 이런 종류의 논변들은 두 가지 잘 알려진 반론에 직면한다. 만일 우리가 어떤 가치를 대하는 적절한 방식을 주어진 시대 주어진 사회에서 통용되는 사회적 의미로부터 도출한다면 우리는 관습주의로 전락할 위험이 있다. 예를 들어 만일 오늘날 돈으로 살 수 있는 것들이 점점 더 적어진다면 우리는 우리의 사회적 관행의 의미가 이 면에서 변화하고 있다고 결론지을 수도 있다. 이 경우 적절한 종류의 가치 평가에 호소하는 것의 비판적 역할은 상실된다. 다른 한편으로 우리가 문제가 되는 관행의 본질에 관한 어떤 개념으로부터 그 가치를 다루는 적절한 방법을 도출한다면 우리는 본질주의(사회적 실천의 목적들이 자연에 의해서 결정되어 있다는 생각)의 위험에 직면하게 된다.

관습주의나 본질주의에 빠지지 않고 시장이 어떤 종류의 가치들을 타락시키거나 격을 떨어뜨린다고 논변하는 것이 가능할까? 목적에 관한 의견들이 서로 다르다고 할 때 어떻게 그런 논변들이 진행될 수 있을까? 내가 위에서 제시했듯이 한 진행 방식은 유비를 통해 논변하는 것이다 — 즉, 우리가 어떤 관행에 대해 가지고 있는 도덕적 직관에서 출발해서 문제가 되는 관행이 적절하게 유사한가 하는 것을 살피는 방식이다. 우리는 대리모가 아기 판매와 정자 판매 둘 중 어느 것과 더 유사한지를 살펴왔다. 유비에 의한 논변은 도덕적 직관이 숙고를 위한 출발점으로서 기능하지만 논변이 전개되면서 수정될 수 있다는 사실에 의해 관습주의의 위험을 피할 수 있다. 아기 판매에 반대하지만 정자 판매에는 찬성하는 직관은 이런 관행과 대리모 사이의 유사성과 차이에 관해 성찰하는 과정에서 의문시되었다. 다른 진행 방식은 어떤 가치에 대한 특정한 개념을 가지고 출발해서 도덕적으로 논쟁이 되는 상업화와 통상 받아들여지는 상업화에 대한 그것의 결과들을 고려하는 방식이다. 성찰하는 과정에서 어떤 경우에 우리는 우리의 판단이나 출발점을 제공하는 가치의 개념에 대한 판단을 수정할 이유를 찾게 될 수 있다.

공화주의적 시민관

나는 이제 시장과 공적 영역에 관련된 두 가지 경우들을 살펴보려 하는데, 대리모의 경우처럼 유비로부터 출발해서 문제가 되는 가치의 개념을 도출하기보다 다른 방향으로 진행하고 싶다. 즉, 가치에 관한 어떤 개념을 기술하는 것으로 시작해서 친숙한 시장 지향적인 정책과 관행에 관한 결과를 고려하는 것이다. 내가 마음에 두고 있는 경우들은 (1) 병역과 (2) 투표다. 나는 이 두 가지 관행들을 규제하는 데에서 우리가 익숙해진 것보다 시장의 역할을 더 제한할 이유가 있다고 논변하고자 한다. 각각의 경우에 시장의 지나친 역할은 그 관행들이 적절하게 표현하고 진전시키는 이상 — 공화주의적인 시민의 이상 — 을 타락시킨다.

공화주의적 시민관에 의하면 자유롭다는 것은 자치에 공동으로 참여한다는 것이다. 이것은 선거에서 투표하고 나의 선호나 이익을 등록한다는 문제 이상의 것이다. 공화주의적 시민관에서 자유롭다는 것은 공동체의 운명을 다스리는 힘을 형성하는 데 참여한다는 것이다. 하지만 그러기 위해서 그리고 그것을 잘 하기 위해서 시민들이 시민적 덕목을 소유하게 되는 것이 꼭 필요하다.14)

시민적 덕목을 강조하는 것은 공화주의적 정치 이론을 다른 두 가지 종류의 시민관과 확연히 구별 짓는 것이다. 한 이론은 이익 집단 다원주의인데 이 이론에 따르면 시민들은 자신들의 이익에 따라 투표하는 자유를 갖는 사람들이라는 것이다. 두 번째 이론은 자유주의적 시민 개념인데, 이 개념은 관용과 타인의 권리 존중을 강조한다. 자유주의적 시민 개념은 어떤 종류의 시민적 덕목의 양성을 허용한다. 하지만 그것이 허용하는 것은 관용과 상호 존중의 덕목같이 자유주의 원리에 필요한 것들만이다. 공화주의적 시민 개념은 이와 대조적으로 좀더 넓은 영역의 시민의 덕목들을 배양하고자 하는데, 이 덕목들은 위기에 처한 공동체와의 도덕적 유대, 자신의 동료 시민들에 대한 의무감, 공동선을 위해 사익을 희생하는 정신 그리고 공동의 목적과 목표에 대해서 잘 숙고하는 능력 등을 포함한다.

무엇이 공화주의적 시민관을 정당화하는가? 공화주의 정치 이론에는 두 가지 버전이 있으며 각각의 버전이 다른 종류의 대답을 한다. 공화주의적 개념의 온건한 버전은 시민적 덕목이 도

14) 더 이상의 논의는 나의 책을 참조. *Democracy's Discontent : America in Search of a Public Philosophy* (Cambridge : Harvard University Press, 1996), pp.4-7, 25-28.

구적으로 중요하다고 주장한다. 만일 시민들이 공공선에 관심을 갖지 않는다면 각 사람에게 그 자신의 목적을 선택하거나 추구할 권리를 부여하는 정치 사회를 유지하기기 불가능하다는 것이다. 이와 대조적으로 강한 버전은 자치와 그것에 관련된 덕목들을 인간 번영의 본질적인 부분으로 본다. 이 견해에 따르면 정치에 참여하는 것은 사람들이 자신들의 목적을 추구하는 것을 가능케 하는 체제를 지키기 위한 수단인 것만이 아니라 좋은 삶을 이루는 본질적인 요소라는 것이다. 강한 공화주의자들에게는, 공동선에 대해 숙고하는 것이 실제로 차이를 만드는 조건 아래에서, 공동선에 대해 숙고하는 것은 그렇지 않았으면 잠자고 있을 인간 능력을—판단과 타협, 논변과 숙고, 책임을 지는 능력을—일깨운다는 것이다. 이 견해에 따르면 정치의 목적은 일이나 예술 같은 다른 종류의 인간의 노력이 개발하지 못하는 인간의 특징적인 능력을 깨우고 개발하는 것이다. 이 시민 개념을 염두에 두고 우리는 상업화가 공적 생활의 두 영역에서 자치의 가치를 어떻게 타락시키는가를 고려해볼 수 있다.

▷병 역

병역은 여러 가지 방식으로 할당될 수 있는데 어떤 방식은 시장을 포함하고 다른 것들은 그렇지 않다. 징병제는 시장을 사용하지 않고 병역을 할당한다. 징병제의 가장 단순한 형태는 징병 대상자들 중에서 추첨으로 병역을 할당한다. 군대에서 병역을 할당하는 두 번째 방식은 남북전쟁 중에 사용된 방식이다. 이 방식은 어느 정도까지 시장 원리를 도입한다. 1863년 미국이 처음으로 징병할 때 징집되었지만 복무하기를 원하지 않은 사람은 자신을 대체해서 병역을 수행할 사람을 고용할 수 있었다. 징집된 많은 사람들은 신문에 수백 달러에서 1500달러를 지불하겠다면서 대체 복무자들을 찾는 광고를 했다. 그 방식은 성공적이지 않았다. 그 방식에 대해서 많은 사람들이 항의했다. 뉴욕시의 징병 폭동에서 1000여 명의 사람들이 죽었다. 의회는 징병을 피하기 위한 단일 가격을 책정해서 이런 항의를 진정시키려 했다. 징병되었지만 복무하기를 원하지 않는 사람은 정부에 300달러를 내고, 개인적으로 대체 복무자를 찾는 수고를 할 필요는 없다는 것이었다. 당시 300달러는 노동자의 1년치 임금에 상당하는 것이었다.15)

병역을 부과하는 세 번째 방식은 시장 원리를 한 단계 더 진전시키는 것이다. 사람들을 징병한 후에 시장 원리를 적용하기보다 현재 미국의 자원병제에 의한 군대는 처음부터 시장 원리를 사용한다. "자원병"은 어느 정도 잘못된 명칭이다. 병사들은 추수감사절에 자선을 위한 식당에서 일하는 것처럼, 즉 보수를 받지 않고 일하는 것처럼 자원하지 않는다. 그것이 자발적이라는 것은 모든 유급 노동이 자발적이라는 의미에서만 그렇다. 아무도 징집되지 않고 병역은 돈과 다른 혜택을 대가로 병역을 치르기로 한 사람들에 의해서만 수행된다는 것이다.

병역을 할당하는 이 세 가지 방식을 비교해보라 — 징집제,

---

15) 남북전쟁 징병제에 대해서는 다음의 책들을 참조. James McPherson, *Battle Cry of Freedom* (New York : Oxford University Press, 1988), pp.600-611 그리고 Guido Calabresi and Philip Bobbitt, *Tragic Choices* (New York : W. W Norton, 1978), pp.158-167.

돈을 지불함으로써 면제될 수 있는 단서가 있는 징집제(남북전쟁 방식) 그리고 자원병제. 어느 것이 가장 바람직한가? 시장 논리의 시각에서는 남북전쟁 방식이 선택의 범위를 증가시키기 때문에 순수한 징병제보다 낫다. 징병되었지만 복무하고 싶지 않은 사람들은 돈을 지불하고 복무하지 않을 수 있으며, 징병되지 않았지만 그 일을 원하는 사람은 돈을 받고 그 일을 할 수 있다. 하지만 시장 논리 시각에서 보자면 자원병제가 더 낫다. 남북전쟁 방식처럼 자원병제 아래에서 사람들은 돈을 내고 병역을 안 할 수도 있고 돈을 받고 병역을 할 수도 있다. 하지만 자원병제는 군인들을 고용하는 비용을 징집이 되어서 복무하거나 대체 복무자를 구해야만 하는 운 나쁜 소수에게 부과하는 것이 아니라 사회 전체에 부과하기 때문에 남북전쟁 방식보다 낫다.

따라서 시장 논리의 관점에서 보자면 자원병 제도가 최선이고 남북전쟁 방식이 두 번째이고 징병제가 병역을 할당하는 최악의 방식이다. 하지만 이런 방식의 논변에 대해서 최소한 두 가지 반론이 제기될 수 있다. 하나는 그 사회의 배경 조건들에 관해서 모르고서는 자원병제를 선호할 수 없다는 것이다. 자원병제는 징병의 강제성을 피할 수 있기 때문에 매력적일 수 있다. 그것은 병역의 문제를 동의의 문제로 만든다. 그러나 자원병제 군대에 복무하는 어떤 사람들은 입대하지 않은 사람들만큼이나 병역을 싫어할 수도 있다. 만일 가난과 경제적인 불리함이 사회에 널리 퍼져 있다면 군대에 복무하는 선택은 다른 대안이 없다는 것을 의미한다. 이것이 가난한 사람들로 이루어진 군대의 문제다. (강제로부터의 반론의 한 예인) 이 반론에 따르면 돈을 받고 복무하는 사람들 또는 돈을 지불하고 군에 복무하는 것을 피할 수 없는 사람들은 경제적 필요라는 추첨에 의해 징집되었다는 것이다.

징병제 군대와 자원병 군대의 차이는 징병제 군대는 강제적이고 자원병 군대는 비강제적이라는 것이 아니라, 각각이 다른 형태의 강제를 사용한다는 것이다. 징병제 군대는 국가라는 강제를, 자원병 군대는 경제적 필요라는 강제를 사용한다. 처음부터 사람들이 유사한 상황에 처해 있다면, 사람들이 보수를 위해 병역에 복무하는 것은 그들의 제한된 대안을 반영하는 것이라기보다 그들의 선호를 반영한다.

모두 자원병으로 이루어진 미군의 실제 구성비가 이 반론을 입증하는 듯이 보인다. 걸프전에 파견된 미 육군의 30%가 아프리카계 미국인이었는데, 이는 미국의 전체 인구에서 아프리카계 미국인이 차지하는 비율의 거의 세 배에 이른다. 미국 인구 중 상위 15%의 부유한 사람들의 자식들 중에서 군에 복무하는 비율은 미국 평균 가정의 자식들의 복무 비율의 5분의 1이었다.[16] 따라서 자원병제 군대가 보이는 것처럼 자발적이 아니라는 반론의 힘은 쉽게 이해된다.

모든 자원병제 부대를 없애지 않아도 원리상 이 반론에 응답할 수 있다. 사회의 배경 조건을 충분히 평등하게 만들어서 사람들의 직업 선택이 심각한 경제적 필요보다 의미 있는 동의를 반영하게끔 된다면 이 반론에 응답할 수 있다. 다른 경우에서와

---

16) Larry Tye, "All-Volunteer Force No Mirror of Society", *The Boston Globe*, February 2, 1991, pp.1, 3.

마찬가지로 이 경우에도 강제로부터의 논변은 병역의 상업화 자체에 대한 반론이 아니라 불공정한 배경 조건 아래에서 일어나는 상업화에 대한 반론인 것이다.

병역의 상업화에 대한 두 번째 반론은 첫 번째 반론과 다르다. 이 반론은 직업의 선택이 사회적 상황의 깊은 불평등을 반영하지 않는 사회에서도 병역이 마치 다른 종류의 직업과 같은 것처럼 노동 시장에 의해 할당되어서는 안 된다고 주장한다. 이 논변에 따르면 모든 시민은 자신의 나라에 복무할 의무를 가지고 있다. 이 의무를 가장 잘 수행하는 것이 병역인지 아니면 다른 형태의 국가 봉사이든지, 그것은 사람들이 자유롭게 사고팔 수 있는 종류의 것이 아니다. 이런 종류의 복무를 상품화하는 것은 — 즉, 돈을 위한 직업으로 — 그 복무와 관련된 시민적 덕목의 의미를 타락시키거나 격을 떨어뜨리는 것이다. 루소가 이런 종류의 논변을 개진한다. "공적인 복무가 시민들의 주된 일이 되지 않기 시작하고, 국민들이 그 복무를 그들 스스로가 하지 않고 돈으로 때우려 할 때 국가가 몰락할 날은 멀지 않다. 전쟁에 나갈 필요가 있을 때 국민들은 군대를 고용하고 자신들은 집에 머물 것이다 …. 진정으로 자유로운 나라에서 시민들은 돈으로서가 아니라 그들 자신의 힘으로 모든 것을 한다. 돈으로 자신들의 의무를 회피하지 않고 오히려 그들의 의무를 수행하는 특권을 갖기 위해서 돈을 쓰기까지 할 것이다 …. 나는 세금이 강제 노동보다 더 자유에 반대되는 것이라고 주장한다."[17]

17) Jean-Jacques Rousseau, *The Social Contract* (1762), trans. G. D. H. Cole, Book III, Ch. XV(London : J. M. Dent & Sons, 1973), p.265.

병역의 상업화에 반대하는 루소의 논변은 타락으로부터의 논변의 한 예다. 그것은 공화주의적 시민관에 호소한다. 시장의 옹호자들은 공화주의적 시민관을 부정하거나 공화주의적 시민관이 병역 문제에 관련이 있다는 것을 부정함으로써 자원병 제도를 방어하려 할지 모른다. 하지만 현재의 자원병 군대도 시장 원리에 대한 모종의 제한을, 우리가 여전히 지니고 있는 공화주의적 시민관의 이상으로부터 도출되는 제한을 인정하고 있지 않은가?

현대의 자원병 군대와 용병 부대의 차이를 생각해보자. 양쪽 군대는 병사들에게 싸우는 대가로 돈을 지불한다. 양측은 돈과 다른 혜택을 약속하면서 사람들에게 군대에 입대하라고 유혹한다. 미 육군은 군인이라는 직업이 가능한 매력적으로 보이게 하는 텔레비전 광고를 한다. 하지만 민일 시장이 병역을 할당하는 적절한 방식이라면 용병 부대가 무엇이 잘못된 것인가? 용병들은 돈을 위해 싸우는 외국인들이지만 미국 자원병 부대는 오직 미국인들만을 고용한다고 응답할지 모른다. 하지만 병역이 단지 다른 종류의 직업이라면 왜 고용자가 고용할 때 국적에 따라 차별해야 하는가? 왜 미군은 적절한 자격 조건을 갖추고 미군으로 일하기를 원하는 어느 나라의 시민이든 받아들이면 안 되는가?

시장 논리는 정부만이 군대를 운용해야 한다는 생각에 도전할 수도 있다. 왜 군대의 기능을 사설 기업에 하청을 주지 않는가? 사실 감옥의 사설화처럼 전쟁의 사설화도 잘못된 경향이다. 용병을 고용하는 사설 회사들이 세계 전역의 분쟁에서 점점 더 많은 역할을 하고 있다. 샌드라인 인터내셔널(Sandline International)은 바하마에 등록되어 있고 런던에 본부를 두고 있는 회사다. 파푸아 뉴기니의 수상은 몇 년 전에 분리주의자들의 반란을 진압하기 위해서 이 회사를 고용했다. 파푸아 뉴기니의 수상은 자국 군대가 진압할 수 없는 반란군을 진압하기 위해 3200만 달러를 주고 고용했다. 그는 "나는 우리 병사들이 시체로 돌아오는 것을 보는 것에 지쳤다"고 말했다.[18)]

샌드라인 인터내셔널은 다시 병사들을 공급하고 훈련시키는 이그제큐티브 아웃컴스(Executive Outcomes)라는 이름의 남아프리카공화국에 있는 회사와 하청 계약을 했다. 보스턴 글로브는 이그제큐티브 아웃컴스에 대해 다음과 같이 보도한다. "이그제큐티브 아웃컴스는 그 회사의 고객들을 위해서 많은 군사적 승리를 거두어왔다. 러시아제 공격용 헬기, 중화기와 이전에 남아프리카공화국의 백인지상주의 정부의 군대에서 고용된, 전쟁에서 단련된 군인들로 무장된 이그제큐티브 아웃컴스는 앙골라와 시에라 레오네 정부를 위해 전쟁을 수행해왔다."[19)]

이라크에 주둔하고 있는 미군의 특별한 점은 오늘날 "사설 계약자들"이라 불리는, 고용된 군인들에 많이 의존하고 있다는 것이다. 이런 사설 계약자들은 도로나 건설하고 전기나 고치는 것이 아니다. 연합군정청의 미국측 최고 책임자인 폴 브레머의

---

18) Colum Lynch, "Soldiers for Hire Tempt War-Weary", *The Boston Globe*, March 8, 1997, pp. A1, A12. 다음의 글들도 참조하시오. Raymond Bonner, "U.S. Reportedly Backed British Mercenary Group in Africa", *The New York Times*, May 13, 1998 ; David Shearer, "Outsourcing War", *Foreign Policy*, Fall, 1998, pp.68-80.

19) Lynch, 위의 책.

경호를 책임지고 있는 사람들은 미 육군 소속의 사람들이 아니다. 그들은 국방부가 고용한 사설 회사의 사람들이다. 포로 학대로 기소된 미국 포로 심문관들 중 최소한 한 명은 사설 계약자다. 만일 사설 보안 계약자들과 이라크의 보안 요원들의 인원은 13만 5000명의 미군을 제외한다면 다른 어떤 나라에서 파병된 숫자보다 많은 인원이다. 어떤 사람들은 "의지의 연합"은 "계산서의 연합"이라고 말하는 것이 더 나을 것이라고 말한다.

우리가 고려한 경우들은 전원 자원병 군대에 의해 제기되는 병역의 상업화에 대해 다음과 같은 도전을 제기한다. 만일 남북전쟁 방식이 사람들로 하여금 자신들의 시민적 의무를 돈을 지불하고 면제받는 것을 허용한다는 근거에서 반대할 만하다면 자원병 군대도 비슷한 근거에서 반대할 만하지 않은가? 만일 병역이 노동 시장에 의해 할당되는 단지 다른 종류의 직업이라면 자원병 군대와 사설 회사가 고용하는 용병 군대 간에 어떤 원칙에 근거한 구별이 있을까? 위의 세 가지 방식 모두 — 남북전쟁 방식, 자원병 군대와 용병 군대 — 공화주의적 시민관과 충돌한다. 각각의 경우에 느끼는 우리의 불편함은 타락으로부터의 논변에 의해 가장 잘 명료화되고 정당화되는데, 이 논변은 다시 공화주의적 시민의 이상을 전제하고 있다.

▷ 투 표

병역의 상업화와 투표의 상업화는 다른 방식으로 논란거리가 된다. 아무도 노골적으로 표를 매매하는 것을 옹호하지 않는다. 하지만 왜 그것이 반대할 만한 것인가? 만일 반대할 만하다면 표를 매매하는 것에 위험할 정도로 가까운 현재 통상적으로 받아들여지고 있는 투표 제도의 관행에 대해서는 어떤 결과를 가질까?

투표 제도의 개혁을 주장하는 사람들은 오랫동안 정치에서 돈의 역할에 대해서 걱정해왔다.[20] 미국의 대통령 선거에는 천문학적인 액수의 돈이 든다. 물론 정치에서 돈의 힘을 줄이려는 시도를 해왔다. 이런 시도의 밑에 깔린 것은 현재 미국의 정치 선거에 자금을 대는 방식이 매수에 가깝다는 걱정이다. 하지만 선거 자금에 관한 논쟁은 더 깊은 타락에 관해서는 다루고 있지 않은데, 그것은 개인의 사익(self-interest) 자체의 정치다.

민주주의 정치를 한다는 것은 개인의 사익을 모으고 그것에 응답하는 것이라는 관행을 생각해보자. 만일 부유한 이익 집단이 선거 기부금으로 정치가들을 매수하는 것이 나쁘다면 정치가가 유권자들의 지갑을 향한 공약을 약속함으로써 유권자들을 매수하는 것도 나쁘지 않은가? 어떤 매수는 다른 매수보다 더 노골적이다. 과거에 정치적 보스를 위해 일하던 정치 건달들은 사람들을 투표하도록 하기 위해 돈과 식사와 호의를 베풀었다. 오늘날에는 표를 소매로 사는 것보다 도매로 사는 것이 더 존경받을 만한 것으로 여겨진다. 소매로 표를 사는 것은 매수이지만, 도매로 표를 사는 것은 이익 집단 정치의 이름으로 통상 받아들여진다.

다음의 예는 둘 사이의 가운데에 위치하고 있다. 몇 년 전 워

---

20) 이 부분은 내가 쓴 다음의 글에서 가져온 것이다. Sandel, "Votes for Sale", *The New Republic*, November 18, 1996, p.25.

싱턴 주에서 카지노 개발업자들은 카지노 도박을 찬성하는 주민투표안을 추진했다. 그 주민투표안은 만일 통과가 된다면 카지노에서 생기는 이익의 10%를 그 투표에 참가한 모든 사람에게 지불한다고 되어 있었다.[21] 이것이 뇌물인가 아니면 이익 집단 정치의 적법한 예인가? 이 주민투표안의 지지자들은 주 정부가 보통 카지노 수입의 10%를 세금으로 받고 다른 산업에 대해서도 그렇게 한다고 주장했다. 워싱턴 주의 주민투표안은 중개인을 배제하고 그 돈을 직접 주민들에게 제공하는 것이었다.

선거의 후보자들도 종종 같은 방식으로 선거 공약을 한다. 1980년대 초기에 미 연방대법원은 켄터키 주의 카운티 주지사를 위한 후보와 관련된 사건을 심리했다. 그 후보자는 만일 자기가 선출되면 자신의 보수를 줄이겠다고 공약했다. 반대편 후보는 그 공약이 후보자가 유권자들의 표를 얻기 위해 금전적인 유인책을 사용해서는 안 된다는 주법을 어기는 것이라고 주장했다.[22]

연방대법원은 상대 후보자의 주장을 기각했다. 연방대법원은 보수를 줄이겠다는 공약은 뇌물에 해당하지 않는다고 판결했다. 하지만 왜 그렇지 않은가? 대법원의 추론은 사익 정치의 핵심에 있는 도덕적 혼란을 드러내고 있다. 대법원은 다음과 같이 추론했다. 어떤 주는 "표를 사는 것을 금지할 수 있다. 민주주의라 불릴 만한 어떤 정치체도 지도자의 선택을 경매나 물물 교환에 맡길 수 없다." 법원의 의견은 표를 사는 것과 유권자들의 사

21) Timothy Egan, "Hedging Bets on Democracy, Casinos Offer Cash to Voters", *The New York Times*, August 18,1995, pp. A1, B7.
22) Brown v. Hartlage, 456 U.S. 45 (1982).

익에 호소하는 것이 명확한 구별되어야 한다고 주장했지만 그 구별을 옹호하지는 않았다. “정치적 다원주의라는 우리의 전통은 유권자들이 정치적 과정을 통해 자신들의 사익을 추구한다”는 것을 가정한다. 개인적 이익은 “자신의 표를 행사하는 정당한 기반이었고 앞으로도 그럴 것이다.”[23)]

하지만 유권자의 표를 사는 정치가와 유권자의 사익에 영합하는 정치가의 도덕적 차이는 무엇인가? 만일 나의 표를 정당의 보스에게 500달러를 받고 파는 것이 정당한 것이 아니라면 500달러의 세금 인하를 위해 나의 표를 던지는 것이 왜 정당한가? 이 질문에 대해 적어도 세 가지 가능한 답이, 뇌물과 세금 인하의 공약을 구별하는 세 가지 방식이 있다.

(1) 세금 인하는 공적 자금에서 나오는 데 반해 뇌물은 사적 자금이나 정당의 자금으로부터 나온다고 논변할지도 모른다. 하지만 이 논변은 세금 인하를 뇌물보다 더 나쁜 것으로 만든다. 적어도 워싱턴 주의 카지노들은 그들의 경제적 유인책을 공적인 자금이 아니라 사적인 자금으로부터 제공한다. 만일 유권자들이 뇌물을 받는다면 납세자의 돈이 아니라 사적 자금에서 받는 것이 낫지 않은가?

(2) 아마도 그 차이는 선거 공약은 지켜지지 않을 가능성이 많고 따라서 노골적인 뇌물보다 적은 영향을 유권자에게 끼칠 것이다. 하지만 이것은 선거 공약이 뇌물보다 도덕적으로 나은 점은 그 공약을 한 정치가가 그의 약속을 지키리라고 믿을 수 없다는 데에 있다는 것을 시사한다. 어쨌든 만일 유권자들이 공

23) 위의 책, pp.54, 56.

약이 지켜지리라는 것에 회의적이라면 유권자들은 공약에 그 불확실성의 정도를 반영하는 평가 절하된 가치를 부과할 수 있다. 50%의 실행 가능성이 있는 세금을 인하한다는 공약은 250달러의 가치가 있을 것이다. 하지만 이것이 그것을 조금이라도 더 정당화하는 것은 아니다.

(3) 그렇지 않으면 그 차이는 아마도 선거 공약은 공적이고 모든 사람에게 유효한 것인 데 반해 뇌물은 비밀이고 단지 어떤 사람들에게만 제공된다는 것이다. 하지만 많은 선거 공약도 특정한 집단들을 목표로 하고 있거나 다른 집단들에 대해 다른 효과를 갖는다. 어떤 경우든 만일 뇌물이 어떤 사람에게는 제공이 되고 다른 사람에게는 제공되지 않기 때문에 나쁘다면 왜 뇌물을 모든 사람에게 주지 않는가? 만일 표가 공개적으로 사거나 팔 수 있다면 그리고 표를 위한 공개 시장이 있다면 모든 사람은 시세에 따라 자유롭게 팔 수 있을 것이다.

이들 중 어떤 구별도 성공하지 못하는 이유는 그것들이 민주주의의 목적이 사람들의 이익과 선호를 모으고 그것들을 반영하는 정책을 만드는 것이라는 잘못된 견해를 공유하기 때문이다. 이 이론에 따르면 시민들은 소비자들이고 정치는 다른 방식의 경제다. 만일 이 이론이 민주의의에 관해서 맞는다면 표를 사고파는 것을 금지할 좋은 이유가 없다. 우리가 표를 상품으로 대하기를 꺼린다는 사실은 우리로 하여금 우리 시대에 너무나 익숙한 사익의 정치에 대해 의문을 제기하도로 인도해야 한다. 그것은 또한 우리로 하여금 현대의 민주주의적 관행에 암시적으로 존재하는 공화주의적 이상을 인정하고 긍정하는 데로 인도해야 한다.

* * *

이 강연에서 내 논변의 주적은 자유란 현재의 배경 조건이 어떻든 사람들이 시장에서 하는 자발적인 교환으로 이루어진다고 생각하는 사람들이다. 자유지상주의적 철학자들과 정치 이론가들, 경제학의 합리적 선택 이론가들, “법과 경제” 운동의 지지자들이 내 논변의 가장 명백한 표적들이다. 하지만 기소되지 않은 공모자들도 연루되어 있다. 이들은 공적인 삶의 상업화와 사유화의 문제가 시장이 작동하는 배경 조건들을 조정함으로써 해결될 수 있다고 생각하는 자유주의적 동의 이론가들이다. 이들 공모자들에 따르면 사회 협력의 공정한 조건이 치유할 수 없는 상업화는 잘못된 것이 없다는 것이다. 만일 사람들이 사고파는 선택이 불공정한 거래 조건에 의해서 잘못되지 않고 진정으로 자발적일 수 있게 사회가 조직되기만 한다면 상업화에 대한 반론은 약화되리라는 것이다. 이런 논변이 간과하는 것은 동의를 넘어서 있는 삶의 차원, 시장이 존중하지 못하고 돈으로 살 수 없는 도덕적이고 시민적인 가치들 안에 있는 삶의 차원이다.

What Money Can't Buy : The Moral Limits of Markets*

I. Commodification, Commercialization and Privatization

Tipping the tutor

When I first arrived as a graduate student at Balliol College, Oxford, the Master of the college, Christopher Hill, gave some welcoming remarks. He recalled his early days at Oxford as a young tutor, and he told us of his dutiful, but somewhat patronizing, upper class students, one of whom left him a five pound tip at the end of term.

---

* I presented an earlier version of this lecture as The Tanner Lectures on Human Values at Brasenose College, Oxford University, which appears in Grethe B. Peterson, ed., *The Tanner Lectures on Human Values*, vol. 21, (The University of Utah Press, 2000), pp.87-132.

Hill's point, I think, was that times had changed. We were not supposed to tip our tutors. (Not that the thought had ever occurred to me before he mentioned it.) But it does raise an interesting question : Why not? What is wrong with tipping the tutor? Nothing perhaps, if the tutor is an economist. After all, according to many economists, and also non economists in the grip of economic ways of thinking, money is always a good way of allocating goods, or, I suppose, of expressing thanks.

I assume that Christopher Hill disapproved of the tip because he viewed the monetary payment as an indignity, as a failure to regard teaching with the proper respect. But not everybody views money and teaching in this way. Adam Smith, for one, did not. He saw nothing wrong with compensating university teachers according to market principles. Smith thought that teachers should be paid according to the number of students their classes attracted. For colleges and universities to pay teachers a fixed salary, Smith wrote, is a recipe for laziness, especially where colleges and universities are self governing. Under such conditions the members of the college are likely "to be all very indulgent to one another, and every man to consent that his neighbor may neglect his duty, provided he himself is allowed to neglect his own."[2)]

These two different views of money and teaching,

2) Adam Smith, *An Inquiry into the Nature and Causes of the Wealth of Nations*, (1776), Book V, Ch. I, Pt. III, (New York : The Modern Library, 1994), p.821.

Christopher Hill's and Adam Smith's, bring me to the question this lecture seeks to address : Are there some things that money can't buy? My answer : sadly, fewer and fewer. Today, markets and market like practices are extending their reach in most every sphere of life.

Consider books. It used to be that the books in the window of the bookshop, or on the display table at the front of the store, were there because someone in the store the manager or buyer or proprietor considered these books to be of special interest or importance to prospective readers. Today, that is less and less the case. Publishers now pay bookstores, especially the big chain bookstores, tens of thousands of dollars for placement of their books in windows or other prominent places. In many U.S. bookstores, the books you see up front, even the books that are turned face out on the shelves, are titles that the publisher has paid the store to display. It has long been the case that makers of pretzels, potato chips, and breakfast cereals have paid grocery store chains for favorable shelf space. Now, thanks partly to the rise of powerful superstores, books are sold like breakfast cereal.[3)]

Is there anything wrong with this? Suppose, under the traditional system, you or I went into a bookstore and looked around for a book we may have written, something that

---

3) Mary B. W. Tabor, "In Bookstore Chains, Display Space is for Sale", *The New York Times*, January 15, 1996, p.A1.

authors have been known to do. And we find our cherished work on some obscure, lower shelf at the back of the store. Imagine that you or I bribe the owner of the store to put it in the window. If it is a bribe when you or I make this arrangement, is it any less a bribe when a big publisher does it to boost sales of prominent authors, like Hilary Clinton?

Consider a second example prisons. Once the province of government, the incarceration of criminals is now a profitable and rapidly growing business. Since the mid 1980s, more and more governments have entrusted their inmates to the care of for profit companies. In the United States, the private prison business is now a billion dollar industry. Twenty seven states and the federal government have contracted with private companies like the Corrections Corporation of America to house their prisoners. In the mid eighties when the trend began, scarcely a thousand prisoners occupied private prisons. Today, more than 85,000 U.S. inmates are serving time in for profit prisons. And the trend has spread to Britain, Australia, New Zealand, Canada, France, the Netherlands, and South Africa.[4)]

Or consider a third example, the growing trend toward branding, marketing, and commercial advertising in spheres that once stood aloof from market practices. Once, "rebranding" was a device employed by companies that needed to change

4) Nzong Xiong, "Private Prisons : A Question of Savings", *The New York Times*, July 13, 1997.

the image of a tired product line. Today, we hear of efforts by the Blair government to "rebrand" Britain as "one of the world's pioneers rather than one of it's museums." As the American media has it",Rule Britannia" is giving way to "Cool Britannia", the new slogan of the British Travel Authority.[5)]

The rebranding of Britain is not an isolated episode, but a sign of the times.[6)] Not only governments, but also universities have gone into the business of licensing their brand names. In the late 1980s, Harvard University established a trademark and licensing office to monitor the commercial use of Harvard's name. One of its jobs is to crack down on unauthorized users, such as the poultry company in Korea that sold "Harvard" eggs in a carton that displayed a mortarboard and the promise that eating the eggs will make you as smart as somebody who goes to Harvard.[7)] Harvard's excuse for being in the licensing business is that a trademark must be used to be protected. So Harvard has been using it. In Japan, it licensed a line of clothing and accessories with the Harvard name, including horn rimmed eyeglasses, khaki pants, and preppie blazers. So popular were these items that

---

5) Warren Hoge, "London Journal ; Blair's 'Rebranded' Britain is No Museum", *The New York Times*, November 12, 1997.

6) In this and the following paragraph, I draw upon Sandel, "Branded", *The New Republic*, January 19, 1998, pp.10-11.

7) "Harvard Eggs? Protecting the Name", *Harvard Magazine*, January February 1998, p.72.

Japanese royalties brought Harvard as much as $550,000 in one year. The competition is not far behind. Princeton has also opened up a product line in Japan.[8)]

These three cases the commodification of books, the privatization of prisons, the commercialization of governments and universities illustrate one of the most powerful social and political tendencies of our time, namely the extension of markets and of market oriented thinking to spheres of life once thought to lie beyond their reach.

I'd like to argue that this tendency is by and large a bad thing, a development that should be resisted. In explaining why this is so I would like to distinguish two objections to extending the reach of market valuation and exchange. Both figure prominently in arguments about the moral limits of markets. But they are often run together, and it is important to disentangle them.

Two objections : Coercion and corruption

The first objection is an argument from coercion. It points to the injustice that can arise when people buy and sell things under conditions of severe inequality or dire economic necessity. According to this objection, market exchanges are

---

8) Ibid., p.73.

not necessarily as voluntary as market enthusiasts suggest. A peasant may agree to sell his kidney or cornea in order to feed his starving family, but his agreement is not truly voluntary. He is coerced, in effect, by the necessities of his situation.

The second objection is an argument from corruption. It points to the degrading effect of market valuation and exchange on certain goods and practices. According to this objection, certain moral and civic goods are diminished or corrupted if bought and sold for money. The argument from corruption cannot be met by establishing fair bargaining conditions. If the sale of human body parts is intrinsically degrading, a violation of the sanctity of the human body, then kidney sales would be wrong for rich and poor alike. The objection would hold even without the coercive effect of crushing poverty.

Each objection draws on a different moral ideal. The argument from coercion draws on the ideal of consent, or more precisely, the ideal of consent carried out under fair background conditions. It is not, strictly speaking, an objection to markets, only to markets that operate against a background of inequality severe enough to create coercive bargaining conditions. The argument from coercion offers no grounds for objecting to the commodification of goods in a society whose background conditions are fair.

The argument from corruption is different. It appeals not

to consent but to the moral importance of the goods at stake, the ones said to be degraded by market valuation and exchange. The argument from corruption is intrinsic in the sense that it cannot be met by fixing the background conditions within which market exchanges take place. It applies under conditions of equality and inequality alike.

Consider two familiar objections to prostitution. Some object to prostitution on the grounds that it is rarely, if ever, truly voluntary. According to this argument, those who sell their bodies for sex are typically coerced, whether by poverty, drug addiction, or other unfortunate life circumstances. Others object that prostitution is intrinsically degrading, a corruption of the moral worth of human sexuality. The degradation objection does not depend on tainted consent. It would condemn prostitution even in a society without poverty and despair, even in cases of wealthy prostitutes who like the work and freely choose it.

My point is not to argue for or against prostitution, but simply to illustrate the difference between the two objections and also to illustrate the further part of my claim, which is that the second objection is not reducible to the first. The worry about corruption cannot be laid to rest simply by establishing fair background conditions. Even in a society without unjust differences of power and wealth, there would still be things that money should not buy.

I shall try to argue, in the remainder of these lectures, for the independence of the second objection. I hope also to show that it is more fundamental than the first. I shall proceed by considering a range of cases. Before turning to the cases, however, I want to emphasize an important qualification. Even if it can be shown that a particular good should not be bought or sold, it is a further question whether the sale of that good should be legally prohibited. There may well be cases in which commodification is morally objectionable and yet, all things considered, the practice should not be banned. Prohibition may carry moral and practical costs that outweigh the good of preventing the practice. And there may be other, better ways of discouraging it. My question is not what forms of commodification should be legally restricted but what forms of commodification are morally objectionable. The moral status of a contested commodity should figure as one consideration among others in determining its legal permissibility.

The case of surrogate motherhood

Having distinguished two different arguments against commodification, I now turn to one controversial case, that of commercial surrogacy. Contracts for "surrogate motherhood", as the practice is commonly known, typically involve a couple unable to conceive or bear a child, and a woman who agrees, in exchange for a fee, to be inseminated with the sperm of the father, to carry the child to term, and to give it up at birth.

Some argue that commercial surrogacy represents an objectionable kind of commodification. How can such claims be assessed? Many arguments about commodification proceed by way of analogy. Those who oppose contracts for surrogate motherhood argue that they are morally tantamount to baby selling. With commercial surrogacy as with baby selling, a woman is paid a fee (typically $10,000 in the surrogacy market), in exchange for relinquishing a child.

Defenders of commercial surrogacy must either resist the analogy or defend both practices. Those who dispute the analogy argue that commercial surrogacy is more like selling sperm than selling a baby; when a women agrees to undergo a pregnancy for pay, she does not sell a preexisting child but simply allows another couple to make use of her reproductive capacity. And if it is morally permissible for men to sell their reproductive capacity, this argument goes, why is it not morally permissible for women to sell theirs?

I would like to consider both of those analogies. Each can help clarify the moral status of commercial surrogacy. As is often the case with reasoning by analogy, however, we may find that the intuitions that constitute our moral starting point do not emerge unscathed. Reflecting on the rights and wrongs of surrogacy may lead us to revise our initial views about the moral status of baby selling and of sperm selling.

In some cases, baby selling may actually be better than contract pregnancy. Consider the following case, a true story, reported a few years ago in The New York Times : Dr. Thomas J. Hicks was a country doctor in a small Georgia town. He had a secret business selling babies on the side. Jane Blasio, now a thirty two year old Ohio resident, was one of those babies. In 1965, her adoptive parents, a tire maker and his wife, drove eight hours from Akron, Ohio, paid the doctor $1,000, and drove home with a new baby daughter. Included in the purchase price was a fake birth certificate listing the buyers as the birth parents.[9)]

Mrs. Blasio discovered Dr. Hicks' sideline business while combing through country birth records many years later, searching for the identity of her birth mother. It turns out that the doctor, who died in 1972, sold some 200 babies between 1951 and 1965.

Baby selling is not normally a respectable business, but Dr. Hicks' version did have a morally redeeming aspect. Childless couples were not his only clientele. Unmarried pregnant girls from Chattanooga to Atlanta also made their way to his clinic in the north Georgia mountains. Abortion was illegal at the time, but Dr. Hicks was known to perform

---

9) The remarkable story of Dr. Hicks was reported by Rick Bragg, "Town Secret is Uncovered in Birth Quest", *The New York Times*, August 23, 1997, pp. A1, A7. I draw, in the discussion that follows, on Sandel, "Baby Bazaar", *The New Republic*, October 20, 1997, p.25.

them. Sometimes he persuaded the young women to carry their babies to term, which created the supply that met the demand of his childless customers.

It is difficult to condemn the doctor's morally complicated practice. It can be argued that the moral wrong of selling a child was outweighed in his case by the moral good of avoiding an abortion and placing an unwanted child with loving parents. In any case, compare Dr. Hicks' black market in babies with contemporary commercial surrogate motherhood.

Compared to Dr. Hicks' homespun enterprise, commercial surrogacy, a $40 million industry in the U.S., is big business. Professional baby brokers advertise for couples who want a child and also for women willing to give birth through artificial insemination for pay. The broker draws up a contract specifying the payment to the birth mother, typically $10,000 plus medical expenses. She agrees to be impregnated with the father's sperm, to carry the pregnancy to term, and to relinquish the child and all parental rights. For his efforts, the broker collects a $15,000 fee, bringing the cost per child to more than $25,000.

Like all commercial contracts, surrogacy promises benefits to both parties. Infertile couples can acquire a baby who bears the genetic imprint of the father and raise it as their own. Surrogate mothers, meanwhile, can earn $10,000 for nine months work and give the gift of life to a grateful couple.

But contract pregnancy does not always work out so

happily. Sometimes the surrogate mother changes her mind and wants to keep the baby. That is what happened in the celebrated "Baby M case", a surrogacy case that went to court in New Jersey.[10)]

The surrogate mother, Mary Beth Whitehead, fled to Florida with her baby rather than surrender it to William and Elizabeth Stern. They were the couple who had paid her to conceive it. A lower court in New Jersey ruled that the contract was valid. A deal was a deal, and the birth mother had no right to break the agreement simply because she changed her mind. The New Jersey Supreme Court disagreed, however, and invalidated the contract. It granted custody to the father, Mr. Stern, but voided the adoption by his wife and declared Mrs. Whitehead the legal mother, entitled to visiting rights.[11)]

On what grounds did the respective courts justify their rulings? The lower court argued, implausibly in my view, that in contracting with Mrs. Whitehead, Mr. Stern did not really buy a baby he had, afterall, contributed the sperm — but simply hired a woman to perform a service for a wage. But this strained distinction overlooks the fact that the contract not only required Mrs. Whitehead to bear the child : it also required that she renounce her parental rights. In fact, the contract even included a product guarantee : If the baby were

10) In re Baby M., 217 New Jersey Superior Court, 313, 1987.

11) Matter of Baby M, 537 Atlantic Reporter, 2d series, 1227 (New Jersey 1988).

born abnormal, the Sterns would not have to take it, though they would be obliged to provide financial support.

The New Jersey Supreme Court invalidated the contract and compared commercial surrogacy to baby selling: "This is the sale of a child, or at the very least, the sale of a mother's right to her child, the only mitigating factor being that one of the purchasers is the father."[12] But if contract pregnancy is morally equivalent to baby selling, the question remains whether our repugnance to baby selling is well founded. What is wrong with letting people buy and sell babies if they choose?

There are two possible answers to this question, answers that take us back to the two objections to commodification in general. One answer worries about coercion or other flaws in the act of consent, while the other worries about corruption of the moral goods and social norms associated with pregnancy, childbearing, and parenthood.

Those who oppose surrogacy and baby selling in the name of consent claim that the choice to bear a child for pay is not as voluntary as it seems. They argue that surrogacy contracts are not truly voluntary because the birth mother is unlikely to be fully informed. Since she cannot be expected to know in advance the strength of the bond she will develop with her child during pregnancy, it is unfair to hold her to her

12) Ibid., p.1248.

bargain once the baby is born.

In the Baby M case, the lawyers for the Sterns argued that Mary Beth Whitehead's consent was informed because she had previous children of her own. But it is not clear that previous pregnancies supply the knowledge relevant to a surrogacy contract. The distinctive feature of such a contract is that it requires a woman to bear a child and then relinquish it. Bearing a child to love and raise as one's own does not necessarily inform a woman about what it would be like to bear a child and give it up for money.

The second objection to surrogacy contracts does not depend on finding a flaw in the act of consent. It holds that even a truly voluntary, fully informed agreement to sell a baby lacks moral force because certain things should not be bought and sold. This was the position of the New Jersey Supreme Court which stated, "There are, in a civilized society, some things that money cannot buy."[13] This argument maintains that we should not regard ourselves as free to assign whatever values we want to the goods we prize. Certain modes of valuation are appropriate to certain goods. Treating children as commodities degrades them by using them as instruments of profit rather than cherishing them as persons worthy of love and care. Contract pregnancy also degrades women by treating their bodies as factories and

13) Ibid., p.1249.

by paying them not to bond with the children they bear.

Elizabeth Anderson advances a compelling version of this argument. "By requiring the surrogate mother to repress whatever parental love she feels for the child", Anderson writes, surrogacy contracts "convert women's labor into a form of alienated labor." The surrogate's labor is alienated "because she must divert it from the end which the social practices of pregnancy rightly promote—an emotional bond with her child."[14)]

Anderson's argument brings out a controversial feature of the corruption argument against commodification. To object that market valuation and exchange of a good corrupts its character is to assume that certain things are properly regarded and treated in certain ways. Thus Anderson invokes a certain conception of the proper end of pregnancy and childbearing. To know whether a good should be subject to market exchange, according to this view, we need to know what mode of valuation is fitting or appropriate to that good. This is different from knowing how much the thing is worth. It involves a qualitative, not just a quantitative judgment.

Such judgments are bound to be controversial, even threatening. Part of the appeal of markets is that they do not pass judgment on the intrinsic worth of the things people buy and sell. Different people evaluate goods differently, and the

---

14) Elizabeth S. Anderson, "Is Women's Labor a Commodity?", *Philosophy & Public Affairs*, vol. 19, Winter 1990, pp.81, 83.

market leaves them free to act on their own valuations. It is sometimes thought to be an advantage of consent based objections to commodification that, unlike the argument from corruption, they avoid passing judgment on the intrinsic worth of the things being exchanged or the modes of valuation appropriate to them.

Despite this apparent advantage, however, the consent based argument fails to address the most morally troubling features of commercial surrogacy. For it is precisely the deliberate, voluntary character of contract pregnancy that makes it worse than some instances of baby selling. Dr. Hicks' black market in babies responded to a problem that arose independent of market considerations. He didn't encourage the unwed mothers whose babies he sold to become pregnant in the first place. Had he done so, had he advertised and recruited the women to become pregnant, bear a child, and give it up for money, then his baby selling business would be far more objectionable than it was. It would be as objectionable as the commercial surrogacy business carried on today in full public view.

The argument from corruption, which draws our attention to modes of valuation appropriate to certain goods and social practices, may also prompt us to reconsider the moral implications of the analogy between surrogacy and sperm selling. This analogy is typically invoked in defense of surrogacy. If men should be free to sell their reproductive capacity, the argument goes, shouldn't women also be free to sell theirs? Isn't it unfair, isn't it discriminatory, to allow one but not the other?

Here may be a case where, on reflection, the moral force of the analogy works in the other direction. If, prompted by the surrogacy case, we conclude that certain modes of valuation are proper or fitting to certain kinds of goods, we may come to question the moral permissibility of sperm sales. Such qualms are heightened by the brazen way in which the market for sperm has become commercialized.

From time to time, there appears in the Harvard student newspaper, The Crimson, an advertisement stating, "the largest sperm bank in the United States is looking for donors." Those who qualify are promised thirty five dollars per specimen, up to three times a week. For relatively little effort, eligible Harvard men can make $105 per week selling sperm. It is no accident that Cryobank, Inc., locates its sperm banks near Harvard and MIT in the east and Stanford and Berkeley in the west. Its marketing materials play up the prestigious source of its sperm. A monthly catalog offers customers a physical and ethnic profile of each donor, including his major field of study.

The marketing of Ivy League sperm commodifies the male reproductive capacity in much the way commercial surrogacy commodifies pregnancy. Both treat procreation as a product for profit rather than a human capacity to be exercised according to norms of love, intimacy and responsibility.

Plurality and commensurability

The argument from corruption has a distinctive feature that holds consequences for the way the debate about commodification should proceed. Unlike the argument from coercion, the argument from corruption will be different in each case. The reason is as follows : The argument from coercion always appeals to the ideal of consent, whereas the argument from corruption appeals to the character of the particular good in question. In the cases of surrogacy, baby selling, and sperm selling, the ideals at stake are bound up with the meaning of motherhood, fatherhood, and the nurturing of children. Once we characterize the good at stake, it is always a further question whether, or in what respect, market valuation and exchange diminishes or corrupts the character of that good.

Although the goods at stake will vary, it is nonetheless possible to identify one general feature of arguments from corruption that are leveled against commodification : All call into question an assumption that informs much market oriented thinking. This is the assumption that all goods are commensurable, that all goods can be translated without loss into a single measure or unit of value.

The thesis that all goods are commensurable is familiar from at least some versions of utilitarianism, notably Jeremy Bentham's utilitarianism. All arguments from corruption against commodification resist this claim. It does not seem to me possible, in general, to prove or refute the thesis of commensurability, which is one of the reasons that arguments by analogy play such an important role in debates about commodification. But it is reasonable to question the idea that all goods can be captured in a single measure of value, and to illustrate this doubt, I would like to close this lecture with one other story that I remember from the days, over two decades ago, when I was studying here in Oxford.

Back in those days, the men's colleges and the women's colleges were not yet mixed. And the women's colleges had rules against overnight male guests. These rules were rarely enforced and easily violated, or so I was told. But by the late 1970s, pressure grew to relax these rules and it became a subject of debate among the faculty at St. Anne's College. The older women on the faculty were traditionalists. They were opposed to change on conventional moral grounds. But times had changed, and they were embarrassed to state the real grounds for their objection. So they tried to translate their argument into utilitarian terms.

If men stay overnight, they argued, the costs to the college will increase. How, you might wonder? Well, they said, they'll want to take baths, and that will use up hot water. Furthermore, they argued, we'll have to replace the mattresses more often. (This is a true story.) The reformers met these arguments by adopting the following compromise: Each woman could have a maximum of three male overnight guests a week, provided that the guest paid fifty pence a night to defray the costs to the college. The day after the compromise was adopted, the headline in the Guardian read, "St. Anne's Girls: Fifty Pence a Night." It wasn't long before the parietal rules were waived altogether, and so was the fee. But the story calls into question the thesis that all goods are commensurable, that all values and virtues can be translated without loss into monetary terms. That is a thesis that the argument from corruption also rejects.

Ⅱ. Markets, Morals and the Public Sphere

Objections to the argument from corruption

The argument that commodification corrupts or degrades certain goods raises two difficulties that do not confront the argument from coercion. One is that the argument from corruption has to be made in a different way, case by case. It must be shown how, in each case, market valuation and exchange degrades or corrupts important values or ends that non market practices may embody. The argument from coercion, by contrast, does not have to be defended in a different way each time. It points to a single ideal the ideal of consent not a plurality of ideals. The form of the argument is always the same : What seems like a free exchange of goods or services for money is not truly voluntary, because economic coercion, or economic necessity, is operating in the background.

The second difficulty follows readily from the first : Since the argument from corruption points not to consent but to the moral worth of particular human goods, the question arises how the case for these goods can be established, especially in the face of competing moral and religious convictions. Recall the argument against commercial surrogacy advanced by Anderson. She claims that certain modes of valuation are "fitting" or "proper" to certain kinds of goods. This argument has, at least to some, a worryingly Aristotelian aspect, for it depends on attributing to certain social practices a characteristic purpose or end. Arguments of this kind are subject to two familiar objections : If we derive the fitting or proper way of regarding goods from the social meanings that prevail in a given society at a given time, we run the risk of lapsing into conventionalism. If, for example, there are fewer and fewer things that money can buy these days, we might simply conclude that the meaning of our social practices is changing in this respect. The critical role of an appeal to proper modes of valuation is lost. If, on the other hand, we derive the fitting or proper way of regarding goods from some notion of the essential nature of the practices in questions, we run the risk of essentialism the idea that the purposes and ends of social practices are fixed by nature.

Is it possible to argue that markets corrupt or degrade certain goods, without lapsing into conventionalism or essentialism? How can such arguments proceed in the face of disagreement about purposes and ends? One way of proceeding, as I suggested above, is to argue by analogy to begin with moral intuitions we have about certain practices, and to see whether or not the practices in question are relevantly similar. We considered, for example, whether commercial surrogacy was more like baby selling or more like sperm selling. The argument by analogy was saved from conventionalism by the fact that moral intuitions functioned as starting points for reflection, subject to revision as the argument unfolded. The initial intuitions against baby selling and for sperm selling were called into question in the course of reflecting on the similarities and differences between those practices and commercial surrogacy. Another way of proceeding is to begin with a certain conception of the good, and then to explore its consequences for morally contested cases of commodification, and also commonly accepted ones. In the course of reflecting, we may find reason to revise our judgments about the cases or about the conception of the good that provides the starting point.

Republican citizenship

I turn now to two cases that concern markets and the public realm. Rather than begin with analogies and then tease out the conception of the good at stake, as in the surrogacy case, I'd like to proceed in the opposite direction to begin by describing a certain conception of the good and then to explore its consequences for certain familiar market oriented policies and practices. The cases I have in mind are : (1) military service, and (2) voting. I would like to argue that there is reason to limit the role of markets in governing these three practices more severely than we are accustomed to do. In each case, an excessive role for markets corrupts an ideal the practices properly express and advance namely, the ideal of citizenship as the republican tradition conceives it.

According to the republican conception of citizenship, to be free is to share in self rule. This is more than a matter of voting in elections and registering my preferences or interests. On the republican conception of citizenship, to be free is to participate in shaping the forces that govern the collective destiny. But in order to do that, and to do it well, it is necessary that citizens posses or come to acquire certain qualities of character, or civic virtues.[15)]

The emphasis on civic virtue sets republican political theory apart from two other familiar theories of citizenship. One such theory is interest group pluralism, which conceives citizens as persons who are free to identify their interests and to vote accordingly. A second theory is the liberal conception of citizenship, which emphasizes toleration and respect for the rights of others. The liberal conception of citizenship allows for the inculcation of certain civic virtues, but only those necessary to liberal principles themselves, such as the virtues of toleration and equal respect. The republican conception of citizenship, by contrast, seeks to cultivate a fuller range of virtues, including a moral bond with the community whose fate is at stake, a sense of obligation for one's fellow citizens, a willingness to sacrifice individual interests for the sake of the common good, and the ability to deliberate well about common purposes and ends.

What justifies the republican conception of citizenship? There are two versions of republican political theory, and each gives a different answer. Modest versions of the republican conception hold that civic virtue matters instrumentally ; unless citizens attend to the public good, it is not possible to

---

15) For a fuller discussion, see Sandel, *Democracy's Discontent : America in Search of a Public Philosophy* (Cambridge : Harvard University Press, 1996), pp.4-7, 25-28.

maintain a political society that accords each person the right to choose and pursue his or her own ends. More robust versions of the republican tradition, by contrast, view self government and the virtues that attend it as an essential part of human flourishing. According to this view, to participate in politics is not just a means to securing a regime that enables people to seek their own ends ; it is also an essential ingredient of the good life. For strong republicans, deliberating about the common good under conditions where the deliberation makes a difference calls forth human capacities for judgment and compromise, for argument and reflection, for the taking of responsibility that would otherwise lie dormant. On this view, the purpose of politics is to call forth and cultivate distinctive human faculties that other pursuits, such as work or art, do not cultivate in the same way. With this conception of citizenship in mind, we can now consider how commodification corrupts the good of self government in three domains of public life.

■ Military service

Military service can be allocated in different ways, some involving the market, others not. Conscription allocates service without the use of markets. In its simplest version, it fills places according to a lottery of eligible citizens. A second way of allocating places in the military was employed by the Union during the American Civil War. It introduced market principles, but only to a point. In the first American draft, enacted in 1863, those who were called but who did not want to serve could hire a substitute to take their place. Many draftees advertised for substitutes in the newspapers, offering amounts from a few hundred dollars up to fifteen hundred dollars. The system was less than a resounding success. There were widespread protests. In the New York draft riots a thousand people died. Congress tried to quell the protest by amending the policy by setting a flat fee for exemption. If you were drafted and didn't want to serve, you could pay a three hundred dollar fee to the government. You didn't have to bother finding someone else. Three hundred dollars in those days was equivalent to one year's wages for a laborer.16)

A third way of filling the ranks of the military carries market principles one step further. Rather than draft people and then allow the market to operate, the present day American all volunteer army uses market principles from the start. The term "volunteer" is something of a misnomer. Soldiers do not volunteer in the way that people volunteer to work in the local soup kitchen on Thanksgiving that is, to serve without pay. The volunteer army is a professional army, in which soldiers work for pay. It is voluntary only in the sense that all paid labor is voluntary. No one is conscripted,

---

16) On the Civil War draft, see James M. McPherson, *Battle Cry of Freedom* (New York : Oxford University Press, 1988), pp. 600 611, and Guido Calabresi and Philip Bobbitt, *Tragic Choices* (New York : W. W. Norton, 1978), pp.158-167.

and the job is performed by those who agree to do so in exchange for money and other benefits.

Compare these three ways of allocating military service conscription, conscription with a buy out provision (the Civil War system), and the market system. Which is most desirable? From the standpoint of market reasoning, the Civil War system is preferable to a system of pure conscription because it increases the range of choice. Those who are conscripted but who do not want to serve have the option of buying their way out, and those who are not conscripted but who want the job can buy their way in. From the standpoint of market reasoning, however, the volunteer army is better still. Like the Civil War system, it enables people to buy their way into or out of military service. But it is preferable to the Civil War system because it places the cost of hiring soldiers on the society as a whole, not just on the unlucky few who happen to be drafted and must therefore serve or hire a substitute to take their place.

So from the standpoint of market reasoning, the volunteer army is best, the Civil War system second best, and conscription the least desirable way of allocating military service. But there are at least two objections to this line of argument. One is that we cannot prefer the volunteer army without knowing more about the background conditions that prevail in the society. The volunteer army seems attractive because it avoids the coercion of conscription. It makes military service a matter of consent. But some of those who serve in the all volunteer army may be as averse to military service as those who stay away. If poverty and economic disadvantage is widespread, the choice to serve may simply reflect the lack of alternatives. This is the problem of the poor persons' army. According to this objection, (an instance of the objection from coercion), those who buy their way in, or fail to buy their way out, are conscripted by the lottery of economic necessity.

The difference between conscription and the volunteer army is not that one is compulsory, whereas the other is not ; it is rather that each employs a different form of compulsion the state in the first case, economic necessity in the second. Only if people are similarly situated to begin with can it be said that the choice to serve for pay reflects people's preferences, rather than their limited alternatives.

The actual composition of the American all volunteer army seems to bear out this objection. Thirty percent of the U.S. army troops who were sent to fight the Gulf War were African Americans, almost three times the percent of African Americans in the population as a whole. The enlistment rates for children of the richest 15 percent of the population are one fifth that of the national average.[17] So it is easy to appreciate the force of the objection that the

17) Larry Tye, "All Volunteer Force No Mirror of Society", *The Boston Globe*, February 2, 1991, pp.1, 3.

volunteer army is not as voluntary as it seems.

It is worth pointing out that this objection can in principle be met without doing away with the all volunteer army. It can be met by making the background conditions of the society sufficiently equal so that people's choice of work reflects meaningful consent rather than dire economic necessity. In this case as in others, the argument from coercion is not an objection to the commodification of military service as such, only to commodification that takes place under certain unfair background conditions.

A second objection to letting people buy their way into and out of military service is independent of the first. It holds that, even in a society where the choice of work did not reflect deep inequalities in life circumstances, military service should not be allocated by the labor market, as if it were just another job. According to this argument, all citizens have an obligation to serve their country. Whether this obligation is best discharged through military or other national service, it is not the sort of thing that people should be free to buy or sell. To turn such service into a commodity a job for pay is to corrupt or degrade the sense of civic virtue that properly attends it. A familiar instance of this argument is offered by Rousseau: "As soon as public service ceases to be the chief business of the citizens and they would rather serve with their money than with their persons, the state is not far from its fall. When it is necessary to march out to war, they pay troops and stay at home.... In a country that is truly free, the citizens do everything with their own arms and nothing by means of money ; so far from paying to be exempted from their duties, they would even pay for the privilege of fulfilling them themselves.... I hold enforced labor to be less opposed to liberty than taxes."[18)]

Rousseau's argument against commodifying military service is an instance of the argument from corruption. It invokes the republican conception of citizenship. Market advocates might defend the volunteer army by rejecting the republican conception of citizenship, or by denying its relevance to military service. But doesn't the volunteer army as currently practiced implicitly acknowledge certain limits to market principles, limits that derive from a residual commitment to the ideal of republican citizenship?

Consider the difference between the contemporary volunteer army and an army of mercenaries. Both pay soldiers to fight. Both entice people to enlist by the promise of pay and other benefits. The U.S. army runs television commercials that make the job seem as attractive as possible. But if the market is an appropriate way of allocating military service, what is wrong with mercenaries? It might be replied that mercenaries are foreign nationals who fight only for pay, whereas the American volunteer army hires only Americans. But if military

---

18) Jean Jacques Rousseau, *The Social Contract* (1762), trans. G. D. H. Cole, Book III, Ch. XV (London : J. M. Dent & Sons, 1973), p.265.

service is just another job, why should the employer discriminate in hiring on the basis of nationality? Why shouldn't the U.S. military be open to citizens of any country who want the work and possess the relevant qualifications?

The logic of the market could be extended to challenge the notion that armies should be run by the government. Why not subcontract military functions to private enterprise? In fact, the privatization of war, like the privatization of prisons, is a growing trend. Private corporations that hire mercenary forces play an increasing role in conflicts around the world. Sandline International is a London based company registered in the Bahamas. It was hired by Papa New Guinea a few years ago to put down a secessionist rebellion. Papa New Guinea's prime minister hired Sandline for $32 million to crush rebels his own army was unable to defeat. "I am sick and tired of our boys coming back in body bags", he said.[19)]

Sandline, in turn, subcontracted with a South African based company euphemistically named Executive Outcomes, which supplies and trains the soldiers. "Executive Outcomes has racked up an impressive record of military victories for its customers", reports The Boston Globe. "Equipped with Russian attack helicopters, heavy artillery, and battle hardened

---

19) Colum Lynch, "Soldiers for Hire Tempt War Weary", *The Boston Globe*, March 8, 1997, pp. A1, A12. See also Raymond Bonner, "U.S. Reportedly Backed British Mercenary Group in Africa", *The New York Times*, May 13, 1998, and David Shearer, "Outsourcing War", *Foreign Policy*, Fall 1998, pp.68-80.

veterans recruited from the troops that defended South Africa's former white supremacist government, Executive Outcomes has waged war on behalf of the governments of Angola and Sierra Leone."[20]

One striking feature of the American military presence in Iraq is the heavy reliance on soldiers for hire, or "private contractors", as we call them these days. These private contractors are not just building roads and repairing the electrical grid. The people who provided military protection for Paul Bremer, the American head of the coalition authority, were not from the United States army. They were from a private company hired by the Pentagon. At least one of the U.S. interrogators charged with prisoner abuse was a private contractor. In fact, if you add up the number of security personnel in Iraq, the second largest contingent, after the 135,000 U.S. military personnel, bigger than any other country's contribution, consists of private security contractors. Some say the "coalition of the willing" is better described as a "coalition of the billing."

The cases we have considered pose the following challenge to the commodification of military service represented by the all volunteer army : If the Civil War system is objectionable on the grounds that it allows people to buy their way out of a civic obligation, isn't the volunteer army

---

20) Lynch, ibid.

objectionable on similar grounds? And if military service is just another job to be allocated by the labor market, is there any principled distinction between the volunteer army and the mercenary forces recruited by private companies? All three policies the Civil War system, the volunteer army, and the mercenary forces offend the republican conception of citizenship. Our unease in each case is best articulated and justified by the argument from corruption, which presupposes in turn the republican ideal of citizenship.

■ Voting

The commodification of military service is controversial in a way that the commodification of voting is not. No one defends the outright purchase and sale of votes. But why is it objectionable? And if it is, what are the consequences for commonly accepted electoral practices that come perilously close to the buying and selling of votes?

Reformers have long worried about the role of money in politics.[21)] U.S. presidential campaigns cost hundreds of millions of dollars. There have been attempts, of course, to reduce the power of money in politics. Underlying these attempts is the worry that the present system of financing America political campaigns comes close to bribery. But even the debate over campaign finance leaves untouched a deeper

---

21) I draw in this section on Sandel, "Votes for Sale", *The New Republic*, November 18, 1996, p.25.

corruption, and that is the politics of self interest itself.

Consider the widely accepted practice of conducting democratic politics as if it were about aggregating and responding to interests. If it is wrong for moneyed interests to bribe politicians with campaign contributions, isn't also wrong for politicians to bribe voters with campaign promises directed at their pocketbooks? Some bribes are more explicit than others. In the past, ward healers distributed money, meals, and favors to bring the people to the polls. These days, it is more respectable to buy votes wholesale than retail. Retail vote buying is bribery, but wholesale vote buying is commonly accepted in the name of interest group politics.

The following example lies somewhere between the two : In the state of Washington a few years ago, casino promoters had a ballot measure seeking public approval of casino gambling. The measure provided that, if the referendum passed, ten percent of the profits from the casinos would be paid to everyone who voted in the election.[22] Was this a bribe, or was it a legitimate instance of interest group politics? Proponents argued that state governments often receive a portion of casino profits, and for that matter the profits of any industry that operates in a state ; the Washington measure simply cut out the middleman and offered the money directly to the people.

---

22) Timothy Egan, "Hedging Bets on Democracy, Casinos Offer Cash to Voters", *The New York Times*, August 18, 1995, pp. A1, B7.

Candidates' campaign promises often work in a similar way. In the early eighties, the U.S. Supreme Court heard a case involving a candidate for a county commissioner in Kentucky. The candidate had promised that, if he were elected, he would lower the salary of his office. His opponent charged that this pledge violated a state law barring candidates from offering constituents a financial inducement for their vote.[23)]

The U.S. Supreme Court rejected the challenge. It ruled that the promised salary reduction did not constitute a bribe. Why not? The reasoning of the court displays the moral confusion at the heart of the politics of self interest. The Court reasoned as follows : A state "may surely prohibit a candidate from buying votes. No body politic worthy of being called a democracy entrusts the selection of leaders to a process of auction or barter." The Court opinion then asserted but did not defend a sharp distinction between buying votes and appealing to voters' self interest. Our "tradition of political pluralism" assumes "voters will pursue their individual good through the political process." Personal benefit "has always been, and remains, a reputable basis upon which to cast one's ballot."[24)]

But what is the moral difference between a politician who buys votes and politician who panders to voters' self interest?

---

23) Brown v. Hartlage, 456 U.S. 45 (1982).

24) Ibid., pp.54, 56.

Both offer a financial reward in exchange for a vote. If it is disreputable to sell my vote to a party boss for $500, why is it reputable for me to cast my vote for the sake of a $500 tax cut? There are at least three possible answers to this question, three ways of distinguishing the bribe from the promise of a tax cut:

(1) It might be argued that the tax cut comes from public funds, whereas the bribe comes from private funds, or from party coffers. But this makes the tax cut worse. At least those casinos in Washington were offering their inducements from private profits, not state funds. If voters must be paid off, isn't it better that it be done with private money than with tax payer dollars?

(2) Perhaps the difference is that a campaign promise may not be kept, and so will exert a lesser influence on voters than an outright bribe. But this suggests, perversely, that the moral superiority of the campaign promise consists in the fact that the politician who makes it cannot be relied upon to keep his word. In any case, if voters are skeptical that the promise will be kept, they can simply assign it a discounted value that reflects their degree of uncertainty. The promise of a $500 tax cut with a fifty percent chance of being enacted would be worth $250. But this would not make it any more justifiable.

(3) Or maybe the difference is that a campaign promise is public and available to everyone, while a bribe is secret and offered only to certain people. But many campaign promises

are also targeted at particular groups, or have highly differential effects. In any case, if bribes are wrong just because they are offered to some and not others, then why not universalize them? If votes could be bought and sold openly, if there were an open market in votes, then the secrecy would fall away, and everyone would be free to sell at the going rate.

The reason that none of these distinctions succeeds is that they share the mistaken view that the purpose of democracy is to aggregate people's interests and preferences and translate them into policy. According to this theory, citizens are consumers, and politics is economics by other means. If this theory of democracy is right, then there is no good reason to prohibit the buying and selling of votes. Our reluctance to treat votes as commodities should lead us to question the politics of self interest so familiar in our time. It should also lead us to acknowledge and affirm the republican ideals implicit but occluded in contemporary democratic practice.

* * *

My argument in this lecture has been directed primarily against those who think that freedom consists in the voluntary exchanges people make in a market economy, regardless of the background conditions that prevail. Libertarian philosophers and political theorists, rational choice economists, and adherents of the "law and economics" movement are the most obvious targets of my investigation. Also implicated, however, are a group of unindicted co conspirators. These are the liberal consent theorists who think that the commodification and privatization of public life can be addressed simply by adjusting the background conditions within which markets operate. According to the co conspirators, there is nothing wrong with commodification that fair terms of social cooperation cannot cure; if only society were arranged so that people's choices to buy and sell things were truly voluntary, rather than tainted by unfair bargaining conditions, the objection to commodification would fall away. What that argument misses are the dimensions of life that lie beyond consent, in the moral and civic goods that markets do not honor and money cannot buy.

■ 제 4 강연 ■ ■ ■

줄기 세포 연구, 인간 복제 및 유전공학의 윤리

번역 구영모 · 최경석

이 강연에서 나는 줄기 세포 연구, 인간 복제 및 유전공학의 윤리를 다룰 것이다.[1] 그러나 나는 다음과 같은 좀더 일반적인 주장을 제시하고자 한다. 복제 그리고 유전공학과 관련된 논쟁은 철학자들로 하여금 자신들이 다루는 주제에 대해 생각하는 방식을 변화시키도록 할 것이라는 점이다. 복제와 유전공학에 대한 많은 논쟁은 자율성, 동의 그리고 개인의 권리라는 친숙한 용어로 행해지고 있다. "자유주의적 우생학"을 옹호하는 사람들은 아이들이 누릴 삶의 전망을 향상시키기 위해 부모는 아이들의 유전적 특질을 향상시킬 자유가 있다고 주장한다.[2] 예를 들

1) 복제와 줄기 세포 연구에 대한 부분은 2003년 5월 14일 베를린에서 Deutsches Referenzzentrum für Ethik in den Biowissenschaften (DRZE)이 주최한 복제에 대한 국제학술회의에서 발표한 공개 강연에 기초를 두고 있다. 그리고 이 부분은 *Jahrbuch fur Wissenschaft und Ethik*, Band 8 (Berlin, 2003)에 실려 있다.

어 로널드 드워킨(Ronald Dworkin)은 "미래 세대의 삶이 더 길어지고 더 많은 재능으로 그래서 더 많은 성취로 가득 차게 하려는" 야망에 어떤 잘못도 없다고 주장한다. 사실 그는 윤리학적 개인주의라는 원리는 그런 노력을 의무로 만들고 있다고 주장한다.[3] 복제와 유전공학의 반대론자들 역시 자율성과 권리란 용어에 호소한다. 예를 들어 위르겐 하버마스(Jürgen Habermas)는 심지어 찬성할 만한 유전적 개량조차도 아이들이 특정 삶을 선택하도록 함으로써, 그리하여 삶의 계획을 스스로 선택할 권리를 침해함으로써, 그들의 자율성과 개성을 해칠 수 있다고 우려했다.[4]

그러나 자율성과 권리만을 논하는 것은 복제가 제기하는 가장 깊이 있는 질문을 다루지 않는 것이다. 우리가 복제와 유전공학의 윤리적 함축과 씨름하기 위해서는 현대에는 사라져버린 질문들, 즉 자연의 도덕적 지위에 대한 질문 그리고 주어진 세계에 대한 인간의 적절한 태도에 대한 질문을 다룰 필요가 있다. 하지만 현대 철학자와 정치학자들은 이런 질문들을 회피하는 경향이 있다. 왜냐하면 이 질문들은 거의 신학적 질문에 가깝거나, 최소한 인간이 자신의 삶을 가장 잘 영위하는 방법에

---

2) N. Agar, "Liberal Eugenics", in H. Kuhse and P. Singer, eds., *Bioethics* (Oxford : Blackwell, 1999) ; Allen Buchanan, Daniel W. Brock, Norman Daniels and Daniel Wikler, *From Chance to Choice : Genetics and Justice* (Cambridge : Cambridge University Press, 2000) ; and Ronald Dworkin, "Playing God : Genes, Clones, and Luck", in Dworkin, *Sovereign Virtue : The Theory and Practice of Equality* (Cambridge : Harvard University Press, 2000), pp.427-452 참조.

3) Dworkin, ibid., p.452.

4) Jürgen Habermas, *The Future of Human Nature* (Cambridge, U. K. : Polity Press, 2003).

대한 견해와 관련되기 때문이다. 그러나 우리의 생명공학이 지닌 새로운 힘은 이런 질문들을 피할 수 없게 만든다.

현재 미국에서는 어떤 연방법도, 출산을 목적으로 하든 생명 의료 연구를 목적으로 하든, 인간 복제를 금지하고 있지는 않다. 이는 대부분의 사람들이 생식을 위한 복제(reproductive cloning)에 찬성하고 있기 때문이 아니다. 반대로, 선거로 뽑힌 거의 모든 공무원들과 여론은 생식을 위한 복제에 반대하고 있다. 하지만 생명 의료 연구를 위한 복제를 허용할 것인지에 대해서는 강한 의견 불일치가 존재한다. 생명 의료 연구를 위한 복제에 반대하는 사람들은 현재로서는 영국이 시행하고 있는 것과 같이 생식을 위한 복제만 금지하는 방안을 지지하려 하지 않는다. 이런 상황 때문에 복제에 대한 어떠한 연방 차원의 금지도 시행되지 못하고 있다.

생명 의료 연구를 위한 복제의 윤리

나는 우선 줄기 세포 연구와 생명 의료 연구를 위한 복제의 윤리를 다루고자 한다. 미국 상원은 일체의 복제를 금지하고자 하는 의원들과 생식을 위한 복제는 금지하되 줄기 세포 연구와 재생의학(regenerative medicine)을 위한 복제는 허용하려는 의원들로 나눠져 있다.[5] 생식을 위한 복제의 경우와 마찬가지로

---

5) 인간 복제에 대한 미국에서의 논쟁을 위해서는 Leon R. Kass, ed., *Human Cloning and Human Dignity : The Report of the President's Council on Bioethics* (New York : Public Affairs, 2002)을 참조하시오.

자율성과 권리란 개념 그 자체가 줄기 세포 연구와 재생의학을 위한 복제의 도덕적 문제를 해결할 수는 없다. 그 이유는 줄기 세포 연구를 위한 복제의 도덕적 허용 가능성을 평가하기 위해서는 우리가 초기 배아의 도덕적 지위를 결정할 필요가 있기 때문이다. 수정 후 6일된 착상 이전의 배아 또는 미분화 배아 세포체(blastocyst)가 도덕적으로 사람과 동등하다면, 줄기 세포를 배아로부터 추출해내는 것은 그것이 설사 파킨슨병이나 당뇨병과 같은 치명적인 질병을 치료하기 위한 것이라 하더라도 잘못된 일이다. 만약 배아가 사람이라면, 모든 치료적 복제가 금지되어야 할 뿐 아니라 모든 배아 줄기 세포 연구가 금지되어야 한다.

배아의 도덕적 지위를 다루기 전에 나는 생명 의료 연구를 위한 복제에 반대하는 영향력 있는 한 주상을 고려하고자 한다. 이 주장은 배아 줄기 세포 연구 그 자체를 반대하는 것에 가깝다. 복제 연구에 반대하는 몇몇 사람들은 만약 연구가 불임 치료 후 남은 "잉여" 배아를 사용한다면 배아 줄기 세포 연구를 지지하고 있다.[6] 그들이 문제 삼는 것은 연구를 위한 배아의 계획적 생산이다. 그러나 체외 수정(IVF) 시술은 (최소한 미국에서는) 궁극적으로 착상시키고자 하는 것보다 많은 수정된 난자를 만들어내고 있기 때문에 연구를 위한 잉여 수정란 사용에는 어떤 잘못도 없다고 주장한다. 다시 말해 잉여 배아가 어쨌든 폐기될 것이라면, 잠재적으로 생명을 구할 연구를 위해 (기증자

6) 나는 이 주장을 "The Anti-Cloning Conundrum", *The New York Times*, May 28, 2002, p. A19에서 좀더 충분히 논의하였다.

의 동의와 함께) 잉여 배아를 사용하는 것은 왜 안 되느냐는 것이다.

이것은 유의미한 구분처럼 보인다. 그러나 좀더 면밀히 검토해보면 이 구분은 유지되지 못한다. 왜냐하면 이 구분은 애초에 "잉여" 배아가 만들어져야 하는가 그렇지 않은가라는 선결 문제를 요구하기 때문이다. 다음을 고려해보자. 치명적인 질명을 치료하거나 처치하기 위해 배아를 만들어내고 희생시키는 것이 비도덕적이라면, 불임을 처치하는 과정에서 잉여의 체외 수정 배아를 만들어내고 폐기하는 것은 왜 반대할 만한 것이 아닌가? 또는 상반된 입장에서 위 주장을 살펴보자. 체외 수정으로 배아를 만들어내고 희생시키는 것이 도덕적으로 받아들일 만한 것이라면, 줄기 세포 연구를 위해 배아를 만들어내고 희생시키는 것 역시 왜 받아들일 만한 것이 못 되는가? 결국 이 두 행위 모두 가치 있는 목적에 기여하고 있다. 그리고 파킨슨병과 당뇨병 같은 질병을 치료하는 것은 최소한 불임 부부가 자신들과 유전적으로 관련된 아이들을 가질 수 있게 하는 것만큼 중요하다.

물론 생명 윤리는 목적뿐 아니라 수단에 대해서도 고려한다. 연구용 배아를 만들어내는 데 반대하는 사람들은 그것이 착취이고 배아를 적절하게 존중하지 않는 것이라고 주장한다. 그러나 파괴될 운명인 잉여 배아를 만들어내는 불임 처치에 대해서도 동일한 주장이 가능하다. 사실상 최근 한 연구는 미국 불임 클리닉에서 약 40만 개의 냉동 배아가 영국에서는 5만 2000개, 호주에서는 7만 1000개의 냉동 배아가 고통 받고 있음을 밝혔다.7)

나의 주장이 옳다면 이것은 체외 수정에서의 잉여 배아에 대한 줄기 세포 연구와 연구를 위해 만들어진 배아(자연적인 방법으로든 복제에 의해서든)에 대한 줄기 세포 연구가 도덕적으로는 동등하다는 것을 보여준다. 이 결론은 배아의 도덕적 지위에 대해 서로 다른 견해를 지닌 사람들에 의해서도 받아들여질 수 있다. 줄기 세포 연구를 위한 복제가 배아에 대한 적절한 존중을 어기는 것이라면 잉여의 체외 수정 배아에 대한 줄기 세포 연구도 마찬가지이고 잉여 배아를 만들어내고 폐기하는 어떤 형태의 체외 수정도 마찬가지다.

위 행위들이 도덕적으로는 함께 존속되거나 폐기된다면, 이 행위들이 지탱되는지 폐기되는지 묻는 게 남았다. 그리고 그 대답은 배아의 도덕적 지위에 의존한다.

배아의 도덕적 지위

배아의 도덕적 지위에 대해 그것을 사물, 사람 또는 이들 사이에 있는 어떤 것으로 생각하는 세 가지 방식이 가능하다. 배아를 우리가 원하거나 고안한 어떤 용도로도 사용이 가능한 단지 사물로 간주하는 것은 나에게는 발생 중인 인간 생명이 지닌 중요성을 놓치는 것이다. 그렇다고 배아가 존중받을 대상이라고 생각하기 위해 그것을 완전한 사람으로 간주할 필요는 없다.

7) Nicholas Wade, "Clinics Hold More Embryos Than Had Been Thought", *The New York Times*, May 9, 2003, p.24.

왜냐하면 사람임(personhood)이 존중을 보증하는 유일한 것이 아니기 때문이다. 우리는 경솔한 여행자가 아주 오래된 거목에 자신의 이름을 새겼을 때 그것을 존중의 결여로 간주한다. 이것은 우리가 그 거목을 사람으로 간주하기 때문이 아니라, 그 진가를 음미하고 경외할 만한 가치가 있는 자연의 경이로움으로 간주하기 때문이다. 진가의 음미나 경외는 거목을 광고판 정도로 취급하거나 하찮은 오만함을 위해 거목을 손상하는 것과는 양립할 수 없는 존중의 양태다. 오랜 기간 성장해온 숲을 존중한다는 것은 인간이 추구하는 목적을 위해 어떤 나무도 베어버릴 수 없다거나 획득할 수 없다는 것을 의미하지 않는다. 그 숲을 존중한다는 것은 그것을 사용하는 것과 병존할 수 있다. 그러나 사용 목적이 중대해야 하고 사물의 경이로운 본성에 적절한 것이어야 한다.

발생 중인 인간 생명을 대상화하고 격하시키는 태도에 반대하는 한 방법은 완전한 사람임을 배아에 귀속시키는 것이다. 나는 이것을 "도덕적 지위동등론(equal moral status view)"이라 부를 것이다. 이 견해를 평가하는 방법은 그 함축들을 끄집어내서 그것들이 그럴 듯한지 평가해보는 것이다. 다음 상황을 고려해보자. 한 불임 클리닉에서 화재가 발생했다고 해보자. 여러분은 다섯 살 난 소녀를 구하거나 아니면 10개의 배아가 들어 있는 트레이를 가지고 나올 시간이 있다. 이 상황에서 소녀를 구하는 것은 잘못인가?[8)]

---

8) 나는 이 가설에 대해 조지 애너스(George Annas)에게 빚지고 있다. 그는 "A French Homunculus in a Tennessee Court", *Hastings Center Report* 19(6) : 20-22, November, 1989에서 이 가설을 제시하였다.

도덕적 지위동등론의 또 다른 함축은 6일된 미분화 배아 세포체로부터 줄기 세포를 획득하는 것은 어린아이로부터 장기를 획득하는 것만큼이나 도덕적으로 혐오스럽다는 것이다. 그러나 정말 그러한가? 만약 혐오스럽다면, 현재 제안된 미국 복제금지법에서 제시하는 제재 ─ 100만 달러 벌금과 10년 구금형 ─ 는 통탄할 만큼 부적절한 것이다. 만약 배아 줄기 세포 연구가 어린아이로부터 장기를 빼앗는 것과 도덕적으로 동일하다면 이것은 섬뜩한 살인의 형태로 취급되어야 하고 이것을 수행하는 과학자는 종신형이나 (몇몇 미국 주에서는) 사형이 언도되어야 한다.

도덕적 지위동등론이 지닌 또 다른 문제점은 자연적 임신에서 최소한 모든 배아의 반 정도가 착상에 실패하거나 그렇지 않으면 유산된다는 사실에 있다. 이 사실에 대해 영아의 높은 사망률은 영아 살해를 정당화하지 못하는 것과 같이 이 경우도 마찬가지라고 말함으로써 대응할 수 있을 것이다. 그러나 우리가 배아의 자연적 손실이나 심지어 초기 유산에 대응하는 방식은 이런 손실이나 유산을 도덕적으로나 종교적으로 영아 사망과 동등한 것으로 간주하고 있지 않음을 보여준다. 그렇지 않다면 우리는 어린아이가 사망했을 때 따르는 장례 예식과 똑같은 예식을 배아의 유실에 대해서도 치러야 하지 않을까?

배아가 사람이라는 확신은 종교적 교설로부터 뿐 아니라 도덕 세계는 둘로 나뉘어 있다는 칸트주의자의 가정으로부터 지지를 얻고 있다. 칸트주의자의 가정은 모든 것은 사람이거나 사물이며, 사람이라면 존중할 가치가 있고 사물이라면 사용에 개방적이라고 가정한다. 그러나 이 이분법은 과도한 구분이다.

현대 기술과 상업이 도구화하려는 충동과 싸우는 방법은 사람이면 존중하고 사람 아닌 나머지 생명은 공리주의적 계산법에 맡기는 식의 존중의 윤리를 주장하는 것이 아니다. 그런 윤리는 모든 도덕적 질문을 사람임의 경계에 대한 싸움으로 전환시키는 위험이 있다. 우리는 생명을, 우리의 존경을 요구하고 우리의 사용을 제한하는 은총(gift)으로 여기는 좀더 폭넓은 이해를 함양하는 것이 좋을 것이다. 맞춤 아기를 만들어내는 인간 복제는 은총으로서의 생명에 대한 존경심을 상실했음을 나타내는 극단적 오만함의 표현이다. 그러나 복제되었든 아니든 6일된 미분화 배아 세포체를 사용하며 질병을 치료하려는 줄기 세포 연구는 인간의 재능을 고귀하게 사용하는 것으로 치료를 증진하고 주어진 세계를 개선하는 데 우리가 할 수 있는 것을 수행하는 것이다.

배아 공장, 난자와 접합체의 상용화와 같은 미끄러운 경사길 논증을 경고하는 사람들의 걱정은 옳으나 생명 의료 연구를 위한 복제가 이러한 위험들을 반드시 열어놓을 것이라고 가정하는 것은 잘못이다. 줄기 세포 연구를 위한 복제와 다른 형태의 배아 연구를 금지하느니 차라리 인간 생명의 시작이 지닌 신비에 합당한 도덕적 제한을 구체화한 법률의 통제를 받으면서 배아 연구가 진행되도록 허용해야 한다. 그러한 법률은 배아 연구 기획과 불임 클리닉에 대한 허가를 필수 요건으로 하고, 난자와 정자의 상용화에 대한 규제와 줄기 세포주에 대한 접근을 민간 자본이 독점하는 것을 막는 조치들을 포함해야 한다. 이런 접근이 나에게는 발생 중인 인간 생명을 함부로 사용하는 것을 피하면서 아울러 생명 의료 발전을 인간 감수성이 손상된 일화라기보다 건강을 위한 축복으로 만드는 최선의 희망을 제공하는 것 같다.

생식을 위한 복제의 윤리

나는 이제 생식을 위한 복제의 윤리 그리고 유전공학에 대한 폭넓은 질문을 다루고자 한다. 생식을 위한 인간 복제를 금지하는 사례를 생각해보는 것은 최소한 현재는 어렵지 않다. 왜냐하면 많은 과학자들은 이 복제가 안전하지 않고 심각한 기형과 선천적 결함을 유발할 수 있다는 데 동의하기 때문이다. 그러나 어느 날 복제를 통해 아이를 출산하는 것이 자연적 출산보다 더 위험하지 않게 되었다고 가정해보자. 많은 사람들은 생식을 위한 인간 복제가 여전히 윤리적으로 반대할 만한 것이라고 생각하고 있으며 나도 동의하는 바다. 그러나 그 이유를 말하기는 쉽지 않다.

복제에 반대하는 자율성 논증은 설득력이 없다. 왜냐하면 이 논증은 유전자를 설계하는 부모가 없다면 아이들이 자신들의 신체적 특질을 스스로 선택할 수 있음을 함축하고 있기 때문이다. 그러나 이것은 잘못된 함축이다. 우리들 중 어느 누구도 자신의 유전적 유산을 선택할 권리를 지니고 있지 않다. 복제되거나 유전적으로 향상된 아이에 대한 대안은 자율적인 아이가 아니라 유전적 제비뽑기에 맡겨진 아이이다.

혹자는 복제가 자연적인 유성 생식에서 벗어난 것이기 때문에 잘못이라고 주장한다.[9] 그러나 이 반대 역시 문제의 핵심을 짚지 못하고 있다. 생식을 위한 복제가 도덕적으로 문제가 되는 것은 복제의 주된 목적이 특정 종류의 아이들을 만들어낸다는 점이다. 이런 관점에서 유전공학의 다른 형태들과 유사한데, 부모는 유전공학을 이용해 자녀의 특질 — 성별, 눈 색깔, 아마도 언젠가는 심지어 지적인 속성, 체육 특기, 음악적 재능 — 을 선택하고자 한다. 몇몇 기이한 자기 도취자는 자신의 유전적 복제아를 만들고자 열망할지 모르나 맞춤 아이들을 위한 실제 시장은 다른 곳, 즉 부모가 자신보다 유전적으로 월등한 아이를 생산하고자 하는 욕망에 있다.

자녀의 유전적 특성을 통제하고자 하는 욕망이 바로 윤리적 논쟁의 핵심이다. 생식을 위한 복제가 지닌 도덕적 문제는 복제가 성과 관련을 맺고 있지 않는다는 특성에 있는 것이 아니라, 아이들이 은총이라는 이해를 공격하고 아이를 소유나 우리 의지의 기획이나 행복의 수단으로 이해하는 데 있다. 혹자는 복제와 유전공학은 부모가 결국 특정 종류의 아이, 즉 "맞춤 아이"를 생산하는 데로 나아가는 다른 방편들과 원리상 차이가 없다고 반박할 수 있다. 그러나 이런 의견은 복제를 받아들어야 하는 이유를 제시한다기보다 자녀 양육의 현 풍속에 대해 걱정할 만한 이유를 제공하는 것일 수 있다.

인간 복제와 생명공학에서 가장 문제가 되는 것은 이것들이

---

9) Leon R. Kass and James Q. Wilson, *The Ethics of Human Cloning* (Washington, D.C. : AEI Press, 1998), 여기서 Kass는 성적 생산으로부터의 이탈을 강조하였다.

급진적인 일탈이기 때문이 아니라, 우리 문화 속에 특히 아이들을 대하고 다루는 방식에 이미 존재하는 문제가 있는 경향을 드러내고 있기 때문이다. 우리는 아이들을 우리 자신의 야망이나 성취를 위한 수단으로 간주하는 길을 이미 어느 정도 걸어왔다. 맞춤 아이를 생산하고자 하는 충동은 이미 유혹이 되었고, 사회적 관행에 존재한다. 신비와 한계가 가득 찬 은총으로서의 생명이란 개념이 공격받고 있다. 아이들을 생산하기 위한 복제가 위협적인 이유는 정확히 말해 복제가 위에서 언급한 경향과 유혹을 최대한 드러내고 있다는 점 때문이다.

성별 선택

아마도 생명공학의 가장 피할 수 없는 비의료적 사용은 성별 선택이다. 여러 세기 동안 부모는 아이들의 성을 선택하고자 시도해왔다. 오늘날 생명 기술은 민간 요법이 실패했던 곳에서 성공을 거두었다. 성별 선택을 위한 하나의 양수 천자(ammniocentesis. 양수를 얻기 위해 복벽을 통해 자궁 안으로 천공을 행하는 시술)와 초음파를 사용한 산전 진단과 함께 발생했다. 이러한 의료 기술들은 척추이분증(spina bifida)과 다운증후군 같은 유전적 이상을 진단하기 위해 개발되었다. 그러나 이 기술들은 또한 태아의 성을 알 수 있게 하고 원하지 않는 성의 태아를 낙태할 수 있게 한다. 심지어 낙태 권리에 찬성하는 사람들도 부모가 단지 여아를 원치 않기 때문에 낙태에 반대한다. 그럼에도 불구하고 남아에 대한 강력한 문화적 선호를 지닌 전통적 사회에서는 이런 관행이 만연하게 되었다.

하지만 성별 선택이 낙태와 관련될 필요는 없다. 체외 수정을 감당해야 하는 부부에게는 수정된 난자가 자궁에 착상되기 전, 아이의 성을 선택하는 것이 가능하다. 한 방법은 유전병을 스크린하기 위해 개발된 과정인 착상 전 유전 진단(pre-implantation genetic diagnosis : PGD)을 활용한다. 다수의 난자가 페트리 접시에서 수정되고 8세포기 상태(수정 후 3일 정도)까지 성장시킨다. 이 시점에서 배아들은 성을 확인하기 위해 진단된다. 원하는 성의 배아들은 착상되고 다른 것들은 대개 폐기된다. 단지 아이의 성을 선택하기 위해 어떤 부부도 체외 수정의 힘겨움과 비용을 감당할 것 같지 않지만 배아 스크린은 성을 선택하는 매우 신뢰할 만한 수단이다. 그리고 유전 지식이 증대됨에 따라 원하지 않는 유전자, 예를 들어 비만, 신장, 피부색과 관련된 원하지 않는 유전자를 지닌 배아를 추려내기 위해 착상 전 유전 진단을 사용하는 것이 가능하다. 공상 과학 영화 「가타카(Gattaca)」는 부모가 성, 신장, 질병에 대한 면역성, 심지어 IQ를 알기 위해 배아를 정기적으로 스크리닝하는 미래를 묘사하고 있다. 「가타카」 시나리오에는 문제점이 있다. 하지만 아이들의 성을 선택하기 위한 배아 스크리닝에서 무엇이 잘못인지 정확히 집어내기는 쉽지 않다.

한 반대 노선은 낙태 논쟁에서와 유사한 주장을 내놓는다. 배아가 인간이라고 생각하는 사람들은 낙태에 반대하는 동일한 이유로 배아 스크린에 반대한다. 페트리 접시에서 성장하고 있는 8세포기의 배아가 도덕적으로 완전히 발달한 인간과 동등하다면, 그것을 폐기하는 것은 태아를 낙태보다 나을 게 없고 둘 다 영아 살해에 해당한다. 그러나 이런 생명옹호론측의 반대는 그것의 장점이 무엇이든 간에 성별 선택 그 자체에 반대하는 주장은 아니다.

배아의 도덕적 지위 문제로 인해 명확하게 드러나게 된 성별 선택의 문제가 최신 기술에 의해 다시 제기되고 있다. 버지니아주 페어팩스 시 소재 불임 클리닉인 유전학 및 체외수정연구소(The Genetics & IVF Institute)는 임신 전에 수정란의 성별 선택을 가능하게 만드는 정자 분류 기술을 제공하고 있다. X염색체를 지녀 여아를 산출하는 정자는 Y염색체를 지녀 남아를 산출하는 정자보다 더 많은 DNA를 지니고 있다. 유량세포측정기(flow cytometer)라 불리는 장치는 이들 정자를 분리해낼 수 있나. 마이크로소트(MicroSort)라 불리는 이 과정은 성공률이 높다.

정자 분류에 의한 성별 선택이 반대할 만하다면 이것은 배아의 도덕적 지위에 대한 논쟁을 넘어선 다른 이유 때문이어야 한다. 이런 이유 중 하나는 성의 선택이 성차별 — 인도, 중국, 한국에서의 놀랄 만한 성비가 보여주는 것처럼 대개 여아에 대한 차별 — 의 한 형태라는 점이다. 혹자는 여자보다 남자가 상당히 많은 사회는 덜 안정적이고 좀더 폭력적이고 범죄나 전쟁이 일어나기 쉽다고 생각한다. 이것은 납득할 만한 우려다. 하지만 정자 분류 회사는 이런 우려에 대응하는 현명한 방법을 가지고 있는데, 이 회사는 "가족 균형"의 목적을 위해 아이의 성을 선택하고자 하는 부부에게만 마이크로소트를 제공하고 있다. 딸보다 아들이 많은 부부는 여아를 선택할 수 있고, 아들보다 딸이 많다면 아들을 선택할 수 있다. 그러나 소비자는 동일한 성의 아이를 만들기 위해 또는 심지어 첫 아이의 성을 선택하기 위해 이 기술을 사용할 수는 없다. (참고로 지금까지 대부분의 마이크로소트 이용 고객은 여아를 선택했다.) 이런 종류의 제한 규정 아래에서라면 우리가 잠시 생각해보아야 할 어떤 윤리적 문제가 있는가?

마이크로소트의 사례는 유전적 개량 기술이 안전하고 모두에게 이용 가능하게 되더라도 계속 견지해야 할 도덕적 반대가 무엇인지 구별해내는 데 도움을 준다.

맞춤 아이와 통제의 추구

유전적 개량은 자유롭게 행위하고, 노력으로 성공하고, 우리 자신이 우리가 수행한 것과 우리의 존재 방식에 책임이 있다—즉, 칭찬받을 만하거나 비난받을 만하다—고 여기는 우리 능력을 위협함으로써 인간성을 침해한다고 흔히 말해졌다. 잘 통제된 훈련과 노력의 결과로 70개의 홈런을 치는 것과, 스테로이드나 유전적으로 개량된 근육의 도움으로 70개의 홈런을 치는 것은 다르다. 물론 노력과 개량의 역할은 정도의 문제일 것이다. 그러나 개량의 역할이 증대되었을 때 성취에 대한 우리의 찬사는 사라진다. 아니 오히려 성취에 대한 우리의 찬사는 선수로부터 그 선수의 약사에게로 옮겨진다. 이것은 개량에 대한 우리의 도덕적 반응이란 향상된 성취를 이룬 사람이 행한 축소된 작용에 대한 반응임을 보여준다.

이 주장에 대해 말해야 할 것은 많지만 나는 개량과 유전공학의 주된 문제점은 이것들이 노력을 저해하고 인간이 해야 하는 작용에 손상을 준다는 점이다. 더 심각한 위험은 개량과 유전공학이 일종의 과도 작용자라는 점, 즉 인간 본성을 포함한 자연을 재제작하여 인간의 목적에 기여하도록 하고, 우리의 욕망을 만족시키고자 하는 프로메테우스 식 열망이라는 점이다. 문제는 기계주의로 향하고 있다는 것이 아니라 통제에 대한 욕구다. 통제에 대한 욕구로 인해 놓쳐버리고 심지어 파괴될 수 있는 것은 인간의 능력과 성취가 지닌 은총으로서의 성격에 대한 이해다.

삶이 은총으로서 주어진 것임을 인정하는 태도는, 비록 우리의 재능과 능력을 계발하고 발휘하는 데 노력을 기울였음에도 불구하고 우리 재능과 능력이 완전히 우리 자신이 한 것 때문만은 아님을 인식하는 것이다. 이것은 또한 세계에 있는 모든 것이 우리가 원하거나 고안해낼 수 있는 어떤 용도로도 사용 가능한 것이 아님을 인식하는 것이다. 은총으로 주어지는 생명의 특질을 이해하는 것이 프로메테우스 식 기획을 제한하고 우리를 겸손으로 이끈다. 이것은 부분적으로는 종교적 감수성이다. 그러나 이것이 불러일으키는 반향은 종교를 넘어선다.

은총으로 주어짐(giftedness)의 윤리는 육아 관행에 계속 남아 있다. 하지만 생명공학과 유전적 개량은 이 윤리를 없애버릴 것 같다. 아이들을 은총으로 이해하는 것은 아이들을 설계의 대상이나 의지의 산물이나 우리 야망의 도구로서가 아니라 생긴

그대로의 아이들을 받아들이는 것이다. 부모의 사랑은 아이가 지니게 된 재능이나 특성에 달려 있지 않다. 우리는 친구와 배우자를 최소한 부분적으로는 우리가 매력적이라고 발견한 특성에 근거해서 선택한다. 그러나 우리는 아이들을 선택하지 않는다. 아이들의 특질은 예측할 수 없고 심지어 대부분의 부모는 자신들이 갖게 된 종류의 아이들에 전적으로 책임질 수도 없다. 이것이 바로 신학자 메이(William F. May)가 "우연에 열려 있음(openness to the unbidden)"이라고 부른 것을 다른 어떤 인간 관계보다도 부모 됨에서 배우는 이유다.

반향을 일으키는 메이의 문구는 우리가 개량에 대한 가장 깊이 있는 도덕적 반대가 개량이 추구하는 완전함에 있다기보다 그것이 드러내고 증진시키고자 하는 인간의 경향성에 있음을 보게 하는 데 도움을 준다. 문제는 부모가 자신들이 설계한 아이의 자율성을 빼앗아버린다는 점이 아니다. 문제는 설계하는 부모의 오만, 출생의 신비를 통제하려는 욕구에 있다. 이런 경향성이 부모가 아이들에게 전제 군주와 같은 존재가 되게 하는 것은 아님에도 불구하고, 이 경향성은 부모와 아이 사이의 관계를 변형시킬 것이고, 부모에게서 우연에 열려 있음으로 배양될 수 있는 겸손과 확장된 인간적 동정을 빼앗을 것이다.

물론 아이들을 은총이나 축복으로 간주하는 것은 질병에 직면했을 때 수동적이어야 한다는 것을 의미하지는 않는다. 질병의 치료나 예방 또는 부상자를 회복시키는 의료적 개입은 자연을 모독하는 것이 아니라 존중하는 것이다. 병이나 부상을 치료하는 것은 아이의 자연적 능력을 침해하는 것이 아니라 이 능력이 풍성하게 자라나도록 하는 것이다.

은총으로서의 생명의 의미는 부모가 아이의 발달을 형성하고 방향지우는 것은 삼가야 한다는 것을 의미하지 않는다. 육상 선수와 예술가가 자신의 재능을 계발해야 할 의무를 지닌 것처럼 부모는 아이들의 능력을 계발하고 그들이 자신의 능력과 재능을 발견하고 펼치는 데 도움을 줄 의무를 지닌다. 우리 아이들을 변화시키고 영향을 주어야 한다는 명령, 즉 그들의 능력을 계발하고 향상시켜야 한다는 명령은 개량에 대한 반대를 복잡하게 만든다. 우리는 흔히 아이들에 대한 최선을 추구하는 부모 그래서 아이들이 행복과 성공을 얻는 데 어떤 수고도 아끼지 않는 부모를 칭찬한다. 어떤 부모는 아이들을 비싼 학교에 보내고, 과외 교사를 고용하고, 테니스 캠프에 보내고, 피아노와 발레, 수영 교습 등을 시킴으로써 아이들에게 이익을 주고자 한다. 부모가 이런 방식으로 아이들을 돕는 것이 허용되고 심지어 칭찬할 만한 것이라면, 부모가 아이들의 지능, 음악적 재능이나 체육 특기를 향상시키기 위해서 앞으로 등장할 수 있는 어떤 유전적 기술이든 (안전하다면) 부모가 사용하는 것은 왜 마찬가지로 칭찬할 만한 것이 못 되는가?

개량의 옹호자들은 어느 정도는 옳다. 왜냐하면 유전공학을 통해 아이들을 향상시키는 것이 지금 일반화돼버린 철저한 관리와 높은 강도의 자녀 양육과 그 정신에서 매우 유사하기 때문이다. 그러나 이 유사성은 유전적 개량이 옳다는 것을 보이지 못한다. 오히려 이 유사성은 "과다 양육"에 대한 경향이 지닌 문제점을 부각시킨다. 쉽게 주목할 수 있는 이런 경향의 예는 아이들을 챔피언으로 만들려고 하는 스포츠에 미친 부모들이다. 또 다른 예는 아이들의 학업을 관리하는 위압적인 부모의 통제할 수 없는 욕구다.

어떤 이들은 유전적 개량과 사람들이 자신과 아이들에게서의 향상을 추구하는 다른 방식들 사이에 명백한 선이 있다고 한다. 유전적 조작은 성과를 향상시키고 성공을 추구하는 다른 방식들보다 더 나쁜 것 같다. 더 주제넘은 참견이고 사악한 것이다. 그러나 도덕적으로 말해, 이 차이는 중요한 것처럼 보인 것보다는 사실 덜 중요하다. 생명공학은 우리가 흔히 받아들이는 낮은 기술 높은 강도의 자녀 양육 관행을 의문시할 이유를 제공해준다. 우리 시대에 친숙한 과다 양육은 은총으로서의 생명의 의미를 놓치게 하는 과도한 통제와 지배를 나타낸다. 이것은 걱정스럽게도 과다 양육과 우생학을 가깝게 만든다.

우생학의 문제

유전공학 및 유전적 개량에 관한 오늘날의 논쟁에는 우생학의 그림자가 드리워져 있다. 유전공학에 대한 비판자들은 인간 복제, 개량, 맞춤 아기를 원하는 것은 "사유화된" 우생학 또는 "자유 시장" 우생학에 지나지 않는다는 논변을 편다. 반면 개량의 옹호자들은 자유로운 상태에서 행해진 유전적 선택은 사실상 우생학이 아니라고, 적어도 경멸적인 의미의 우생학은 아니라고 항변한다. 강압의 문제가 해결된다면 우생학적 정책에 반대할 이유가 없다고 그들은 주장한다.

우생학의 교훈을 가려내는 것은 개량의 윤리와 씨름하는 또 다른 방식이다. 우생학은 나치 때문에 오명을 뒤집어썼다. 그러나 정확히 우생학의 어떤 점이 잘못되었나? 과거 우생학이 강압적이었다는 이유만으로 반대하는가? 아니면 우리 자손의 특질을 계획적으로 디자인하려는 결심이 본질적으로 잘못된 것인가?

프란시스 크릭과 더불어 DNA의 구조를 발견한 생물학자 제임스 왓슨은 국가에 의한 강제가 아니라 자유롭게 선택된 것이라면 유전공학과 개량이 나쁠 게 없다는 생각을 품고 있다. 왓슨의 발언은 과거 우생학에 대한 단순한 호감 이상이다. 그는 최근 런던의 『타임즈(*The Times*)』와의 인터뷰에서 "만약 당신이 진정으로 어리석다면 나는 그걸 질병이라고 부르겠다"고 말했다. "초등학교 때부터 계속 열등한 하위 10%의 원인은 무엇인가? 많은 이들은 '빈곤이나 뭐 그런 거겠지'라고 말한다. 아마 그렇지 않을 것이다. 그래서 나는 그 질병의 원인을 제거해 하위 10%에 도움을 줄 작정이다"라고 한 적이 있다. 몇 년 전, 만약 동성애 유전자가 발견된다면 그 유전자를 보유한 태아를 임신한 여성은 낙태해도 좋다는 왓슨의 발언을 둘러싸고 논쟁이 일었다. 발언이 문제되자 그는 자신의 주장이 동성애자들을 걸러내자는 게 아니라, 하나의 원칙을 주장했던 것이라고 응수했다. 그 원칙이란, 어떠한 유전적 선호 때문이든, 예컨대 아이가 독서장애나 음악에 재능이 없거나 농구하기에 키가 너무 작을 경우라도, 여성은 그런 태아를 자유롭게 낙태해도 좋다는 것이다.

낙태는 입에 담을 수 없는 범죄라는 사람들에게 왓슨의 시나리오란 당연히 있을 수 없는 일이다. 그러나 생명옹호론을 받아들이지 않는 사람들에게 이 시나리오는 다음과 같은 어려운 문제를 제기한다. 만약 동성애 아이나 독서 장애아를 피하기 위한 낙태를 심사숙고하는 것이 도덕적으로 곤란한 일이라면, 이는 국가의 강압이 없을 때조차도 우생학적 선호에 따른 모든 행위들이 잘못임을 시사하는 게 아닌가?

정자, 난자 시장을 생각해보라. 인공 수정이 출현하자 예비 부모들은 그들이 원하는 유전적 특질을 가진 배아 쇼핑에 나선다. 맞춤 아기는 복제나 착상 전 유전 진단에 비해 예상이 잘 안 되긴 하지만, 그것은 과거의 우생학이 새로운 소비자 중심주의와 만나는 생식 시술의 좋은 예를 보여준다. 수년 전 아이비리그대학교 신문에 난자를 구한다는 광고가 실렸는데, 신장 175cm 이상에 운동 잘하고 질병이 없는 가족력에 SAT 총점이 1400점 이상인 여학생이라는 조건이었다. 이 조건을 갖춘 기증자에게는 5만 달러를 주겠다는 내용이었다. 최근에는 한 인터넷 경매 사이트가 패션 모델들의 사진을 올려놓고 난자를 경매한다는 사이트가 생겼다. 경매가는 1만 5000에서 시작하여 15만 달러까지였다.

난자 시장에 반대할 도덕적 근거가 대체 무엇인가? 아무도 매매를 강제 받지 않았으므로, 강압을 이유로 난자 시장이 잘못되었다고 말할 수는 없다. 난자에 매겨진 높은 가격 때문에 그걸 거절 못하는 가난한 여성들이 착취당할 것이라고 우려하는 사람들이 있을 것이다. 그러나 가장 비싼 맞춤 난자들은 가난한 여성들이 아니라 특권 계급 여성들의 것일 공산이 크다. 고급

난자 시장에 대해 우리가 도덕적인 불쾌감을 느낀다면 이 또한 우리가 우생학을 우려하는 이유가 선택의 자유 때문이 아니라는 점을 보여주는 것이다.

다음의 정자은행 두 곳의 이야기가 그 이유를 설명해준다. 미국 최초 정자은행 중 하나인 정자선별보관소(The Repository for Germinal Choice)는 영리 사업체가 아니었다. 1980년에 설립된 이 은행의 설립자 그래햄(Robert Graham)은 세상의 "생식원형질(germ plasm)"을 개선하고 "퇴화하는 인간들"의 출현에 맞서 행동했던 헌신적인 박애주의자였다. 그의 계획은, 노벨상을 수상한 과학자들의 정자를 채집해 지능이 높은 여성들에게 제공함으로써 슈퍼 스마트 베이비들을 탄생시키는 것이었다. 그러나 그의 기괴한 계획 때문에 노벨상 수상자들의 정자를 기증받는 데 어려움을 느낀 그래함은 그 대신 장래가 촉망되는 젊은 과학자들의 정자를 채집하는 것으로 만족해야 했다. 그래함의 정자은행은 1999년에 문을 닫았다.

대조적으로, 세계적인 정자은행인 캘리포니아 크리오뱅크(Cryobank)는 우생학 사업을 표면에 드러내지 않는 영리 사업체다. 이 회사의 공동 설립자이자 의사인 로스먼(Cappy Rothman)은 그래함의 우생학을 경멸하지만, 크리오뱅크가 정자 수집에 적용하고 있는 표준은 똑같다. 크리오뱅크 지사는 매사추세츠주 케임브리지 시 소재 하버드대학교와 MIT대학교 중간에도 있고, 캘리포니아 주 스탠포드대학교 인근의 팔로 알토 시에도 있다. 대학 신문에 난 정자기증자(최고 900달러 보상) 모집 광고를 보고 이 회사를 찾아온 남학생들의 합격률은 5%에도 못

미친다. 이 회사는 크리오뱅크의 상품이 최고 품질이라고 선전한다. 상품 카탈로그에는 각 기증자의 신체적 특징에 대한 자세한 정보와 함께, 인종과 대학 전공이 수록되어 있다. 추가 비용을 내면 기증자의 체질과 성격 유형을 평가한 테스트 결과를 구매할 수 있다. 로스만의 전언에 따르면, 크리오뱅크의 이상형 기증자는 신장 180cm, 갈색 눈동자, 금발, 양쪽 볼에 보조개를 가진 대학 졸업생이다. 회사가 이러한 특질들을 널리 퍼뜨리려고 해서가 아니라, 고객들이 이러한 특질을 원하기 때문이라고 로스먼은 말한다. "만약 고객이 고교 중퇴자를 원한다면 우린 기꺼이 고교 중퇴자를 드릴 겁니다."

모든 사람들이 정자 매매에 반대하는 것은 아니다. 그러나 노벨상 수상자 정자은행의 우생학적 측면을 걱정한다면, 소비자의 눈높이에 맞춘 크리오뱅크도 똑같이 걱정해야 한다. 결국, 명시적으로 드러난 우생학적 목적에 따른 맞춤 아기 생산과 시장의 지시에 따른 맞춤 아기 생산 사이에 도덕적으로 무슨 차이가 있는가? 인류의 "생식 원형질"을 개선하든 소비자들의 기호에 영합하든 그 목표가 무엇이든 간에, 두 가지 행태는 아이들을 계획적인 디자인의 산물로 만든다는 점에서 공히 우생학적이다.

다수의 정치 철학자들이 새로운 "자유주의적 우생학"을 요청하고 있다. 그들은 과거의 낡은 우생학 정책과 아동의 자율성을 제한하지 않는 유전적 개량 사이에 도덕적 구분선이 그어질 수 있다는 논변을 편다. 아가(Nicholas Agar)는 "구식의 권위주의적 우생학자들은 시민들을 하나의 중앙 집권적적으로 설계된

틀에서 구워내려고 시도했지만, 새로운 자유주의 우생학의 가장 큰 특징은 국가로부터 중립적이란 점이다." 정부는 부모들에게 이러저러한 맞춤 아기들을 생산하라고 요구해선 안 되고, 부모들은 아이들의 인생 계획의 선택에 대해 어떤 편견도 없이 오로지 아이들의 역량을 개량하는 특질만을 엔지니어링할 수 있다. 유전학과 정의(正義)에 관해 최근 출간된 책의 공저자인 뷰캐넌, 브록, 다니엘스, 위클러는 유사한 견해를 제시한다. "지금까지 우생학이 받아왔던 나쁜 평판은 미래의 우생학 프로그램에서는 피할 수 있을지도 모른다." 과거 우생학의 문제점은 약자와 빈자들이 부당한 불임 시술을 받고 격리되는 등 우생학의 부담이 그들에게 불균형적으로 지워졌다는 데 있었다. 그러나 만약 유전적 개량에 따른 이득과 부담이 공평하게 분배된다면 우생학적 수단에 반대할 이유가 없을 뿐 아니라 도덕적인 요구사항이 될지도 모른다는 게 이들 생명윤리학자들의 주장이다.

자유지상주의 철학자 노직은 사회 전체가 단일 디자인을 택하는 게 아니라 개별 부모들이 디자인별로 자녀를 주문할 수 있는 "유전적 슈퍼마켓"을 제안했다. "미래 인간 유형을 정하는 중앙 집권적 결정이 없다는 점에서 이 슈퍼마켓은 큰 장점이 있다"고 말한다.

미국 자유주의 대표 철학자 롤스조차 그의 고전적 저서 『정의론』(1971)에서 비강압적 우생학을 짤막하게 승인했다. 유전적 제비뽑기의 이득과 부담을 나누기로 합의한 사회에서조차도 "더 많은 자연적 자산(assets)을 갖는 것이 개인의 관심사다"라고 롤스는 말했다. "이로 인해 개인은 그가 선호하는 인생 계획을 추구할 수 있다." 사회적 계약의 당사자들은 "(자신들의 유전적 재능이 고정되었다는 전제 아래) 후손들에게 최고의 유전적 재능을 물려주는 것이 보장되길 원한다." 따라서 우생학 정책은 허용될 뿐 아니라 정의의 이름으로 요구된다. "그러므로 시간이 흐름에 따라 한 사회는 자연적 재능의 일반적 수준을 적어도 보존하고 심각한 결함의 전파를 방지하기 위한 조치를 취해야 한다는 것이다.

그러나 강압을 제거된다고 우생학이 정당화되는 것은 아니다. 우생학과 유전공학의 문제점은 은총으로 주어짐에 대한 고의성의 승리, 경외에 대한 지배의 승리, 바라보기(beholding)에 대한 성형하기(molding)의 일방적 승리를 나타낸다는 데 있다. 우리가 왜 이런 승리에 대해 걱정해야 하느냐고 의아해할지 모른다. 미신에 대해서 그랬던 것처럼 왜 유전적 개량에 대한 우리의 불안을 떨쳐버리면 안 되는가? 생명공학이 은총으로 주어짐에 대한 우리의 의미를 해체시킨다면 무엇을 상실하게 될 것인가?

종교적 관점을 취한다면 해답은 명확하다. 우리의 재능과 능력이 전적으로 우리 자신이 한 것이라는 믿음은 창조에서의 우리의 위치를 잘못 이해한 것이다. 즉, 우리의 역할을 신과 혼동한다는 말이다. 그러나 종교만이 은총으로 주어짐에 대해 고려하는 유일한 원천이 아니다. 도덕적 이해 관계(moral stakes)는 세속적 용어로도 묘사될 수 있다. 만약 생명공학이 "자작(自作) 인간"의 신화를 현실로 만든다면, 우리의 재능은 빚을 지고 있는 은총이라고 보는 것은 어려워질 것이고, 대신 우리가 책임져야 할 성취로 보아야 할 것이다. 이것은 우리의 도덕적 조망(moral landscape)의 세 가지 핵심 특징들, 즉 겸손함, 책임감, 연대감을 변형시킬 것이다.

숙련과 통제가 높이 평가되는 사회적 세계에서는 부모가 됨으로써 겸손함을 배웠다. 우리 자녀들을 잘 보살피지만 부모가 원하는 종류의 아이를 선택할 순 없다는 생각은 우연에 열려 있음을 부모들에게 가르쳤다. 이렇듯 우연에 열려 있음은 가족 안에서 뿐 아니라 더 넓은 세계에서도 지지할 만한 가치가 있는 경향성이다. 그것은 우리에게 예상치 않은 결과를 감수하고, 불협 화음도 참아내며, 통제하려는 충동을 억제하기를 권유한다. 부모가 자녀의 성과 유전적 특질을 정하는 데 익숙해진 「가타카」 영화 같은 세상은 우연에 열려 있음이 환영받지 못하는 세상, 즉 명백히 문호가 닫힌 공동체가 된 것이다. 우리의 재능과 능력은 전적으로 우리가 한 것만이 아니라는 깨달음은 오만해지려는 우리의 경향을 억제한다.

어떤 이들은 유전적 개량 때문에 노력이 무시되므로 인간의 역할이 침식된다고 주장하지만, 진짜 문제는 책임감의 침해가 아니라 폭발이다. 겸양이 줄어들면 책임이 무서울 정도로 그만큼 늘어난다. 우리는 우연에 기대기보다 선택에 더 많이 의지하게 된다. 부모들은 자녀들을 위해 올바른 특질을 선택하거나 선택하지 못한 것에 대해 책임을 지게 된다. 운동 선수들은 소속팀이 승리하는 데 도움이 되는 재능을 획득하거나 획득하지 못한 것에 대해 책임을 지게 된다.

우리 자신을 자연, 신 또는 숙명적인 피조물로 볼 때의 축복

중 하나는 우리 모습에 대해 우리가 전적으로 책임지지 않아도 된다는 것이다. 우리가 유전적 재능(endowment)을 더 잘 다루게 될수록 우리가 보유한 재능과 우리가 수행하는 방식에 대한 우리의 부담은 더욱 커진다. 현재는 농구 선수가 리바운드 볼을 놓칠 때 감독은 선수더러 제대로 된 위치에 있지 않았다고 야단친다. 미래에는 감독이 그 선수를 키가 작다고 비난할지 모른다. 심지어 오늘날에도 프로 스포츠에서 사용하는 기록 향상 약물은 선수 상호간 기대 수준에 미묘한 변화를 가져온다. 어떤 팀에서는 암페타민이나 여타 흥분제를 복용하지 않고 출전하는 선수들을 "알몸으로 경기"했다고 비난한다.

우리가 운명이 지닌 우연적 본성에 민감할수록 우리는 우리 운명을 다른 사람들과 공유해야만 하는 이유를 더 갖게 된다. 보험을 생각해보라. 사람들은 다양한 질병이 그들에게 닥칠지 말지 언제 닥칠지 모르기 때문에 의료보험과 생명보험으로 위험에 공동으로 대처한다. 건강한 사람들은 그렇지 못한 사람들이 지불해야 하는 것을 보조하고, 장수하는 사람들은 조기 사망한 사람들의 가족이 지불해야 하는 것을 보조한다. 심지어 상호간의 의무감 없이도 사람들은 자신들의 위험과 자원을 공유하고 서로의 운명을 공유한다.

그러나 보험 시장은 사람들이 자신들에게 닥칠 위험 요소를 알지 못하거나 통제하지 못하는 경우에만 연대감(solidarity)을 흉내 낸다. 유전자 검사가 개개인의 의료적 미래와 수명을 신빙성 있게 예측하는 정도로 발전했다고 가정해보자. 건강과 장수를 확신하는 사람들은 공동 출자 풀에서 빠질 것이며, 이로 인해 다른 사람들의 보험료가 천정부지로 치솟을 것이다. 좋은 유전자를 지닌 사람들이 나쁜 유전자를 지닌 사람들이 많은 보험회사를 피한다면 보험에서의 연대는 사라질 것이다.

보험 회사가 위험 평가와 보험료 산정을 위해 유전 정보를 사용하고자 할 것이란 두려움은 최근 의료보험에서 유전적 차별을 금지하는 투표를 미국 상원에서 하게 했다. 그러나 이보다 더 큰 위험은 물론 좀더 이론적인 이야기지만 유전적 개량이 일상화된다면 유전적 개량은 사회적 연대에 필요한 도덕적 감수성이 증진되도록 하는 것을 더 어렵게 만들 것이라는 점이다.

결국 질문은 왜 성공한 사람들이 사회의 최소 수혜자에게 무언가를 갚아야 하느냐는 것이다. 이 질문에 대한 가장 좋은 대답은 은총으로 주어짐이란 개념에 크게 의존한다. 성공한 사람들이 번창할 수 있게 한, 자연이 준 재능은 그들 자신이 한 것이 아니라 오히려 그들의 행운, 즉 유전적 제비뽑기의 결과라는 것이다. 우리의 유전적 재능이 우리가 그 공로의 인정을 요구할 수 있는 성취라기보다 은총이라면, 시상 경제에서 성취로 인해 받게 되는 최대의 상여금을 받을 만한 자격이 있다고 가정하는 것은 잘못이고 독단이다. 그래서 우리는 이 상여금을 자신의 잘못은 아니지만 그러한 재능을 받지 못한 사람들과 공유해야 할 의무를 지닌다.

우리 재능의 우연성을 절감하는 것, 즉 우리들 중 어느 누구도 자신의 성공에 전적으로 책임이 있지 않다는 의식은 능력 중심 사회(meritocratic society)가 부자는 그들이 가난한 자들보다 더 대접받을 만하기 때문에 부자라는 독선적인 생각에 빠져

드는 것을 막을 수 있다. 이 의식이 없다면 성공한 사람들은 지금보다도 더 자기 자신을 스스로 이루어내고 자기 충족적인 것으로 그래서 완전히 자신들의 성공에 책임이 있는 것으로 간주할 가능성이 높다. 그리고 사회의 밑바닥에 있는 사람들은 불이익을 당했고 그래서 보상받을 만하다고 여겨지는 것이 아니라, 단지 부적격한 자들로 그래서 유전적 교정을 받을 만한 사람들로 간주될 것이다. 우연에 의해 덜 단련된 능력 중심 사회는 더 경직되고 덜 관용적일 것이다. 완벽한 유전 지식이 보험 시장에 있는 연대 의식의 환영(幻影)을 종식시키는 것처럼, 완벽한 유전적 통제는 사람들이 자신들의 재능과 부의 우연성을 반성할 때 생겼던 실질적인 연대 의식을 침식시킬 것이다.

35년 전에 칼텍의 분자생물학자였던 신스하이머(Robert L. Sinsheimer)는 이런 사태가 올 것을 예견했다. 「디자인 유전자 변화의 전망(The Prospect of Designed Genetic Change)」이란 제목의 논문에서 그는, 선택의 자유가 새로운 유전학을 정당화할 것이고 예전에 불신의 대상이 되었던 우생학과 새로운 유전학을 분리시킬 것이라는 논변을 폈다. "예전의 우생학을 실행한다는 것은 여러 세대를 거쳐 수행되는 거대한 사회적 기획을 요구했었을 것이다. 그런 기획은 다수의 동의와 협력 없이는 시작조차 할 수 없었을 것이고 계속해서 사회적 통제를 받아야 했을 것이다. 반면 새로운 우생학은 최소한 원리상으로는 한 세대 안에서 개인 차원에서 실행될 수 있고, 존재하는 어떤 제약에 의해서도 영향을 받지 않을 것이다."

신스하이머에 따르면, 새로운 우생학은 강압적이라기보다 자율적일 것이고 그래서 좀더 인간적일 것이다. 부적격한 사람들을 격리하거나 제거하기보다는 그들을 개선할 것이다. "예전의 우생학은 적격한 사람들의 번식을 위해 지속적인 선택을 요구했을 것이고 부적격한 사람들을 도태시켰을 것이다." "새로운 우생학은 원리상 부적격한 사람들 모두를 최상의 유전적 수준으로 변환시키는 것을 허용할 것이다."

유전공학에 대한 신스하이머의 찬사는 이 시대의 무모한 프로메테우스적인 이미지를 포착했다. 그는 "인간 운명을 결정하는 염색체 제비뽑기에서의 패자들"—유전적 결함을 가지고 태어난 사람들뿐 아니라 "IQ 90 이하인 '평범한' 미국인 500만 명"도 포함하여—을 구할 것이란 점에 대해 희망적으로 썼다. 그러나 그는 또한 "세대마다 던져지는" 자연의 "무심한 주사위"를 개선하는 것보다 더 커다란 무언가가 문제임을 보았다. 우주에서 인간 존재의 좀더 고양된 자리가 유전적 개입이란 기술에 숨어 있었다. "우리가 인간의 자유를 증대함에 따라 우리는 인간의 제약을 줄이고 주어진 것으로 받아들여야 했던 것을 감소시켰다"고 썼다. 코페르니쿠스와 다윈은 "인간을 우주의 중심이라는 찬란한 영광에서 강등시켰다." 그러나 새로운 생물학은 인간의 중심적 역할을 회복시킬 것이다. 유전학 지식이란 거울에서 우리는 우리 자신이 진화의 연속선상에 있는 하나의 고리 이상임을 볼 것이다. "우리는 완전히 새로운 진화로 이동시키는 역할을 수행할 수 있다. 이것은 우주적 사건이다"라고 말했다.

주어진 것의 속박에서 벗어난 인간 자유를 그려보는 것에는 호소하는 무언가가 있고 심지어 매료시키는 어떤 것이 있다. 이런 매력이 게놈 시대가 도래하도록 하는 데 어떤 역할을 수행했다는 것은 사실일 수 있다. 지금 우리가 소유한 개량의 능력은 생명의료상의 발전이 낳은 우연한 부산물로 종종 여기곤 한다. 다시 말해 질병을 치료하기 위해 유전적 진화가 도래했고, 우리는 우리 성과를 개선하고 우리 아이들을 디자인하고 우리의 본성을 완벽하게 할 수 있다는 전망에 사로잡혔다. 하지만 이것은 우리의 이야기를 되돌려놓을 수 있다. 유전공학을 우주에 걸터앉은 우리 자신, 즉 우리 본성의 통제자로서의 우리 자신을 보려는 결심으로 간주하는 것이 더 타당한 이야기다. 그러나 이런 통제의 전망은 결함이 있다. 이것은 생명을 은총으로 이해하지 못하게 위협하고, 우리 의지와 상관없이 우리가 긍정하고 바라보아야 할 어떤 것도 남겨놓지 않게끔 위협한다.

The Ethics of Stem Cell Research, Human Cloning, and Genetic Engineering

In this lecture, I will consider the ethics of stem cell research, human cloning, and genetic engineering.[1] But I want also to advance a more general claim : The cloning issue, and related debates about genetic engineering, will change the way philosophers think about their subject. Much of the debate about cloning and genetic engineering is conducted in the familiar language of autonomy, consent, and individual rights. Defenders of "liberal eugenics" argue that parents should be free to enhance the genetic traits of their

---

1) The sections on cloning and stem cell research are based on a public lecture I delivered at an international conference on cloning organized by the Deutsches Referenzzentrum für Ethik in den Biowissenschaften (DRZE) in Berlin, May 14, 2003, and published in the journal *Jahrbuch fur Wissenschaft und Ethik,* Band 8 (Berlin, 2003).

children for the sake of improving their life prospects.[2] Ronald Dworkin argues, for example, that there is nothing wrong with the ambition "to make the lives of future generations of human beings longer and more full of talent and hence achievement." In fact, he maintains, the principle of ethical individualism makes such efforts obligatory.[3] Many opponents of cloning and genetic engineering also invoke the language of autonomy and rights. For example, Jurgen Habermas worries that even favorable genetic enhancements may impair the autonomy and individuality of children by pointing them toward particular life choices, hence violating their right to choose their life plans for themselves.[4]

But talk of autonomy and rights does not address the deepest questions posed by cloning. In order to grapple with the ethical implications of cloning and genetic engineering, we need to confront questions largely lost from view in the modern world—questions about the moral status of nature, and about the proper stance of human beings toward the

---

2) See N. Agar, "Liberal Eugenics", in H. Kuhse and P. Singer, eds., *Bioethics* (Oxford : Blackwell, 1999) ; Allen Buchanan, Daniel W. Brock, Norman Daniels and Daniel Wikler, *From Chance to Choice : Genetics and Justice* (Cambridge : Cambridge University Press, 2000) ; and Ronald Dworkin, "Playing God : Genes, Clones, and Luck", in Dworkin, *Sovereign Virtue : The Theory and Practice of Equality* (Cambridge : Harvard University Press, 2000), pp.427-452.

3) Dworkin, ibid., p.452.

4) Jurgen Habermas, *The Future of Human Nature* (Cambridge, U.K. : Polity Press, 2003).

given world. Since questions such as these verge on theology, or at least involve a certain view of the best way for human beings to live their lives, modern philosophers and political theorists tend to shrink from them. But our new powers of biotechnology make these questions unavoidable.

In the United States today, no federal law prohibits human cloning — either for purposes of reproduction or for purposes of biomedical research. This is not because most people favor reproductive cloning. To the contrary, public opinion and almost all elected officials oppose it. But there is strong disagreement about whether to permit cloning for biomedical research. And the opponents of cloning for biomedical research have so far been unwilling to support a separate ban on reproductive cloning, as Britain has enacted. Because of this stalemate, no federal ban on cloning has been enacted.

The ethics of cloning for biomedical research

I turn first to the ethics of stem cell research and cloning for biomedical research. The United States Senate is split between those who want to ban all cloning and those who want to ban reproductive cloning but not cloning for stem cell research and regenerative medicine.[5] As in the case of reproductive cloning, the concepts of autonomy and rights cannot by themselves resolve the moral question. The reason is that, in order to assess the moral permissibility of cloning for stem cell research, we need to determine the moral status of the early embryo. If the six day, pre implantation embryo (or blastocyst) is morally equivalent to a person, then it is wrong to extract stem cells from it, even for the sake of curing devastating diseases such as Parkinson's and diabetes. If the embryo is a person, then not only should all therapeutic cloning be banned; so also should all embryonic stem cell research.

Before turning to the moral status of the embryo, I would like to consider one influential argument against cloning for biomedical research that stops short of opposing embryonic stem cell research as such. Some opponents of research cloning support embryonic stem cell research, provided it uses "spare" embryos left over from fertility clinics. [6] They are troubled by the deliberate creation of embryos for research. But since in vitro fertilization (IVF) clinics (at least in the

5) For the American debate on human cloning, see Leon R. Kass, ed., *Human Cloning and Human Dignity: The Report of the President's Council on Bioethics* (New York: Public Affairs, 2002).

6) I discuss this argument more fully in Michael J. Sandel, "The Anti Cloning Conundrum", *The New York Times*, May 28, 2002, p. A19.

U.S.) create many more fertilized eggs than are ultimately implanted, some argue that there is nothing wrong with using those spares for research : If excess embryos would be discarded anyway, why not use them (with donor consent) for potentially life saving research?

This seems to be a sensible distinction. But on closer examination, it does not hold up. The distinction fails, because it begs the question whether the "spare" embryos should be created in the first place. Consider : If it is immoral to create and sacrifice embryos for the sake of curing or treating devastating diseases, why isn't it also objectionable to create and discard spare IVF embryos in the course of treating infertility? Or, to look at the argument from the opposite end : If the creation and sacrifice of embryos in IVF is morally acceptable, why isn't the creation and sacrifice of embryos for stem cell research also acceptable? After all, both practices serve worthy ends, and curing diseases such as Parkinson's and diabetes is at least as important as enabling infertile couples to have genetically related children.

Of course, bioethics is not only about ends, but also about means. Those who oppose creating embryos for research argue that doing so is exploitative, and fails to accord embryos the respect they are due. But the same argument could be made against fertility treatments that create excess embryos bound for destruction. In fact, a recent study found that some 400,000 frozen embryos are languishing in American fertility clinics, with another 52,000 in the U.K. and 71,000 in Australia.[7)]

If my argument is correct, it shows only that stem cell research on IVF spares and on embryos created for research (whether natural or cloned) are morally on a par. This conclusion can be accepted by people who hold very different views about the moral status of the embryo. If cloning for stem cell research violates the respect the embryo is due, then so does stem cell research on IVF spares, and so does any version of IVF that creates and discards excess embryos.

If, morally speaking, these practices stand or fall together, it remains to ask whether they stand or fall. And that depends on the moral status of the embryo.

The moral status of the embryo

There are three possible ways of conceiving the moral status of the embryo — as a thing, as a person, or as something in between. To regard an embryo as a mere thing,

---

7) Nicholas Wade, "Clinics Hold More Embryos Than Had Been Thought", *The New York Times*, May 9, 2003, p.24.

open to any use we may desire or devise, is, it seems to me, to miss its significance as nascent human life. One need not regard an embryo as a full human person in order to believe that it is due a certain respect. Personhood is not the only warrant for respect ; we consider it a failure of respect when a thoughtless hiker carves his initials in an ancient sequoia — not because we regard the sequoia as a person, but because we consider it a natural wonder worthy of appreciation and awe — modes of regard inconsistent with treating it as a billboard or defacing it for the sake of petty vanity. To respect the old growth forest does not mean that no tree may ever be felled or harvested for human purposes. Respecting the forest may be consistent with using it. But the purposes should be weighty and appropriate to the wondrous nature of the thing.

One way to oppose a degrading, objectifying stance toward nascent human life is to attribute full personhood to the embryo. I will call this the "equal moral status" view. One way of assessing this view is to play out its full implications, in order to assess their plausibility : Consider the following hypothetical : Suppose a fire broke out in a fertility clinic. You had time to save either a five year old girl, or a tray of ten embryos. Would it be wrong to save the girl?[8)]

8) I am indebted for this hypothetical to George Annas, who presents a version of it in George J. Annas, "A French Homunculus in a Tennessee Court",

A further implication of the equal moral status view is that harvesting stem cells from a six day old blastocyst is as morally abhorrent as harvesting organs from a baby. But is it? If so, the penalty provided in the proposed U.S. anti cloning legislation — a million dollar fine and ten years in prison is woefully inadequate. If embryonic stem cell research is morally equivalent to yanking organs from babies, it should be treated as a grisly form of murder, and the scientist who performs it should face life imprisonment or (in some American states) the death penalty.

A further source of difficulty for the equal moral status view lies in the fact that, in natural pregnancies, at least half of all embryos either fail to implant or are otherwise lost. It might be replied that a high rate of infant mortality does not justify infanticide. But the way we respond to the natural loss of embryos or even early miscarriages suggests that we do not regard these events as the moral or religious equivalent of infant mortality. Otherwise, wouldn't we carry out the same burial rituals for the loss of an embryo that we observe for the death of a child?

The conviction that the embryo is a person derives support not only from certain religious doctrines but also

---

Hastings Center Report 19(6) : 20 22, November, 1989.

from the Kantian assumption that the moral universe is divided in binary terms : everything is either a person, worthy of respect, or a thing, open to use. But this dualism is overdrawn.

The way to combat the instrumentalizing impulse of modern technology and commerce is not to insist on an all or nothing ethic of respect for persons that consigns the rest of life to a utilitarian calculus. Such an ethic risks turning every moral question into a battle over the bounds of personhood. We would do better to cultivate a more expansive appreciation of life as a gift that commands our reverence and restricts our use. Human cloning to create designer babies is the ultimate expression of the hubris that marks the loss of reverence for life as a gift. But stem cell research to cure debilitating disease, using six day old blastocysts, cloned or uncloned, is a noble exercise of our human ingenuity to promote healing and to play our part in repairing the given world.

Those who warn of slippery slopes, embryo farms, and the commodification of ova and zygotes are right to worry but wrong to assume that cloning for biomedical research necessarily opens us to these dangers. Rather than ban stem cell cloning and other forms of embryo research, we should allow it to proceed subject to regulations that embody the moral restraint appropriate to the mystery of the first stirrings of human life. Such regulations should include licensing requirements for embryo research projects and fertility clinics, restrictions on the commodification of eggs and sperm, and measures to prevent proprietary interests from monopolizing access to stem cell lines. This approach, it seems to me, offers the best hope of avoiding the wanton use of nascent human life and making these biomedical advances a blessing for health rather than an episode in the erosion of our human sensibilities.

The ethics of reproductive cloning

I now turn to the ethics of reproductive cloning, and to the broader question of genetic engineering. The case for banning human reproductive cloning is not difficult to make, at least for now. Most scientists agree that it is unsafe, and likely to lead to serious abnormalities and birth defects. But suppose that, one day, producing a baby through cloning were no more risky than natural reproduction. Many believe — and I agree — that it would still be ethically objectionable. But it is not easy to say why.

The autonomy argument against cloning is not persuasive, for it wrongly implies that, absent a genetically designing parent, children can choose their physical characteristics for themselves. But none of us has a right to choose our genetic inheritance. The alternative to a cloned or genetically enhanced child is not an autonomous one, but a child at the mercy of the genetic lottery.

Some argue that cloning is wrong because it departs from natural, sexual procreation.[9)] But this objection also fails to reach the heart of the matter. What makes reproductive cloning morally troubling is that its primary purpose is to create children of a certain kind. In this respect, it is similar to other forms of genetic engineering by which parents seek to choose the traits of their children — sex, eye color, perhaps one day even their intellectual attributes, athletic prowess, and musical ability. Although a few eccentric narcissists might aspire to create a genetic replica of themselves, the real market for designer children lies elsewhere — in the desire of parents to produce children with genetic traits superior to their own.

The desire to control the genetic characteristics of one's offspring points to the heart of the ethical issue. The moral problem with reproductive cloning lies not in its asexual

---

9) Leon R. Kass and James Q. Wilson, *The Ethics of Human Cloning* (Washington, D.C. : AEI Press, 1998), in which Kass emphasizes the departure from sexual procreation.

character, but in its assault on the understanding of children as gifts rather than possessions, or projects of our will, or vehicles for our happiness. It might be replied that cloning and genetic engineering are in principle no different from other ways in which parents go to great lengths to produce children of a certain kind, or "designer children." But rather than giving us reason to embrace cloning, this observation may give us reason to worry about existing practices of childrearing.

What is most troubling about human cloning and bioengineering is not that they represent a radical departure, but that they carry to full expression troubling tendencies already present in our culture, especially in the way we regard and treat children. We have already traveled some distance down the path of regarding children as vehicles for our own ambitions or fulfillment. The impulse to create designer children is already present—as temptation and social practice. The notion of life as a gift, replete with mystery and limits, is under siege. Cloning to produce children is threatening precisely because it carries these tendencies and temptations to their ultimate expression.

Sex selection[10)]

Perhaps the most inevitable nonmedical use of bioengineering is sex selection. For centuries parents have been trying to choose the sex of their children. Today biotech succeeds where folk remedies failed. One technique for sex selection arose with prenatal tests using amniocentesis and ultrasound. These medical technologies were developed to detect genetic abnormalities such as spina bifida and Down syndrome. But they can also reveal the sex of the fetus — allowing for the abortion of a fetus of an undesired sex. Even among those who favor abortion rights, few advocate abortion simply because the parents do not want a girl. Nevertheless, in traditional societies with a powerful cultural preference for boys, this practice has become widespread.

Sex selection need not involve abortion, however. For couples undergoing in vitro fertilization (IVF), it is possible to choose the sex of the child before the fertilized egg is implanted in the womb. One method makes use of pre implantation genetic diagnosis (PGD), a procedure developed to screen for genetic diseases. Several eggs are fertilized in a petri dish and grown to the eight cell stage (about three days). At that point the embryos are tested to determine their

---

10) In this and the following sections, I draw on Sandel, "The Case Against Perfection", *The Atlantic Monthly*, April 2004.

sex. Those of the desired sex are implanted; the others are typically discarded. Although few couples are likely to undergo the difficulty and expense of IVF simply to choose the sex of their child, embryo screening is a highly reliable means of sex selection. And as our genetic knowledge increases, it may be possible to use PGD to cull embryos carrying undesired genes, such as those associated with obesity, height, and skin color. The science fiction movie Gattaca depicts a future in which parents routinely screen embryos for sex, height, immunity to disease, and even IQ. There is something troubling about the Gattaca scenario, but it is not easy to identify what exactly is wrong with screening embryos to choose the sex of our children.

One line of objection draws on arguments familiar from the abortion debate. Those who believe that an embryo is a person reject embryo screening for the same reasons they reject abortion. If an eight cell embryo growing in a petri dish is morally equivalent to a fully developed human being, then discarding it is no better than aborting a fetus, and both practices are equivalent to infanticide. Whatever its merits, however, this "pro life" objection is not an argument against sex selection as such.

The latest technology poses the question of sex selection unclouded by the matter of an embryo's moral status. The

Genetics & IVF Institute, a for profit infertility clinic in Fairfax, Virginia, now offers a sperm sorting technique that makes it possible to choose the sex of one's child before it is conceived. X bearing sperm, which produce girls, carry more DNA than Y bearing sperm, which produce boys ; a device called a flow cytometer can separate them. The process, called MicroSort, has a high rate of success.

If sex selection by sperm sorting is objectionable, it must be for reasons that go beyond the debate about the moral status of the embryo. One such reason is that sex selection is an instrument of sex discrimination — typically against girls, as illustrated by the chilling sex ratios in India, China, and Korea. Some speculate that societies with substantially more men than women will be less stable, more violent, and more prone to crime or war. These are legitimate worries — but the sperm sorting company has a clever way of addressing them. It offers MicroSort only to couples who want to choose the sex of a child for purposes of "family balancing." Those with more sons than daughters may choose a girl, and vice versa. But customers may not use the technology to stock up on children of the same sex, or even to choose the sex of their firstborn child. (So far the majority of MicroSort clients have chosen girls.) Under restrictions of this kind, do any ethical issues remain that should give us pause?

The case of MicroSort helps us isolate the moral objections that would persist if enhancement technologies were safe and available to all.

Designer children and the quest for mastery

It is commonly said that genetic enhancements undermine our humanity by threatening our capacity to act freely, to succeed by our own efforts, and to consider ourselves responsible — worthy of praise or blame — for the things we do and for the way we are. It is one thing to hit seventy home runs as the result of disciplined training and effort, and something else, something less, to hit them with the help of steroids or genetically enhanced muscles. Of course, the roles of effort and enhancement will be a matter of degree. But as the role of enhancement increases, our admiration for the achievement fades — or, rather, our admiration for the achievement shifts from the player to his pharmacist. This suggests that our moral response to enhancement is a response to the diminished agency of the person whose achievement is enhanced.

Though there is much to be said for this argument, I do not think the main problem with enhancement and genetic engineering is that they undermine effort and erode human agency. The deeper danger is that they represent a kind of hyperagency — a Promethean aspiration to remake nature, including human nature, to serve our purposes and satisfy our desires. The problem is not the drift to mechanism but the drive to mastery. And what the drive to mastery misses and may even destroy is an appreciation of the gifted character of human powers and achievements.

To acknowledge the giftedness of life is to recognize that our talents and powers are not wholly our own doing, despite the effort we expend to develop and to exercise them. It is also to recognize that not everything in the world is open to whatever use we may desire or devise. Appreciating the gifted quality of life constrains the Promethean project and conduces to a certain humility. It is in part a religious sensibility. But its resonance reaches beyond religion.

The ethic of giftedness persists in the practice of parenting, but bioengineering and genetic enhancement threaten to dislodge it. To appreciate children as gifts is to accept them as they come, not as objects of our design or products of our will or instruments of our ambition. Parental love is not contingent on the talents and attributes a child happens to have. We choose our friends and spouses at least partly on the basis of qualities we find attractive. But we do not choose our children. Their qualities are unpredictable, and even the most conscientious parents cannot be held wholly responsible for the kind of children they have. That is why parenthood, more than other human relationships, teaches what the theologian William F. May calls an "openness to the unbidden."

May's resonant phrase helps us see that the deepest moral objection to enhancement lies less in the perfection it seeks than in the human disposition it expresses and promotes. The problem is not that parents usurp the autonomy of a child they design. The problem lies in the hubris of the designing parents, in their drive to master the mystery of birth. Even if this disposition did not make parents tyrants to their children, it would disfigure the relation between parent and child, and deprive the parent of the humility and enlarged human sympathies that an openness to the unbidden can cultivate.

To appreciate children as gifts or blessings is not, of course, to be passive in the face of illness or disease. Medical intervention to cure or prevent illness or restore the injured to health does not desecrate nature but honors it. Healing sickness or injury does not override a child's natural capacities but permits them to flourish.

Nor does the sense of life as a gift mean that parents

must shrink from shaping and directing the development of their child. Just as athletes and artists have an obligation to cultivate their talents, so parents have an obligation to cultivate their children, to help them discover and develop their talents and gifts. The mandate to mold our children, to cultivate and improve them, complicates the case against enhancement. We usually admire parents who seek the best for their children, who spare no effort to help them achieve happiness and success. Some parents confer advantages on their children by enrolling them in expensive schools, hiring private tutors, sending them to tennis camp, providing them with piano lessons, ballet lessons, swimming lessons, and so on. If it is permissible and even admirable for parents to help their children in these ways, why isn't it equally admirable for parents to use whatever genetic technologies may emerge (provided they are safe) to enhance their children's intelligence, musical ability, or athletic prowess?

The defenders of enhancement are right to this extent: improving children through genetic engineering is similar in spirit to the heavily managed, high pressure child rearing that is now common. But this similarity does not vindicate genetic enhancement. On the contrary, it highlights a problem with the trend toward "hyperparenting." One conspicuous example of this trend is sports crazed parents bent on making champions of their children. Another is the frenzied drive of overbearing parents to mold and manage their children's academic careers.

Some see a clear line between genetic enhancement and other ways that people seek improvement in their children and themselves. Genetic manipulation seems somehow worse — more intrusive, more sinister — than other ways of enhancing performance and seeking success. But morally speaking, the difference is less significant than it seems. Bioengineering gives us reason to question the low tech, high pressure child rearing practices we commonly accept. The hyperparenting familiar in our time represents an anxious excess of mastery and dominion that misses the sense of life as a gift. This draws it disturbingly close to eugenics.

The problem with eugenics

The shadow of eugenics hangs over today's debates about genetic engineering and enhancement. Critics of genetic engineering argue that human cloning, enhancement, and the quest for designer children are nothing more than "privatized" or "free market" eugenics. Defenders of enhancement reply that genetic choices freely made are not really eugenic — at least not in the pejorative sense. To remove the coercion, they argue, is to remove the very thing that makes eugenic policies repugnant.

Sorting out the lesson of eugenics is another way of wrestling with the ethics of enhancement. The Nazis gave eugenics a bad name. But what, precisely, was wrong with it? Was the old eugenics objectionable only insofar as it was coercive? Or is there something inherently wrong with the resolve to deliberately design our progeny's traits?

James Watson, the biologist who, with Francis Crick, discovered the structure of DNA, sees nothing wrong with genetic engineering and enhancement, provided they are freely chosen rather than state imposed. And yet Watson's language contains more than a whiff of the old eugenic sensibility. "If you really are stupid, I would call that a disease", he recently told The Times of London. "The lower 10 percent who really have difficulty, even in elementary school, what's the cause of it? A lot of people would like to say, 'Well, poverty, things like that.' It probably isn't. So I'd like to get rid of that, to help the lower 10 percent." A few years ago Watson stirred controversy by saying that if a gene for homosexuality were discovered, a woman should be free to abort a fetus that carried it. When his remark provoked an uproar, he replied that he was not singling out gays but asserting a principle : women should be free to abort fetuses for any reason of genetic preference — for example, if the child would be dyslexic, or lacking musical talent, or too short to play basketball.

Watson's scenarios are clearly objectionable to those for whom all abortion is an unspeakable crime. But for those who do not subscribe to the pro life position, these scenarios raise a hard question : If it is morally troubling to contemplate abortion to avoid a gay child or a dyslexic one, doesn't this suggest that something is wrong with acting on any eugenic preference, even when no state coercion is involved?

Consider the market in eggs and sperm. The advent of artificial insemination allows prospective parents to shop for gametes with the genetic traits they desire in their offspring. It is a less predictable way to design children than cloning or pre implantation genetic screening, but it offers a good example of a procreative practice in which the old eugenics meets the new consumerism. A few years ago some Ivy League newspapers ran an ad seeking an egg from a woman who was at least five feet ten inches tall and athletic, had no major family medical problems, and had a combined SAT score of 1400 or above. The ad offered $50,000 for an egg from a donor with these traits. More recently a Web site was launched claiming to auction eggs from fashion models whose photos appeared on the site, at starting bids of $15,000 to $150,000.

On what grounds, if any, is the egg market morally objectionable? Since no one is forced to buy or sell, it cannot be wrong for reasons of coercion. Some might worry that hefty prices would exploit poor women by presenting them with an offer they couldn't refuse. But the designer eggs that fetch the highest prices are likely to be sought from the privileged, not the poor. If the market for premium eggs gives us moral qualms, this, too, shows that concerns about eugenics are not put to rest by freedom of choice.

A tale of two sperm banks helps explain why. The Repository for Germinal Choice, one of America's first sperm banks, was not a commercial enterprise. It was opened in 1980 by Robert Graham, a philanthropist dedicated to improving the world's "germ plasm" and counteracting the rise of "retrograde humans." His plan was to collect the sperm of Nobel Prize winning scientists and make it available to women of high intelligence, in hopes of breeding supersmart babies. But Graham had trouble persuading Nobel laureates to donate their sperm for his bizarre scheme, and so settled for sperm from young scientists of high promise. His sperm bank closed in 1999.

In contrast, California Cryobank, one of the world's leading sperm banks, is a for profit company with no overt eugenic mission. Cappy Rothman, M.D., a co founder of the firm, has nothing but disdain for Graham's eugenics, although the standards Cryobank imposes on the sperm it recruits are exacting. Cryobank has offices in Cambridge, Massachusetts, between Harvard and MIT, and in Palo Alto, California, near Stanford. It advertises for donors in campus newspapers (compensation up to $900 a month), and accepts less than five percent of the men who apply. Cryobank's marketing materials play up the prestigious source of its sperm. Its catalogue provides detailed information about the physical characteristics of each donor, along with his ethnic origin and college major. For an extra fee prospective customers can buy the results of a test that assesses the donor's temperament and character type. Rothman reports that Cryobank's ideal sperm donor is six feet tall, with brown eyes, blond hair, and dimples, and has a college degree — not because the company wants to propagate those traits, but because those are the traits his customers want: "If our customers wanted high school dropouts, we would give them high school dropouts."

Not everyone objects to marketing sperm. But anyone who is troubled by the eugenic aspect of the Nobel Prize sperm bank should be equally troubled by Cryobank, consumer driven though it be. What, after all, is the moral difference between designing children according to an explicit eugenic purpose and designing children according to the dictates of the market? Whether the aim is to improve humanity's "germ plasm" or to cater to consumer preferences, both practices are eugenic insofar as both make children into products of deliberate design.

A number of political philosophers call for a new "liberal eugenics." They argue that a moral distinction can be drawn between the old eugenic policies and genetic enhancements that do not restrict the autonomy of the child. "While old fashioned authoritarian eugenicists sought to produce citizens out of a single centrally designed mould", writes Nicholas Agar, "thc distinguishing mark of the new liberal eugenics is state neutrality." Government may not tell parents what sort of children to design, and parents may engineer in their childrcn only those traits that improve their capacities without biasing their choice of life plans. A recent text on genetics and justice, written by the bioethicists Allen Buchanan, Dan W. Brock, Norman Daniels, and Daniel Wikler, offers a similar view. The "bad reputation of eugenics", they write, is due to practices that "might be avoidable in a future eugenic program." The problem with the old eugenics was that its burdens fell disproportionately on the weak and the poor, who were unjustly sterilized and segregated. But provided that the benefits and burdens of genetic improvement are fairly distributed, these bioethicists argue, eugenic measures are unobjectionable and may even be morally required.

The libertarian philosopher Robert Nozick proposed a "genetic supermarket" that would enable parents to order children by design without imposing a single design on the society as a whole : "This supermarket system has the great virtue that it involves no centralized decision fixing the future human type(s)."

Even the leading philosopher of American liberalism, John Rawls, in his classic *A Theory of Justice* (1971), offered a brief endorsement of noncoercive eugenics. Even in a society that agrees to share the benefits and burdens of the genetic lottery, it is "in the interest of each to have greater natural assets", Rawls wrote. "This enables him to pursue a preferred plan of life." The parties to the social contract "want to insure for their descendants the best genetic endowment (assuming their own to be fixed)." Eugenic policies are therefore not only permissible but required as a matter of justice. "Thus over time a society is to take steps at least to preserve the general level of natural abilities and to prevent the diffusion of serious defects."

But removing the coercion does not vindicate eugenics. The problem with eugenics and genetic engineering is that they represent the one sided triumph of willfulness over giftedness, of dominion over reverence, of molding over beholding. Why, we may wonder, should we worry about this triumph? Why not shake off our unease about genetic enhancement as so much superstition? What would be lost if biotechnology dissolved our sense of giftedness?

From a religious standpoint the answer is clear : To believe that our talents and powers are wholly our own doing is to misunderstand our place in creation, to confuse our role with God's. Religion is not the only source of reasons to care about giftedness, however. The moral stakes can also be described in secular terms. If bioengineering made the myth of the "self made man" come true, it would be difficult to view our talents as gifts for which we are indebted, rather than as achievements for which we are responsible. This would transform three key features of our moral landscape : humility, responsibility, and solidarity.

In a social world that prizes mastery and control, parenthood is a school for humility. That we care deeply about our children and yet cannot choose the kind we want teaches parents to be open to the unbidden. Such openness is a disposition worth affirming, not only within families but in the wider world as well. It invites us to abide the unexpected, to live with dissonance, to rein in the impulse to control. A

Gattaca like world in which parents became accustomed to specifying the sex and genetic traits of their children would be a world inhospitable to the unbidden, a gated community writ large. The awareness that our talents and abilities are not wholly our own doing restrains our tendency toward hubris.

Though some maintain that genetic enhancement erodes human agency by overriding effort, the real problem is the explosion, not the erosion, of responsibility. As humility gives way, responsibility expands to daunting proportions. We attribute less to chance and more to choice. Parents become responsible for choosing, or failing to choose, the right traits for their children. Athletes become responsible for acquiring, or failing to acquire, the talents that will help their teams win.

One of the blessings of seeing ourselves as creatures of nature, God, or fortune is that we are not wholly responsible for the way we are. The more we become masters of our genetic endowments, the greater the burden we bear for the talents we have and the way we perform. Today when a basketball player misses a rebound, his coach can blame him for being out of position. Tomorrow the coach may blame him for being too short. Even now the use of performance enhancing drugs in professional sports is subtly transforming the expectations players have for one another ; on some teams players who take the field free from amphetamines or other stimulants are criticized for "playing naked."

The more alive we are to the chanced nature of our lot, the more reason we have to share our fate with others. Consider insurance. Since people do not know whether or when various ills will befall them, they pool their risk by buying health insurance and life insurance. As life plays itself out, the healthy wind up subsidizing the unhealthy, and those who live to a ripe old age wind up subsidizing the families of those who die before their time. Even without a sense of mutual obligation, people pool their risks and resources and share one another's fate.

But insurance markets mimic solidarity only insofar as people do not know or control their own risk factors. Suppose genetic testing advanced to the point where it could reliably predict each person's medical future and life expectancy. Those confident of good health and long life would opt out of the pool, causing other people's premiums to skyrocket. The solidarity of insurance would disappear as those with good genes fled the actuarial company of those with bad ones.

The fear that insurance companies would use genetic data to assess risks and set premiums recently led the U.S. Senate to vote to prohibit genetic discrimination in health insurance. But the bigger danger, admittedly more speculative, is that genetic enhancement, if routinely practiced, would make it harder to foster the moral sentiments that social solidarity requires.

Why, after all, do the successful owe anything to the least advantaged members of society? The best answer to this question leans heavily on the notion of giftedness. The natural talents that enable the successful to flourish arc not their own doing but, rather, their good fortune — a result of the genetic lottery. If our genetic endowments are gifts, rather than achievements for which we can claim credit, it is a mistake and a conceit to assume that we are entitled to the full measure of the bounty they reap in a market economy. We therefore have an obligation to share this bounty with those who, through no fault of their own, lack comparable gifts.

A lively sense of the contingency of our gifts — a consciousness that none of us is wholly responsible for his or her success — saves a meritocratic society from sliding into the smug assumption that the rich are rich because they are more deserving than the poor. Without this, the successful would become even more likely than they are now to view themselves as self made and self sufficient, and hence wholly responsible for their success. Those at the bottom of society would be viewed not as disadvantaged, and thus worthy of a measure of compensation, but as simply unfit, and thus worthy of eugenic repair. The meritocracy, less chastened by chance, would become harder, less forgiving. As perfect genetic knowledge would end the simulacrum of solidarity in insurance markets, so perfect genetic control would erode the actual solidarity that arises when men and women reflect on the contingency of their talents and fortunes.

Thirty five years ago Robert L. Sinsheimer, a molecular biologist at the California Institute of Technology, glimpsed the shape of things to come. In an article titled "The Prospect of Designed Genetic Change" he argued that freedom of choice would vindicate the new genetics, and set it apart from the discredited eugenics of old:

"To implement the older eugenics…. would have required a massive social programme carried out over many generations. Such a programme could not have been initiated without the consent and co operation of a major fraction of the population, and would have been continuously subject to social control. In contrast, the new eugenics could, at least in principle, be implemented on a quite individual basis, in one generation, and subject to no existing restrictions."

According to Sinsheimer, the new eugenics would be voluntary rather than coerced, and also more humane. Rather than segregating and eliminating the unfit, it would improve them. "The old eugenics would have required a continual selection for breeding of the fit, and a culling of the unfit", he wrote. "The new eugenics would permit in principle the conversion of all the unfit to the highest genetic level."

Sinsheimer's paean to genetic engineering caught the heady, Promethean self image of the age. He wrote hopefully of rescuing "the losers in that chromosomal lottery that so firmly channels our human destinies", including not only those born with genetic defects but also "the 50,000,000 'normal' Americans with an IQ of less than 90." But he also saw that something bigger than improving on nature's "mindless, age old throw of dice" was at stake. Implicit in technologies of genetic intervention was a more exalted place for human beings in the cosmos. "As we enlarge man's freedom, we diminish his constraints and that which he must accept as given", he wrote. Copernicus and Darwin had "demoted man from his bright glory at the focal point of the universe", but the new biology would restore his central role. In the mirror of our genetic knowledge we would see ourselves as more than a link in the chain of evolution: "We can be the agent of transition to a whole new pitch of evolution. This is a cosmic event."

There is something appealing, even intoxicating, about a

vision of human freedom unfettered by the given. It may even be the case that the allure of that vision played a part in summoning the genomic age into being. It is often assumed that the powers of enhancement we now possess arose as an inadvertent by product of biomedical progress — the genetic revolution came, so to speak, to cure disease, and stayed to tempt us with the prospect of enhancing our performance, designing our children, and perfecting our nature. That may have the story backwards. It is more plausible to view genetic engineering as the ultimate expression of our resolve to see ourselves astride the world, the masters of our nature. But that promise of mastery is flawed. It threatens to banish our appreciation of life as a gift, and to leave us with nothing to affirm or behold outside our own will.

■ 해 제 ■ ■ ■

혼돈 시대의 민주주의 : 공화주의와 삶의 가치

이 양 수

조선의 무대가 서서히 막을 내리는 시기에 실학 사상가 다산 정약용은 유교 정신을 뒤흔드는 하나의 화두를 던졌다. 유교 이념은 민본주의를 지향한다. 백성을 위하는 것이 무엇인가. 민본주의는 백성의 안위와 균등한 배분을 꿈꾼다. 그러나 정치 참여가 근본적으로 박탈되었을 때도 그것은 타당한가. 사회 성원의 정치 참여, 특히 참정권을 고려하는 듯한 어투로 다산은 통치가가 어떻게 선출되는지를 다음과 같이 기술하고 있다.

도대체 천자는 어떻게 생겨났는가? 하늘에서 비 내리듯이 하늘이 천자를 세웠는가? 그렇지 않으면 땅에서 샘물처럼 솟아나 천자가 되었는가? 다섯 가구가 모이면 하나의 인이 되는데, 그 인의 대표로 뽑힌 사람이 인장이 된다. 다섯 인이 모여 리가 되는데, 그 오린의 대표로 뽑힌 사람이 이장이 된다. 다섯 비가 모이면 하나의 현이 되는데, 그

오비의 대표로 뽑힌 사람이 현장이 된다. 여러 현장이 함께 뽑은 사람이 제후이고, 이 제후들이 함께 뽑은 사람이 천자가 되는 것이다. 따라서 중민이 천자를 뽑을 수 있는 것이다. 무릇 중민이 추대하면 천자가 될 수 있지만, 중민의 추대 없이는 천자가 될 수 없는 것이다(정약용, 「탕론」, 『여유당전서』 제1집, 제11권. 인용은 정약용 · 이익성 옮김, 『다산논총』, 을유문화사, 1972년 초판, pp.89-89에서 발췌. 번역은 필자가 논증을 분명히 하기 위해 수정한 것임).

서구 정치 사상에 친숙한 현대인의 관점에서 보면 정약용의 글은 놀랄 만큼 서구 사회 계약 사상가들이 부르짖은 국민 주권 사상과 맞아떨어지는 것 같다. 정치 권력이 사회 성원의 이익을 도모하는 것과 동시에 그 사회 성원에 기인한다는 민주주의 사상은 그 시대를 사는 선조들에게는 혁명이었는지 모른다. 그렇지만 정치 권력이 초월적인 힘이나 한 개인의 도덕적 자질에 근거하지 않고 사회 성원의 동의에 근거해야 한다는 것은 현대인에게는 이미 상식이 아닌가.

우리의 경험에 비추어보면 이러한 민주 사상의 근거나 형식이 현실의 모든 당면 문제를 해결할 수 없는 것처럼 보인다. 정치 권력이 자유롭고 평등한 사회 성원의 동의에서 나온다는 것은 적어도 우리에겐 너무도 소중한 발견이다. 그럼에도 그것은 기나긴 여정의 시작일 뿐이다. 상이한 삶의 가치를 지닌 사회 성원들이 어떻게 하나의 공동체를 형성할 수 있으며, 사회 성원들 간의 갈등과 충돌은 어떻게 해결할 수 있으며, 더 나아가 하나의 공동체에 뿌리박힌 모순들을 어떻게 타파할 수 있는지 보여주어야 하기 때문이다. 이것은 동시에 인간의 삶에서 차지하는 정치, 법, 도덕의 역할을 깨닫는 여정이기도 하다. 정치 권력이 사회 성원의 동의를 구해야 한다는 것은 정치 권력이 인간의 임의적인 수단을 되는 것을 막아보려는 의도를 지니고 있기 때문이다. 정치 권력은 이러한 임의성을 벗어나기 위해 원칙에 의한 통치, 보편적으로 용인될 수 있는 잣대에 의한 통치가 되어야 한다. 즉, 법의 통치여야 한다.

서양 철학은 이러한 법의 가능성에 대한 논의가 풍부하다. 그것은 서구의 정치적 경험의 반영이기도 하다. 서구의 근대는 바로 이러한 이념을 인간의 개인적 욕망과 탐욕이 득실거리는 이 땅에 심어보려고 했기 때문이다. 그것은 '정의'로, '의무'로 혹은 '자유주의'로 또는 '민주주의'로 그 이름은 달라도 자신들의 소중한 역사적 경험들에서 끌어낸 생각들이다. 그리고 그것들은 이 땅의 모순을 극복해보려는 하나의 실천적 시도라는 점에서 큰 의의가 있을 것이다.

이러한 정치 철학적 주제는 구체적인 경험에 대한 이해와 그 전제에 대한 많은 논구를 요구한다. 개화 사상 이후 우리의 철학이 서구 정치 철학의 가능성을 모색하려고 했던 것이라면, 100여 년이 지난 지금 우리의 정치 철학은 서구의 경험과 우리의 경험을 자기 비판적 시각에서 바라볼 수 있는 현명함을 요구하고 있는지 모른다. 그러나 이러한 반성과 현명한 판단은 그 경험 뒤에 깔려 있는 철학적 전제들을 우선적으로 이해하고, 비판할 수 있는 식견을 필요로 한다. 정치적 삶에 대한 인식이 무엇보다 절실한 우리의 현실에서 서구의 경험의 한계를 드러내는 것은 우리의 몫일 것이다. 그러나 동시에 이러한 활동은 또 하나의 정치적 활동이기도 하다. 남을 이해하는 것은 자신을 더 잘 알 수 있는 계기다. 사회 성원의 삶의 가치가 무엇보다 충돌의 양상을 띠고 있는 지금, 진정한 다원주의의 이념에서 민주주의를 통해 새로운 삶의 가능성을 모색하는 것이 무엇보다 필요하다. 우리가 지금 매우 심각하게 또 하나의 정치 경험을 우리의 땅에서 말하고 논구해보고 싶은 것도 바로 그 때문일 것이다.

정치철학자 마이클 샌델

이번 '다산기념철학강좌'의 초청 연사인 마이클 샌델(Michael Sandel)은 미국의 경험에 비추어 정치 철학의 문제들을 이해하려는 야심 찬 정치 철학자다. 1953년에 미국 미네소타 주 미네아폴리스 시에서 탄생한 그는 브랜다이스(Brandeis)대에서 전체 수석을 차지하며 학사와 석사를 획득했다. 그 후 미국의 탁월한 대학생에게 수여하는 로즈 장학금(Rhodes Scholarship)을 받고 영국 옥스퍼드대학교 발리올대(Balliol College)에 입학하여 1981년에 철학 박사 학위를 받았다. 1980년부터 미국 하버드대학교 정치학과(Department of Government)에 재직하면서 그는 정치 철학자로서 탁월한 재능과 비판력을 유감없이 세계에 발휘하고 있다. 특히 학부 강의인 "정의"는 하버드대 역사상 최고 기록을 세울 만큼 많은 학생들의 관심의 대상이 되고 있다.

이러한 그의 화려한 이력만이 그의 철학의 전부는 아니다. 샌델이 무엇보다 학자로서 세간의 주목을 끌 수 있었던 것은 그의 저서 속에서 수행한 자유주의 비판과 새로운 공공 철학(a public philosophy)의 모색 때문이다. 그의 초기 저술인 『자유주의와 정의의 한계(*Liberalism and the Limits of Justice*)』(1982년 초판, 1997년 재판)은 그 당시 새로운 규범 철학의 가능성을 열어놓았다고 평가되는 존 롤스에 거센 반기를 들어 그 반항적 기질을 유감없이 발휘했다. 특히 그는 롤스 철학에 내재한 자유주의적 편향성을 강하게 비판하고자 했다. 이러한 샌델의 자유주의 비판 작업은 비판 그 자체에서 머무르지 않는다. 최근의 동향을 보면 그의 철학은 단순히 롤스 철학의 비판자로서만이 아닌, 자신의 독자적인 철학 체계를 심화시키고 있기 때문이다. 그의 야심 찬 책 『민주주의의 불만: 공공 철학을 모색중인 미국(*Democracy's Discontent: America in Search of a Public Philosophy*)』(Harvard University Press, 1996)은 미국 사회의 자유주의적 편향성을 지속적으로 거부하면서, 새로운 사회 환경에 발맞출 '공공 철학'을 공화주의 전통에서 찾아보려고 하고 있다.

그의 철학 담론은 매우 이론적이면서 실천적이라는 평가를 받아왔다. 샌델 특유의 개념인 공공 철학이 그 대표적 예다. 그의 공공 철학은 철학이 단순 이념이 아닌 실제의 제도와 관행, 더 나아가 인간의 실천적 삶 속에서 작동하는 철학적 이념, 특히 공공의 삶을 가능하게 하는 시민적 자유를 탐구하는 것이다(『민주주의의 불만』, p.4). 따라서 그의 철학은 이미 존재하는 여러 공공 철학의 여러 전제들을 비판하고, 그 비판을 넘어설 수 있는 대안들을 모색한다. 이런 점에서 그의 철학은 보편적이면서 특수하다. 이미 존재하는 미국의 공공 철학을 비판하는 과정에서 그의 논구는 철학의 일반 이론처럼 보편적으로 말할 수 있는 여러 정치 철학의 주제와 전제를 다루고 있다. 그러나 기존의 공공 철학을 거부하고 그의 새로운 대안과 전망은 구체적인 미국의 역사 경험의 해석에 의존하고 있으며, 그의 구체적 사례들은 미국인의 삶의 태도와 방향과 결코 무관할 수 없다는 것을 보여준다. 오히려 그의 철학 활동은 시대의 문제 의식의 경험적 한계를 인정하고 그 한계를 극복하려는 데 더 큰 의의가 있다. 따라서 이러한 샌델 철학의 미국적 경험은 우리에게 이중적 과제를 부여한다. 하나는 샌델의 철학 속에 관통하는 정치 철학의 보편적 담론을 찾아내는 것이고, 또 다른 하나는 그의 철학을 풍부하게 하지만, 우리의 경험과 상충할 수 있는 구체적인 역사 경험을 비판적으로 읽어내는 것이다. 샌델 자신의 표현으로 말하자면, 우리의 이중적 과제는 이것이다. 하나는 정치 철학의 난제로서 '국가가 사회 성원의 구체적 가치를 넘어 중립성을 유지할 수 있는가'라는 주제에 대한 샌델의 철학적 비판과 그 타당성을 찾는 것이다. 또 다른 하나는 이러한 철학적 테제를 주장하는 절차적 자유주의가 어떻게 미국의 정치적 삶과 정치 논의에서 지배적 담론이 될 수 있었으며, 지금의 미국의 현실에서 공화주의가 어떻게 미래의 공공 철학의 대안으로 자리

잡을 수 있는가를 밝히는 것이다. 이 후자의 역사적 논증은 상당한 미국 역사의 이해와 정치 경험을 필요로 한다는 측면에서 우리 연구가 결코 철학에만 국한될 수 없음을 강하게 시사한다.

그러나 샌델에겐 이러한 이론적 작업과 실천적 대안의 모색은 결코 떨어질 수 없는 것이다. 샌델의 목표는 실존적인 개인의 삶의 가치가 바람직한 공동체에서 꽃피울 수 있는 조건과 그 조건을 충족시킬 수 있는 공공 철학을 찾는 것이다. 그 다양한 가능성 속에서 샌델이 특히 강조하는 것은 특정의 이념과 가치를 지닌 공동체 안에서 그 가치에 매몰되지 않고 자신의 구체적 가치를 실현하려는 구체적인 개인의 비판적 활동과 그 정치적 조건들이다. 따라서 샌델에게 더욱 강조되는 것은 밖으로부터 자신의 공동체를 무편견의 입장에서 바라보는 '순수 반성'보다는 거울에 비친 자신의 모습의 추함과 아름다움을 동시에 찾아야 하는 '내재적 사회 비판'의 입장이다. 그것은 자신의 경험을 반성하는 것과 동시에 자신을 미래의 또 다른 자신으로 투영할 것을 요구한다. 이것이 바로 인간의 정치적 삶이다. 정치란 공동체 속에서 이루어지는 자기 반성과 자기 투영의 과정이기 때문에, 인간의 정치적 삶은 자유롭게 선택할 수 있는 자율적 자아의 확보와 그 선택에서 완결되지 않는다.

인간의 정치적 삶은 자신의 구체적인 선택이 다른 사람의 선택과 충돌하고 그 충돌 속에서 더 나은 인간으로의 완성을 추구하는 '인격 형성의 기획(the formative project)'이 보장할 수 있는 정치 공간을 필요로 한다. 이러한 인격 형성의 기획은 자유롭게 선택할 수 있는, 그러나 실질적인 삶의 가치와는 무관한 선택이 아닌, 공동체의 가치 속에 내재하는 품성, 시민적 덕목, 민주주의 같은 개념을 포괄하는 자치(self-rule) 이념과 공화주의(republicanism)를 지지한다. 이 자치와 공화주의 이념은 자신의 삶의 가치를 공동체의 운명을 비판적으로 수용하면서 수정하는 정치 참여의 기회가 부여된다. 따라서 샌델에게 인간의 정치적 삶이란 단순히 이미 부여된 질서나 의무에 순종하는 것이 아니다. 정치적 삶이란 인간을 인간답게 하는 하나의 특질이자 가능성이다. 이러한 특질을 박탈하는 어떤 정치 철학과 체제는 인간에게서 그 근본 능력을 박탈하는 것과 같다. 이러한 인간에게 박탈된 권한(disempowerment)을 다시 인간의 정치적 삶의 실행 속에서 회복하려는 것이 샌델이 꿈꾸는 이념이자 철학적 실천이다.

샌델의 절차적 자유주의 비판

샌델의 정치 철학의 출발점은 '자유롭게 선택하고 책임질 수 있는 자율적 자아'라는 서구 근대성의 대표적 자기 이미지에 대한 강한 거부에서 시작한다. 물론 서구의 자기 이미지에 대한 샌델의 비판이 문화적 맥락에서 제기되고 있는 것은 아니다. 샌델의 비판은 이러한 자율적 자아의 이미지가 정치적 행위자를 이해하는 데 적합하지 못하다는 것이다. 좀더 좁혀 말하자면,

절차적 자유주의가 가정하는 정치적 행위자는 구체적인 정치적 문제를 해결하는 데 도움이 되지 못한다는 것이 샌델의 기본 논지다. 절차적 자유주의는 인간의 존엄성과 상호 존중에 바탕을 두고 있는 관용의 정신을 강조한다. 그래서 절차적 자유주의는 각 개인의 개체성과 그 선택을 강조하면서 각 개인이 한 시민으로서 스스로 선택한 삶의 목표와 가치를 추구할 수 있도록 동등한 권리를 헌법상으로 보장할 수 있는 정치 공간을 확보하고자 한다. 그래서 자유주의적 국가는 시민들의 선택에 중립적이어야 한다. 절차적 자유주의의 과제를 부캐넌은 다음과 같이 말한다.

> [절차적 자유주의의] 과업은 개인의 기본권을 보호하는 것이지, 시민을 미덕을 행하게 하거나 특정의 실질적인 삶의 가치를 강요하지 않는 것이다. … 국가가 기본적인 시민적 자유와 정치적 자율을 강요한다[면] 국가는 각 개인들에게 폭넓은 한도 안에서 그들 자신의 가치를 자유롭게 추구하고 각 시민들에게 특정의 가치나 미덕을 강요하지 못하도록 막는 것이다(Allen Buchanan, "Assessing the Communitarian Critique of Liberalism", *Ethics* 99(1989), p.854).

국가의 이러한 목표를 달성하기 위해서 절차적 자유주의자들은 독특한 자기 이미지를 강조한다. 이때의 자기 이미지란 자신의 선을 반성, 평가, 선택할 수 있는 능력을 지닌 존재로 인격체로 바라보는 것이다. 따라서 절차적 자유주의자들은 각 개인이 무엇보다 이러한 도덕적 능력을 발휘할 수 있는 권리를 갖고 있으며, 그렇게 하도록 자원 분배가 이루어져야 한다고 가정한다.

샌델은 그의 첫 번째 책이자 이미 재판을 거듭한 『자유주의와 정의의 한계』에서 이러한 절차적 자유주의의 자아를 매우 심도 있게 비판했다. 좀더 세부적으로 샌델이 공격의 대상으로 삼는 것은 롤스가 원초적 입장을 통해 정의 원칙을 끌어내려고 한 롤스의 『정의론(*A Theory of Justice*)』(1971년 초판)의 기본 가정이다.

샌델의 비판의 핵심은 무지의 베일에 가려진 원초적 입장의 계약 당사자들이 개인의 어떤 삶의 가치를 배제하고 정의의 원칙을 이끌어낼 수 있다는 롤스의 가정은 정치적 활동의 구성 요건인 자기 비판적 과정을 무시하는 경향이 있다는 것이다. 어려운 말로 삶의 가치와 어떤 관계도 갖지 않는다는 원초적 입장의 '무연고의 자아(unencumbered self)'는 구체적인 삶의 궤적에서 자신의 도덕적 능력을 통해 삶의 가치를 실현하는 정치적 과정을 무시한다. 따라서 무연고의 자아는 가장 비정치적인 것이다. 참다운 정치적 행위자는 자신의 삶의 가치를 공동체에 실현하려는 사람이다. 이런 의미에서 정치적 행위자는 자신의 삶의 가치를 사회 계약이라는 장치를 통해 유리시켜 정의의 원칙을 이끌어내는 사람이 아니라, 공동체의 가치에 얽매이면서도 자신의 고유의 도덕적 능력을 자신의 삶의 실현을 위해 활용하는 자질을 갖춘 사람이어야 한다. 따라서 정치적 행위자는 특정의 공동체에 연고를 둔 자아일 수밖에 없다.

이러한 자아의 연고성은 흔히 공동체의 가치를 우선하는 것으로 이해되어 왔다. 이런 측면에서 샌델은 공동체주의의 선봉으로 여겨온 것도 사실이다. 그리고 그것은 자유주의와 공동체주의의 논쟁을 칸트와 헤겔의 논쟁과 유사한 것으로 생각했다. "형식의 담보냐, 아니면 실질적인 내용의 담보냐" 식으로 그 우선성을 주목한 것도 바로 이 때문이다. 그러나 이렇게 샌델을 이해하는 것은 위험하다. 왜냐하면 그의 철학을 다수의 의지를 강조하는 다수주의자로 오인할 수 있기 때문이다. 샌델은 공동체의 강조를 다수주의 관점에서 바라보지 말라고 충고한다(『자유주의와 정의의 한계』, 2판 서문, pp.ix-x). 샌델에게 권리란 다수의 이해를 대변하는 하나의 포장 기술이 아니다. 권리란 도덕적 자질을 지닌 시민이 스스로 지배하고 통치할 수 있는 공간으로서 참여를 뜻한다. 다시 말하면 권리를 구성하는 자유는 개인의 선택을 뜻하는 것만이 아니라, 한 공동체의 운명을 결정할 수 있는 시민적 자유 또는 공화주의적 자유이기 때문이다. 샌델이 1990년대부터 의욕적으로 공공 철학을 모색할 수 있었던 것은 바로 이러한 인식 때문이다. 그리고 이러한 가능성의 모색에서 샌델의 자유주의 비판은 이해되어야 한다.

절차적 자유주의의 근본 목표는 사회 성원의 이해 관계를 넘어서 사회 갈등을 해소할 의무를 찾는 것이다. 그러나 현대 절차적 자유주의자들은 의무를 인간의 도덕적 능력에서 추론할 수 있다고 보지 않는다. 그들은 오히려 이러한 인간의 도덕적 능력을 바탕으로 사회 제도를 평가하고 규제할 수 있는 정의 원칙을 이끌어낼 수 있는 절차가 가능하다고 보았다. 이러한 절차가 중요한 이유는 두 가지다. 우선, 정의 개념이 무엇보다 중요한 정치 철학의 주제가 된다. 절차적 자유주의자에 따르면 정의는 단순히 인간 행위를 규제하는 수준을 넘어 제도로의 비약을 요구하기 때문에 정의는 인간 행위의 규제하는 개념과 동일한 수준이 넘어 이 개념들을 포괄할 수 있는 2차적 개념이 된다. 이것은 절차가 갖는 두 번째 특성을 말해준다. 정의가 사회 제도의 규범이어야 하는 한, 그것은 법과 떨어질 수 없는 연결 고리를 마련한다. 정의의 원칙을 이끌어내는 절차 자체는 법의 이념이 실행되는 지점과 같은 이유도 여기 있다. 샌델도 이러한 정의의 역할에 부정하지 않는다. 정의 개념은 사회를 구성하는 많은 다른 철학 가치들 중의 하나일 뿐 아니라, 이 같은 가치들을 평가하고 가늠하는 하나의 잣대 역할을 한다. 그래서 정의 개념은 사회 속에서 충돌하는 가치들을 해소할 뿐 아니라 서로 비등한 가치들을 조화롭게 할 수 있는 잣대 구실을 한다. 이런 점에서 정의 개념은 서구의 전통에서 법과 떨어질 수 없는 관계에 있다.1)

---

1) 이 점은 샌델도 동의하고 있는 것이다. 정의 개념과 정치 공동체의 법과의 관계는 정의 개념을 "가치들 중의 최고의 가치'라고 말한 비켈(Alexander Bickel)의 표현을 인용하고 있는 점에서 분명해진다. 더 나아가 정의가 우선한다는 의무론적 자유주의의 주장은 정치 공동체에서 법의 최상의 위상을 강조하는 것과 같다. 그래서 샌델이 인용한 비켈의 다음 표현은 주목할 만하다." 비록 배타적인 것은 아니지만 무엇으로도 바꿀 수 없는 가치가 법의 개념이다. 법은 단순히 다른 의견 이상이다. 그 이유는 법이 모든 올바른 가치를 구현하고 있어서가 아니라 법이 가치들 중의 최고의 가치이기 때문이다. 법은 한 사회가 그 가치를 단언할 수 있는 주된 제도다"(『자유주의와 정의의 한계』, p.16, 주석 1). 이런 점에서 샌델도 정의의 문제가 궁극적으로 법의 의한 통치의 가능성을 모색하는 과정에서 반드시 언급되어야 한다고 주장하고 있다고 말할 수 있다.

다만 절차적 자유주의에서 강하게 부정하고 있는 것은 사회계약 상황과 같은 절차를 통해 구체적인 공동체의 시간, 공간적 제약을 초월해 보편적인 정의 원칙이 나올 수 있는가 여부다. 반복해 말하지만, 절차적 자유주의가 채택하고 있는 전략은 사회 성원의 이해 관계나 특정의 삶의 가치를 철저히 유리시키는 것이다. 이러한 전략이 '선에 대한 정의의 우선성'으로 나타난다. 이러한 전략은 다양한 모습으로 나타날 수 있다. 절차적 자유주의의 한계를 보여주려는 샌델의 초기 전략은 주로 롤스의 절차적 정의 개념에 초점이 맞추어진다.

롤스의 '원초적 입장'은 정의 원칙이 무엇보다 사회 성원의 특정 가치 개념에 좌우되지 않는 방식으로 도출할 수 있는 하나의 사유 실험이다. 롤스의 무지의 베일은 어떻게 원초적 계약 상황에 있는 당사자들이 그들의 가치를 배제하면서 '도덕적 관점'을 확보할 수 있는지 보여주는 일종의 비유다. 롤스의 원초적 입장은 계약 당사자의 도덕적이고 사회적인 선택이 어떻게 그들의 삶의 가치와 떨어져 이루어질 수 있는지 보여주는 것이다. 이러한 원초적 입장의 타당성은 곧 정의의 우선성을 확보하는 것과 동시에 어떻게 자유주의적 국가가 가능한지 보여주는 것이다.

롤스의 철학에 대한 샌델의 비판은 체계적이고 다양하다. 그 많은 비판 중에서 위의 논증과 관련된 비판만을 살펴보자. 샌델에 따르면 절차적 자유주의의 국가의 중립성은 선에 대한 정의의의 우선성으로, 그리고 정의의 우선성은 원초적 입장의 계약 당사자들의 관점을 실질적인 정치 공동체의 사회 성원의 관점보다 우선하는 것으로 바라볼 때 가능하다. 그 이유는 원초적 입장의 계약 당사자들의 도덕적 능력이 실질적인 정치 공동체의 시민의 숙고적 능력보다 그 순수성이 더 발휘될 수 있다고 믿기 때문이다. 다른 말로 하면, 원초적 입장의 계약 당사자들의 선택은 특정 목적에 대한 최상의 수단을 찾는 숙고적 선택이 아니라, 단순히 목적 자체를 선택하는 "선택 능력" 자체에 충실하고 있기 때문이기도 하다. 롤스에 따르면 이런 의미에서 원초적 입장의 자아들은 어떤 "목적에 선행하는" 자아일 수 있다는 것이다.

샌델에 따르면 이러한 자아는 도덕적이고 정치적 행위자일 수 없다. 이러한 사회적 가치를 담고 있지 않는 자아는 형이상학적으로 가능할지 모르지만, 그 자아가 사회의 갈등의 주체며 동시에 해결자일 수 있다는 것을 명확하게 보여주지 못한다. 더욱 구체적으로 이러한 자유주의의 자아는 책임을 질 수 있는 도덕적 주체로서 행위자가 될 수 없다. 도덕적 책임은 도덕적으로 비난받을 수 있는 행위를 특정의 개인에게 귀속시킬 때 가능하다. 그러나 어떤 가치에도 구속되지 않는 자아의 도덕적 능력을 자아의 구성 요소라고 한다면, 어떻게 자신을 인식할 수 있는가? 이 순수한 도덕적 능력은 이미 자아의 정체성을 포기하고 있는 것이 아닌가. 자아의 정체성의 상실은 바로 도덕적 책임의 대상이 될, 자신의 선택을 귀속시킬 수 있는 자기 자신의 존재(ipse identity : what I really am)와 자기 자신이 가질 수 있는 욕망(idem identity : what I really want)과의 구분과 연관 관계를 설명할 수 없다. 그것은 동시에 정치적 정체성(political identity)을 형성하는 자기 반성의 공간을 소멸시킨다. "스스로를 해석할 수 있는 존재"(『자유주의와 정의의 한계』, p.179)로서 정치적 행위자들은 자신의 삶의 역사 속에서 자신을 반성할 수 있는 능력을 지닌다. 이 능력은 구체적인 행위들로부터 자신을 거리 두게 한다. 이러한 거리두기는 정치적 행위자들의 본질적인 특성이다. 이러한 거리두기는 단순히 행위자들의 욕망 선호도의 순위를 매기는 수준을 넘어선다. 그것은 자신의 삶의 관점에서 질적으로 전혀 다른 욕망도 있을 수 있다는 평가까지 수반하기 때문이다. 이것을 테일러(Charles Talyor)는 강한 평가(strong evaluation)라고 불렀다. 이러한 강한 평가는 반드시 자신의 의식적 삶과 무관할 수 없는 자아의 해석을 시도한다. 이것은 삶에서 가장 중요하게 여기는 판단과 결단과 직결되어 있다. 예를 들어 이러한 판단의 중요성은 롤스의 철학 자체에 이미 내재해 있다. 롤스의 정의 원칙은 사회가 생산적이기 위해 사회 성원들의 재능의 차이를 허용한다. 이러한 차이의 허용은 동시에 사회의 불평등의 원인이 되기 때문에 롤스는 정의의 두 번째 원칙으로 '사회의 최소 수혜자에게 분배의 몫이 최대가 될 수 있는 차등의 원칙'을 이끌어낸다. 그러나 왜 사회가 생산적이기 위해서 사회 성원의 재능의 차이를 허용해야 하는가. 롤스의 대답은 사회 성원의 재능은 사회 성원의 이익을 도모하기 위한 공동 자산이어야 한다는 것이다. 그러나 어떻게 사회 성원의 구체적 재능이 사회 성원으로부터 생산적인 재능으로 인정될 수 있는가. 그 실질적이고 이질적인 평가는 제외하더라도 최소한도 사회 협력의 단위가 될 수 있는 재능에 대한 평가가 그 성원들로부터 서로 공유되어야 한다. 이러한 공유는 오직 삶의 가치를 유리시켜 획득될 수 있는 것이 아니다. 오히려 서로가 인정할 수 있는 서로성(dialogical relation)을 받아들여야 한다. 이것은 아리스토텔레스가 사이좋음(friendship)의 분석에서 보여주듯 개인의 삶의 가치를 동일한 판단에서 이루어져야 한다. 정치적 정체성은 이러한 서로성에서 자신의 존재를 확인하는 것이다.

인간의 자기 해석적 특성과 그 서로성의 인식은 공동체의 가치와 정치의 특성을 잘 대변한다. 모든 해석은 자기 해석을 포함하여 해석을 가능하게 하는 언어를 가정할 수밖에 없고, 그리고 모든 언어는 그 표현 방식이 시공의 한계를 지닌 언어 공동체 안에서만 존재한다. 이것은 인간이 항상 또 다른 인간과의 서로성의 공간에 있을 수 있다는 것을 뜻하며, 따라서 자기 해석이 그 자신에 의해서 그 자체로 해석될 수 없다는 것을 보여준다. 자기 해석은 그 스스로의 이야기(narrative)를 또 다른 자기인 남과의 나눔 속에서만 가능하다. 이것도 정치의 역할에도 적용될 수 있다. 정치의 역할은 절차적 자유주의자들이 가정하듯 '자신의 권리'를 찾는 것만이 아니라, 공동체의 선과 운명을 공유하는 정치적 자유를 실행하도록 하는 것이다. 이 과정은 자기 이해가 공유될 수 있는 역사 공동체의 적극적인 참여로 완결될 수 인간 삶의 긴 여정이다.

또 하나의 공공 철학을 찾아서

이러한 샌델의 정치 이해는 공공 철학의 모색으로 이어진다. 그것은 절차적 자유주의가 충족시킬 수 없는 요소들을 드러내 보완하는 과정이다. 개인의 선택은 정치적으로 볼 때 정치적, 도덕적 의무와 무관할 수 없으면서, 이미 존재하는 공동체들, 즉 가족, 민족, 문화의 전통 속에서 자신의 정체성을 형성하는 밑거름이다. 샌델이 추구하는 공공 철학은 개인의 삶의 가치를 포괄하여 나타나는 개인의 정체성과 시민으로서 요구되는 가치에 의해 형성되는 공적 정체성을 불연속성에서 파악하지 않고 연속성의 관점에서 파악한다.

개인의 정체성과 공적 정체성의 불연속성을 강조하는 절차적 자유주의 정치는 시대의 산물이다. 세계 경제의 확대로 인한 경제에 대한 정치의 통제 불가능성, 소비 사회의 진입으로 인한 사적 자유의 절대화, 포괄적인 이민 정책과 그 유입에 따른 다양한 문화의 공존, 따라서 문화적 동질감을 형성할 수 없다는 인식이 팽배해지면서 사회 성원이 추구하는 삶의 가치로부터 중립을 지킬 수 있는 공공 철학을 선호했다는 것이 샌델의 역사적 분석이다. 그러나 이러한 현상은 역사적 제약일 뿐이다. 미국의 정치는 자유주의와 못지않게 아렌트가 강조한 공화주의적 전통이 있기 때문이다.

공화주의는 정치 참여를 강조한다. 샌델에게 공화주의는 정치 참여는 단순히 자유의 수단이 아니라, 정치 참여는 인간의 삶의 번영에 필수불가결한 가치라는 아리스토텔레스의 강한 의미로 해석하고 있다. 이것은 샌델이 롤스의 비판에서 얻어낸 가치들, 시민적 덕목, 자기 해석적 정치적 행위자, 공공선의 정치, 인격 형성의 기획, 삶의 유대를 포괄하는 것이다. 이런 의미에서 공화주의는 새로운 형태의 공공 철학의 대안으로서 제시된다.

물론 미국의 전통에서 공화주의가 노예제, 여성의 참정권 배척, 이민자에 대한 차별, 기득권의 옹호라는 부정적인 측면이 있다는 점을 샌델도 인정한다. 더 나아가 공화주의 자체의 위험성도 지적한다. 공화주의가 자아의 인격 형성을 공동체와의 유동적 관계를 통해 획득된다고 가정할 때 타락한 공동체는 타락한 인간을 양산할 수 있는 가능성을 내포하고 있기 때문이다. "공화주의가 보장 없는 정치, 위험한 정치"(『민주주의의 불만』, p.321)일 수 있는 것도 이 때문이다.

이러한 부정적 견해에도 불구하고 공화주의가 현대의 공공 철학의 대안이 될 수 있는가라는 물음에 대해 샌델이 긍정적으로 대답하는 이유는 미국의 사회의 지배적인 담론이었던 절차적 자유주의보다 더 나은 사회상을 그릴 수 있다는 믿음 때문이다. 그것은 존 듀이가 1927년에 「공공성과 그 문제들」에서 제기했던 미국의 문제에 대한 대안과도 같다. 산업화로 인한 개인의 등장과 그 사적 영역의 확장은 또 한편으로 사회적 변화에서 제기되는 여러 사회 문제들을 소홀히 다룰 수 있는 가능성을 내포하고 있다. 따라서 자유롭게 선택하는 자아라는 개인주의의 등장은 사회 문제에 등한시하고 개인의 선택보다 비인격적인 가치가 증대될 때 나타난다는 역설이 여전히 존재할 수 있다는 것이다(Sandel 1998 : 323).

샌델의 공화주의는 이러한 절차적 자유주의가 신화화한, 자유롭게 선택하는 개인의 한계를 극복하는 하나의 대안이다. 그 극복은 구체적인 삶의 가치를 지닌 개인의 자기 해석적 삶 속에 내재한다. 한 개인은 개인으로 존재할 수 없다. 수없는 타인과의 만남을 통해 자신의 삶의 가치를 타인의 존재와 논의 속에서 또 다른 자기 해석의 기반으로 삼는 것, 따라서 자신의 관점이 다양화되고 다층화되는 과정 속에서 자신의 진정한 가치를 찾는 것, 그리고 그 가치를 공동체의 운명으로 승화시키는 공화주의적 이상 속에서 꽃피울 수 있다는 것이다. 이것은 바로 민주주의 과정이기도 하다. 이 민주주의 과정은 결코 쉽게 완결될 수도 또 스스로의 함정에 빠질 수 있는 것이다. 그것은 자신의 삶의 진정성을 드러내고 그 삶을 책임지려 할 때 가능하다. 이러한 가정에서만 자신의 진솔한 이야기(narrative)는 타인의 이야기가 될 수 있고, 또 타인의 이야기는 자신의 이야기가 될 수 있기 때문이다.

우리의 이야기를 찾아서

샌델의 공화주의적 공공 철학은 앞서 제기했던 다산의 문제의식에 대한 많은 시사점을 준다. 우선 지적해야 할 사실은 우리에 대한 정확한 인식이 필요하다는 것이다. 절차적 자유주의의 문화가 아직 척박한 우리의 현실에서 섣부른 서구 이론의 도입은 공공 철학으로서 기능하기보다는 하나의 이데올로기로서만 작동할 가능성이 농후하기 때문이다. 그의 지적이 우리에게 무엇보다 시사하는 바는 우리에게 지금 지배적으로 작동하는 공공 철학을 찾고 그 이론적 난점들을 드러내는 일일 것이다.

이러한 시사는 샌델 철학이 보여주는 정치적 행위자와 정치의 역할에 대한 강한 긍정과 부정을 동시에 내포한다. 타락한 공동체가 타락한 개인을 양산한다면, 우리의 문제적 상황을 비판적으로 바라보는 현명함이 무엇보다 필요할 것이다. 이것은 정의 개념에 대한 폭넓은 적용을 요구한다. 구체적인 공동체의 문제는 사회 성원들의 비대칭적인 힘의 관계에서 비롯되는 경우가 많기 때문이다. 모든 형태의 폭력은 이러한 힘의 불균형을 지시한다. 이런 의미에서 정의 개념은 롤스의 정의 개념은 말할 것 없고 사회 현상을 비판적으로 바라보는 잣대다. 우리에게 자유가 무엇인가라고 묻기 전에 그 제도는, 그 행위는 정의로운가 묻는 것이 무엇보다 절실하다. 그러나 동시에 공동체가 단순히 민족의 공동체의 소극적인 수준을 넘어 세계 시민의 공동체로 나아갈 수 있는 '인간다움'의 모색도 결코 무시되어서는 안 될 소중한 가치다. 이러한 가치가 바로 샌델이 절차적 자유주의에서 찾을 수 없었던 시민적 덕목일 것이다.

■ 마이클 샌델과의 인터뷰 ■ ■ ■

자기 해석적 존재를 위한 정치 철학*

[■ 때 : 2005년 9월 10일 / ■ 장소 : 연경(서울시 서초구 소재)]

대담 · 정리 / 김 선 욱

김선욱 : 안녕하십니까? 지난 일요일에 한국에 오셔서 그동안 서울대와 프레스센터 그리고 대구와 전주에서 강연을 하시고 오늘 서울로 다시 오셨는데, 아직 여독이 다 풀리지 않으셨겠습니다. 이렇게 또 『철학과 현실』을 위해 시간을 내주셔서 감사합니다. 이번 여행에는 아드님과 동행을 하셨더군요. 한국 방문은 처음이시죠?

샌델 : 먼저 저를 한국으로 초대해주셔서 한국의 학자들과 좋은 대화의 시간을 갖게 해주신 한국철학회와 명경기념재단에 감사를 드리고 싶습니다. 일본에는 몇 차례 다녀간 적이 있지만 말

* 이 인터뷰의 축약판은 『철학과현실』 2005년 겨울호에 게재되었다. 여기에 수록한 인터뷰 분량은 축약판의 약 2배에 해당한다.

씀하신 대로 이번이 제게는 한국의 첫 방문입니다. 이번 기회에 한국의 학자 여러분들과 만나게 되어 무척 기뻤습니다. 이번에 제가 강의를 하러 왔지만, 저는 많은 학자 여러분들의 질문을 통해서도 많은 것을 배울 수 있었습니다. 이번 방문에는 제 아들 아론도 함께 하였습니다. 아론은 제가 가르치는 하버드대의 정치학과에 입학하여 이번 가을에 2학년에 올라가게 됩니다.

김선욱 : 아드님의 이름을 보니 유태인 식 이름인데, 부인의 성함은 일본 식 이름이어서 가계(家系)에 대한 의문이 생깁니다.
샌델 : 저와 아내는 유태인이고 개혁적 유태교인입니다. 제 아내가 일본 식 이름을 갖고 있기 때문에 많은 사람들은 제 아내가 일본계일 것이라고 생각합니다. 그러나 사실 그렇지 않습니다. 아내의 부모는 미군으로 오키나와에서 근무하고 있었는데, 그때 제 아내를 낳게 되었습니다. 태어난 곳이 일본이었기 때문에 아내에게 일본 이름을 주었다고 합니다.

김선욱 : 선생님 성함의 정확한 발음이 어떻게 됩니까? 한국에서는 '샌들'이라고도 하고 '샌덜'이라고도 하였습니다. 이 기회에 정확한 발음을 알려주시지요.
샌델 : 발음은 '샌델'이라고, 뒤를 약간 세게 발음하면 됩니다.

김선욱 : 선생님께서는 하버드대에서 명강의로 소문이 나셨고 상도 받으셨던데, 강의 부담은 어떻게 되시며 어떤 과목을 가르치시나요?

샌델: 저는 한 학기당 두 과목을 강의합니다. 가을 학기에는 정기적으로 "정의(Justice)"라는 제목의 강의를 하는데, 여기서는 아리스토텔레스와 칸트, 로크, 벤담과 밀, 롤스, 롤스에 대한 비판 및 자유주의와 공동체주의 논쟁을 다룹니다. 또 "윤리학과 생명 윤리" 과목도 가르치는데, 이번 학기에는 시장과 도덕 등을 핵심적으로 강의하게 됩니다. 지난 봄 학기에는 "생명 윤리와 인간 본질의 미래"라는 과목을 강의했는데, 이 수업은 줄기세포를 연구하는 과학자들과 공동으로 강의하였습니다. 작년 봄에는 "세계화와 그 비판"이라는 과목을 강의했는데, 정치 윤리와 경제 윤리를 다루었지요.

김선욱: 이번 강의의 대주제가 "자유주의와 공동체주의"라고 되어 있습니다. 선생님은 이 논쟁적 관계에서 자신의 위치를 어디에 놓고 계십니까?

샌델: 저는 찰스 테일러나 마이클 왈쩌와 마찬가지로 제 자신을 공동체주의자라고 부르기를 꺼려합니다. 일반적으로 공동체주의란 오직 자기 나라나 민족만을 중심으로 생각하는 방식이라고 정의를 내립니다. 그래서 다른 공동체가 가진 도덕적 정치적 주장에 대해 무시하는 경향이 있습니다. 이런 입장에 대해서 저는 반대합니다. 이런 점에서 저는 공동체주의자가 아닙니다. 민족주의적 공동체주의의 오류는 특정한 시간에 특정한 장소에서 나타나는 관습과 전통만을 신봉하는 데 있습니다. 관습과 전통의 가치는 시험의 대상이 되어야 합니다. 민족주의적 공동체주의의 협소성 때문에 순수 보편주의가 대안으로 제시되기도 합

니다. 이 입장에 따르면 특정한 정체성이나 전통을 전적으로 무시하고 지구적 관점에서 세계시민적 태도를 가질 것을 요구합니다. 그러나 이것은 적절한 대안이 될 수가 없다고 봅니다. 그런 점에서 저는 자유주의는 많은 점에서 오류에 빠져 있다고 생각합니다. 물론 지구적 관점에서의 윤리 교육은 필요합니다. 그러나 그와 동시에 자신이 속한 특정 정체성의 발현과 존중이 함께 이루어져야 합니다. 특정한 언어와 문화, 역사를 통해 드러나는 공동체의 정체성이 동시에 기억되고 그 의미가 존중될 때 보편주의가 빠질 수 있는 망각의 위험성을 면할 수 있습니다.

김선욱 : 그러면 선생님의 입장을 어떻게 특징적으로 설명하실 수 있으신가요?

샌델 : 저는 대화를 무척 중요하게 생각합니다. 자유주의와 공동체주의의 논쟁에서 핵심적인 문제는, 정의에 대해 규정할 때 권리 또는 옳음을 중심으로 하는가, 아니면 특정한 좋은 삶에 대한 우선권을 부여하는가의 문제입니다. 저는 후자에 우선성을 두어야 한다고 봅니다. 따라서 자유주의자들의 선에 대한 옳음의 우선성 주장에 대해 저는 반대하고 있습니다. 그리고 저는 개인만으로는 정치적 공동체의 적절한 기초가 되지 않는다고 믿습니다. 공동체와 연대성이 아주 중요한 요소이기 때문입니다. 따라서 그 대안으로 저는 공공선에 대한 숙고, 공동체적 연대성이 개인적 이해 관계에 아울러 개입되어야 한다고 주장합니다. 공공선에 대한 숙고는 전통 가치에 의해 제한된 것입니다. 그러므로 진정한 민주주의는 관습에 대한 도전을 필요로 합니다.

김선욱: 우리 한국은 전통이 강한 나라입니다. 선생님이 중요하게 간주하시는 자아의 연고성이 어떤 점에서는 민주화의 장애가 되기도 합니다. 지역주의, 학벌주의 등의 형태로 말이지요.

샌델: 저는 자유주의를 비판하면서 거기에 전제된 무연고적 자아 개념을 비판하였습니다. 한국과 같은 사회는 전통 사회이고 오히려 연고성이 더욱 문제가 되고 있다고 생각할 수 있습니다. 이런 문제점을 극복하기 위해 한국의 학자들이 자유주의적 전통에 힘입어 절차적 정의를 갖춘 제도를 옹호하고 이를 위해 노력해왔다는 사실을 이번 여행을 통해 배웠습니다. 제 연구는 미국 사회를 배경으로 하고 있기 때문에 미국에서는 자유주의적 폐해가 큰 이유에서 제 연구의 방향이 설정되었던 것입니다. 미국 사회는 서양의 특징인 자유민주주의적 특성을 갖고 있습니다. 그런데 여기에 내재된 극단적 개인주의에 반대하는 것이 제 입장입니다. 시장의 힘이 극대화되었고, 소비주의가 만연하며, 모든 것이 개인의 선택에 놓여 있는 것처럼 되었습니다. 그런 점에서 한국에서 활동한 자유주의자들의 노력과 미국에서 활동하는 저의 공동체주의적 노력이 서로 연결될 수 있다고 봅니다. 우리는 서로 같은 목적을 위해 활동하고 있으니까요. 저는 미국의 정치 문화에 대해 반대를 하는 가운데 공동체와 시민적 덕, 사회적 통합성, 공동의 이해 등을 강조하는데, 이를 통해 사회적 균형을 얻고자 하는 것입니다. 그런데 제가 세계 여러 나라를 여행하면서 느낀 것은 많은 사회에서 전통적 자아 이해가 너무 강하기 때문에 그와 반대로 나아갈 위험이 있다는 것입니다. 즉, 자기가 부정적으로 반응했던 것들을 전적으로 거부하는 경

향이 있다는 것이지요. 전통이 강한 이스라엘이나 인도, 일본, 그리고 한국에서 그런 성향을 보았습니다. 지나친 연고성의 강조가 문제가 될 때 그 연고성에 대해 비판적 반성을 할 수 있어야 하면 이를 통해 진정한 공동선을 위한 방향으로 사회적 정향을 할 수 있을 것으로 보입니다.

김선욱: 우리에게 민주주의는 일차적으로 절차적 정당성을 확보하는 장치로 이해되고 있습니다. 선생님이 비판하시는 자유주의적 노선으로 일반적으로 생각되는 것이지요. 바람직한 민주주의는 어떤 모습이라고 보십니까?
샌델: 민주주의에는 두 가지의 이해가 필요합니다. 하나는 민주주의의 절차적 정당성의 요구입니다. 공정 선거가 이루어져야 하며 이것이 정부 구성의 정당성의 근거가 됩니다. 한편, 공화주의적 요소 또한 중요합니다. 민주적 절차와 선거권이 모든 것이 아니라는 말입니다. 필요한 것은 민주적 공공 문화의 형성이며, 이를 위해 시민적 덕성을 갖추는 것이 중요합니다. 시민이 공동 상황에 좀더 직접적으로 참여하는 것이 필요합니다. 특히 후자와 관련하여 말씀드릴 수 있는 것은 종종 선거가 아닌 방식으로도 정치적 숙고에 참여할 수 있어야 하며 공공선을 추구할 수 있어야 합니다. 한 예로 시민 사회 제도를 들 수 있는데, 소위 NGOs라는 것이 그런 것입니다. 좀더 활동적인 시민의 모습이 요구된다는 말입니다.

김선욱: 선생님이 말씀하시는 시민적 덕성이란 구체적으로 어

떻게 설명될 수 있습니까?

샌델: 우선 말씀드릴 수 있는 것은 시민은 현재 사회에서 일어나고 있는 일에 대한 지식을 잘 갖추어야 한다는 것입니다. 시사 문제에 대해 단순히 피상적인 인상에만 머물지 말고, 텔레비전 토론 등을 통해서 필요한 지식을 갖출 것이 우리에게 요구됩니다. 공공선에 대한 숙고를 하기 위해서는 이런 지식이 필요하기 때문입니다. 그래서 우리는 시간을 내어 신문을 읽고 분석하고 또 토론을 경청하기도 해야 합니다. 또한 설득의 기술이 필요합니다. 즉, 수사학적 기법이 오늘날에는 요구된다는 것입니다. 이것은 남을 기만하는 기술을 의미하는 것이 아닙니다. 사람들을 설득하고 자신의 입장을 납득하게 만들기 위해서 리더들은 수사학적 능력을 갖추어야 하는 것입니다. 그리고 오늘날과 같은 사회에서는 다원적이고 복합적, 중첩적인 정체성과 함께 살아가는 법을 익혀야 합니다. 오늘날의 개인의 정체성은 초국가적 정체성을 특징으로 합니다. 이러한 복합 정체성은 우리로 하여금 긴장감을 갖고 살아가게 만들며 좀더 풍요로운 민주주의 사회를 가능하게 할 것입니다.

김선욱: 수사학적 기법을 강조하시는 것이 무척 인상적입니다. 수사학은 정치 선전과 더불어 조작의 기법으로 생각되기도 하는데, 선생님이 강조하시는 것은 이와는 다른 것으로 보입니다.

샌델: 네, 다릅니다. 우리에게 중요한 것은 이론(theory)이 아니라 이야기하기(story-telling)입니다. 인간은 이야기하는 존재입니다. 따라서 도덕적, 정치적인 차원과 이성적 반성을 분리해서 생

각해서는 안 됩니다. 물론 논증(argument)과 원리들(principles)도 중요합니다. 그러나 이것으로 충분하지는 않습니다. 다른 중요한 차원을 설명하는 것이 바로 내러티브입니다. 우리는 정치적 토론과 담론에서 이 두 요소가 모두 필요하다는 것을 알아야 합니다. 우리는 정치적 문제에서 추상적 권리를 호소하는 것만으로는 불충분합니다. 정치적 설득을 함께 추구해야 합니다. 각자가 처한 정치적 조건을 이해할 수 있고 또 왜 특정한 행위가 필요한지를 설명할 수 있어야 하는데 이를 위해 이야기가 필요합니다.

김선욱 : 일반적으로 수사학은 도구적인 것으로 이해되지 않습니까?

샌델 : 흔히 정치적 수사가 단순한 노구에 불과하다고 생각하지만, 이야기하기란 단순히 도구적인 것은 아닙니다. 오히려 그것은 진정한 정치적 논증(true political argument)이라고 할 수 있습니다. 저는 강한 개념의 정치적 수사에 대해 말하고 있습니다. 인간은 자기를 해석하는 존재라는 관점에서 볼 때 그렇습니다. 정치적 수사법은 사람의 현실을 공감적으로 이해(Vershehen)하게 합니다. 이를 위해서는 화자 자신의 현실적 자기 이해가 요구됩니다. 사람을 설득하는 과정에서 정치 상황에 대한 더욱 완전하고 더욱 진실한 이해에 도달하게 됩니다. 여기서 목표로 하는 것은 진리이지 감성 조작이 아닙니다. 도구적 정치 설득술의 조작 행위의 목표는 감성 조작입니다 이것은 진리 추구 방식이 갖고 있는 원리 선포 방식과는 다른 것입니다.

김선욱 : 선생님의 말씀은 아리스토텔레스를 떠오르게 합니다.

샌델 : 앞서 말한 정치적 수사에 대한 두 입장의 차이는 플라톤과 아리스토텔레스의 차이라고 할 수 있습니다. 플라톤에 따르면 철학이 정치를 통해서는 진리를 얻지 못한다는 것입니다. 정치 세계는 동굴의 세계며 이는 필요악에 해당한다고 볼 수 있습니다. 동굴은 철학자들에게는 이롭지 못합니다. 그런데 아리스토텔레스에게는 이것이 관조와 정치의 관계 문제입니다. 철학자도 정치적 진리를 얻기 위해서는 정치에 참여해서 동정적 이해를 가져야 합니다. 정치적 삶에 개입하지 않고서는 정치적 진리에 도달될 수 없다는 것이 아리스토텔레스의 생각이었습니다.

김선욱 : 정치 문제와 연관하여 진리 개념을 도입하는 것은 위험한 것이 아닐까요? 진리의 정치와 의견의 정치의 차이에 대한 한나 아렌트의 주장이 이 부분과 관련하여 떠오르는군요.

샌델 : 정치적 담론에 진리 개념을 도입하는 것이 위험하다는 한나 아렌트의 주장에 동의합니다. 보통 저는 이 같은 맥락에서 진리라는 말을 잘 쓰지는 않았습니다. 여기서 이 말을 사용한 것은 정치 상황에 대한 좀더 충분하고 적절한 이해를 지칭하기 위한 것이었음을 이해해주시기 바랍니다. 일반적으로 사용하는 강한 의미에서의 진리 개념이 정치 영역에서는 위험할 수 있습니다. 그래서 일반적으로는 정의 또는 공동선이라는 개념을 더 선호하게 됩니다.

김선욱 : 진리의 정치에 대한 부정적 태도를 갖고 계시는 것을

보니 레오 스트라우스 사상에 대해서도 비판적이겠습니다.

샌델 : 그렇습니다. 저는 스트라우스의 결론이나 스트라우스주의자들의 입장, 즉 네오콘의 정치적 주장에 대해 대부분 동의를 하지 않습니다. 그렇지만 스트라우스 자신의 학문적 노력은 정치 사상사에서 나름대로 중요한 기여를 했다고 봅니다. 그의 기여는 텍스트에 대한 엄밀한 독해의 중요성을 강조한 데 있습니다. 이와 관련된 입장을 소개하면 다음과 같습니다. 먼저 스트라우스는 텍스트 자체를 강조하는 입장이었습니다. 그리고 케임브리지학파는 텍스트의 역사적 맥락의 중요성을 강조했습니다. 그들은 텍스트의 의미가 맥락에 의존한다고 보았기 때문입니다. 세 번째는 옥스퍼드학파로 이들은 텍스트에 대한 개념적 분석을 중요시합니다. 저는 세 가지 태도 모두에서 많이 배워야 한다고 봅니다.

김선욱 : 선생님께서는 지난 학기에 세계화를 주제로 강의를 하셨다고 하셨는데, 신자유주의에 대해서 어떤 입장을 갖고 계십니까? 물론 비판적이시겠지요?

샌델 : 그렇습니다. 신자유주의에 대해서는 저는 반대 입장에 있습니다. 신자유주의에 따르면 정부의 책임이 감소되는데, 복지와 의료, 교육 등의 문제에서 정부가 중요한 역할을 해야 한다는 게 제 입장입니다. 시장(market)이 공동선을 결정하도록 해서는 안 됩니다. 사람들이 품위 있는 삶을 살 수 있도록 정부가 적절한 역할을 해야 합니다.

김선욱 : 현재 벌어지고 있는 세계화의 경향에 대해서는 어떻게 생각하고 계십니까?

샌델 : 세계화 자체를 비판하지는 않습니다. 그러나 저는 시장 중심의 비민주적 세계화에는 반대합니다. 세계화에는 자본주의와 민주주의가 결합하여 진행되고 있는데, 이와 더불어 여성의 권리의 확대 및 인권의 확대가 이루어지는 측면도 있습니다. 그리고 자본주의가 세계화되는 가운데 자본의 유동성에 따라 노동 유연성이 함께 이루어지고 있다는 점도 주목해볼 일입니다. 노동자들이 이동할 수 없게 되면 돈이 저임금 국가로 흘러 들어가지 않고, 결국 그곳에는 생활과 인권이 위험에 처하게 됩니다. 이렇게 비공정성과 비대칭성이 확대되면 결국 구매력이 세계적으로 악화되게 되고, 결국은 모두가 어려움에 빠지게 됩니다. 그러므로 특히 부유한 지역에서 어느 정도의 개방이 필요합니다. 그러나 이민이 완전히 자유화되는 것도 바람직하지 않습니다. 지역 공동체가 자기의 문화적 전통을 유지하고 자신의 공동의 삶에 대한 감각을 유지하는 것이 중요하기 때문입니다.

김선욱 : 인권 개념은 자유주의와 함께 발달되어 왔습니다. 선생님의 입장에서, 특히 선관념의 우선성을 주장하는 입장에서 인권을 어떻게 설명할 수 있을까요?

샌델 : 중요한 것은 인권에 저촉됨이 없이 자신의 전통에 충실하는 것입니다. 인간적 선관념은 전통에 대한 비판을 포함합니다. 예를 들면, 남녀 모두 동등한 능력을 인정받아야 하며, 사회에 기여하고 교육 받을 기회를 부여받아야 합니다. 이러한 생각은

모두 인간적 선이 무엇인가를 생각하는 데서 나옵니다. 이것이 전통에 대한 비판을 포함하게 되는 것입니다. 그런데 이것을 보편적 원리라고 생각하고, 이를 자유주의적으로만 규정하는 것에는 문제가 있다는 말입니다. 자유주의자들이 권리에 대해 강조하는 것은 중요하며 옳지만, 문제는 그것을 어떻게 정의할 것인가에 달려 있습니다. 남녀 평등의 문제에 대해 추상적 차원에서가 아니라 구체적으로 물어가야 하며, 인류학적 검토가 요구됩니다. 하지만 자유주의적 인권 개념은 특정 문화와 전통의 중요성을 놓쳐버립니다.

김선욱: 이슬람권에서 여성들의 의상을 제약하는 방식으로 여성의 인권에 대한 탄압이 이루어지고 있습니다. 차도르가 대표적인 예라고 할 수 있습니다. 이런 문제를 시급히 해결하기 위해서 외부적 힘을 통해 강제적으로 변화시키려는 시도도 중요하지 않습니까? 더구나 반인권적 상황이 종교적 태도와 결부되어 있는 경우 변화를 기대하기는 난망이니까요.

샌델: 종교적 문제를 보편적 입장에서 비판하는 것은 너무나 성급한 태도입니다. 종교 문제에 대해서는 존중을 하는 태도를 기본적으로 가져야 하는데, 다만 그것이 갖고 있는 인간적 결과(human consequences)를 봐야 합니다. 이슬람 문명권에는 여성에 대한 탄압이 있는데, 중요한 것은 그 내부에서 전통을 비판해 나오는 목소리가 있어야 한다는 것이다. 여성 인권 운동은 이슬람의 재해석을 통해 가능하다고 봅니다. 중요한 것은 자신들의 내부에서 이러한 운동이 일어나야 한다는 것입니다. 이와

동시에 이슬람에 깊은 이해가 있는 사람들도 이러한 변화에 참여할 수 있을 것입니다. 여기서 요구되는 것은 추상적인 형태의 보편적 관점이 아닙니다. 사회 비판은 깊은 이해, 특히 전통과 문화에 대한 깊은 이해를 필요로 합니다. 국외자의 참여의 중요한 전제 조건은 충분한 정보와 이해를 갖고 있어야 한다는 것입니다. 사회 비판은 내부자들의 독점물은 아닙니다. 이들이 일차적 책임자이지만 개방성을 가져야 합니다. 내부적 비판에 개방성을 가져야 할 뿐 아니라 외부적 비판에도 개방성을 가져야 합니다.

김선욱: 그러면 미국이 아프가니스탄과 이라크 전쟁을 통해서 내세운 명분들에 대해서도 비판적이시겠군요?

샌델: 아프가니스탄 전쟁과 이라크 전쟁은 구별되어야 한다고 봅니다. 9·11은 미국이 테러리스트들을 응징하게 하는 기초가 되었습니다. 따라서 아프가니스탄 전쟁은 정당화될 수 있다고 봅니다. 그곳은 테러 집단의 훈련장이었기 때문입니다. 그러나 이라크 전쟁은 미국의 실수입니다. 미국은 세 가지 근거에서 이라크 전쟁을 정당화하려고 했습니다. 첫째는 이라크에 대량 살상 무기가 있다는 것이었습니다. 그러나 그것은 허위로 밝혀졌습니다. 두 번째는 이라크 전쟁이 테러와의 전쟁의 목적에서라고 하지만, 이라크가 알카에다 집단의 훈련장을 제공한 것이 아니기 때문에 미국 정부의 주장은 설득력이 없습니다. 세 번째는 이슬람 테러리스트의 뿌리를 뽑겠다는 것이고 이를 위해 비민주적이고 통제적인 정권을 붕괴시키며 민주주의가 싹트게 한다

는 계획입니다. 이것이 김 박사님의 질문이 의도한 것이겠습니다. 만일 이 계획이 성공한다면 이웃나라에까지 민주주의를 파급시키는 역할을 할 수 있다고 볼 수 있겠지요. 이 입장은 일견 좋아보이지만 불행하게도 이것은 현실적이지 않습니다. 미국이 이 문제에 대해 진지하게 접근한 것도 아닙니다. 군대를 투입하여 중동의 질서를 재편성하겠다는 취지는 인적 자원을 지나치게 희생시킨다는 점에서 고비용의 작전이었습니다. 그 비용은 이 전쟁을 정당화할 수 있는 선을 이미 넘었다고 봅니다. 그리고 전쟁이 끝난 지금에 와서 이라크인들의 미국에 대한 적개심은 전쟁 이전보다도 더욱 커져 있습니다. 이 같은 점을 고려했을 때 이라크 전쟁은 실패라고 평가할 수 있을 것 같습니다.

김선욱 : 조금 전의 질문과 연관되는 질문입니다. 내부적 개방성을 통해 문제가 해결되기 위해서는 많은 시간이 걸리지 않을까요?

샌델 : 서구의 기독교 전통을 한번 살펴봅시다. 루터와 캘빈의 종교 개혁은 기독교 내부에서 나타난 비판입니다. 그리고 그 내부적 갈등은 무척 심각했지요. 그런데 지금은 서로를 신학적 이해의 차이 정도로 생각하면서 상호 인정하기까지 이르지 않았습니까. 이렇게 되기까지 300년 정도의 시간이 걸렸다는 것을 생각해야 합니다. 그것은 유태교에서도 마찬가지입니다. 탈무드 유태교와 개혁적 유태교 사이의 갈등이 해소되고, 불일치의 사실이 인정되고 존중되며, 상호 관용에 이르기까지 많은 시간이 걸렸습니다. 사회 비평의 경우도 이와 마찬가지라고 봅니다. 자유주의적 관점에서는 이러한 다양하고 경쟁적인 의견을 수용하

고 받아들일 수 없습니다. 추상적 원리를 가지고 다원주의적 상황을 해결할 수 없지요.

김선욱 : 그렇지만 현실을 변화시키고 개혁하기 위한 방향은 이성이 가진 이상성에 의존할 수밖에 없지 않습니까? 그런 한에서는 자유주의적 설명이 여전히 유효하다고 말할 수 있지 않나요?

샌델 : 이상성이 이성에서 나온다는 점은 인정할 수 있습니다. 그러나 문제는 이성 개념을 추상적으로만 이해하는 데 있습니다. 이성의 기능 자체도 언어에 의해 구성되어 있다(constituted by language)는 점을 알아야 합니다. 보편적 진리가 불가능하다는 것을 주장하는 것은 아닙니다. 다만 칸트에게서 유래되고 롤스나 하버마스가 주장하는 것과 같은 추상적 인간관에 바탕을 둔 절차주의적 주장은 유지될 수가 없다는 것입니다.

김선욱 : 이러한 설명은 찰스 테일러를 많이 연상하게 만듭니다. 선생님과 찰스 테일러의 관계는 어떻습니까?

샌델 : 제가 옥스퍼드에서 공부하고 박사 학위 논문을 제출하였는데, 그곳의 제도에 따라 제 논문을 철저하게 읽고 검토해주신 분이 찰스 테일러였습니다. 논문 한 장씩 그 분과 토론하면서 제 논문을 검토했었지요. 그러니 스승과 제자 관계이기도 합니다. 이후 친구처럼 여러 학회에서 함께 활동하고 있습니다. 제가 가진 언어 철학은 테일러에게 많이 의존하고 있는 것입니다.

김선욱 : 선생님은 롤스에 대해 비판적이십니다만 전적으로 비

판적 태도만을 갖고 계신 것은 아닌 듯합니다. 롤스에 대한 선생님의 입장을 간단히 정리해주시겠습니까?

샌델 : 롤스의 사상 가운데 제가 동의하는 점을 대략 세 가지로 정리할 수 있습니다. 첫째는, 그가 공리주의를 비판하고 있는 점입니다. 인간에게는 효용성만으로 설명할 수 없는 어떤 권리가 존재하고 있다고 생각하고 있고, 이 점을 롤스는 공리주의에 대한 비판을 통해 적절히 지적했습니다. 둘째는, 기본적인 도덕적 충동이 있다는 점을 롤스가 지적하는 점입니다. 롤스는 이것을 정의 개념을 통해 포착하려고 했습니다. 정의 개념을 통해 롤스가 말하고자 한 재분배의 원리에 대해서 저는 동의합니다. 그 바탕에 깔린 도덕적 원리에 동의하는 것이지요. 그러나 이러한 것을 규명하기 위해서 원초적 입장(the original position) 개념을 도입한 것은 잘못되었다고 봅니다. 셋째, 롤스가 『정치적 자유주의』에서 말한 반성적 평형 개념에 대해 동의합니다.

제가 롤스와 동의하지 않는 점은 두 가지로 정리할 수 있습니다. 첫째는, 롤스가 선개념에 대해 권리가 우선한다고 주장한 것입니다. 권리의 우선성 주장을 저는 동의할 수가 없습니다. 정치적 권리를 특정한 선개념 없이 청구하는 것은 불가능하다고 봅니다. 정의의 문제를 다룰 때 우리는 도덕적, 종교적 관념을 바탕으로 해야만 적절한 추론이 가능하게 됩니다. 두 번째는 자유주의적 공적 이성 개념에 대한 것입니다. 정치적 논변은 도덕적, 종교적 관념과 분리될 수도 없고 분리되어서도 안 됩니다. 공적 담론에는 정체성에 대한 고려가 반드시 개입되어야만 합니다.

김선욱: 선개념의 우선성을 주장하는 가운데 종교적 입장이나 종교적 정체성까지도 적극적으로 공적 담론에 도입되어야 한다는 주장은 선뜻 이해하기 어렵습니다. 그것은 신앙의 문제이고, 합의를 전적으로 불가능하게 만드는 것은 아닐까요?

샌델: 국가와 종교가 분리되어야 한다는 주장이 갖는 중요성은 교회가 타락하는 것을 방지하고, 또 국가 교회가 형성되었을 때 공적 영역에 교회가 개입하는 것을 방지하려는 의도에서였습니다. 그러나 교회와 국가의 분리는 종교와 정치의 분리와는 다릅니다. 종교적 정치성의 정치적 중요성과 관련된 문제에서 국가와 종교의 분리는 답이 될 수 없습니다. 그렇게 되면 오히려 근본주의가 더욱 증가될 수 있습니다. 오늘날 미국에서 볼 수 있는 현상이 바로 이렇습니다. 기독교 근본주의가 정치적 담론의 영역에 들어오지는 않지만 정치적 영향력을 다른 방향으로 끼치고 있질 않습니까? 그렇기 때문에 문제가 발생되는 것이지요. 해결책은 이들이 정치적 담론으로 들어와 참여함으로써 비판적 검토의 기회를 가져야 하고 대화를 수행해야 합니다.

연고적 자아가 종교적 도덕적 가치관 때문에 맹목적이 될 수 있다는 점에 대해서는 동의합니다. 협소성, 맹목성, 독단성은 민주적 토론에서 항상 존재할 수 있습니다. 정의, 권리도 맹목성, 독단 때문에 막힐 수 있습니다. 그러나 도덕적 종교적 담론이 정치적 담론에 개입되지 않으면 독단과 맹목성에서 해방될 수 있다고 믿는 것은 유혹적이지만 잘못된 약속입니다. 관용을 위한 가장 강력한 근거는 자유주의적 방식이 아닙니다. 강한 관용은 도덕적 종교적 전통과 갈등에 대해 대화와 토론에 개입할 때에만 가능합니다. 참여를 통해서 가능하지 결코 회피해서 이루어지는 것은 아닌 것입니다.

김선욱 : 자유주의자들의 주장 가운데는 역시 선택의 자유를 주장하고 언론의 자유를 주장하는 등 자유 개념에 대한 여러 주장들이 호소력 있게 다가옵니다. 선생님께서는 자유 개념을 어떻게 생각하십니까?

샌델 : 자유주의자들은 자유롭게 개인적 자아를 선택할 수 있다는 점을 강조합니다. 이들에게 가장 중요한 것은 목적이 아니라 선택하는 능력이라고 합니다. 선택하는 능력 자체가 중요하다는 것이지요. 이런 이론이 우리에게 호소력이 있는 것은 우리에게 해방감을 주기 때문입니다. 그렇지만 이러한 것은 설득력이 떨어집니다. 개인이나 공동체는 모두 어떤 연고성 속에 존재하지 결코 무연고적으로 존재하지는 않습니다. 예컨대 제가 과거의 노예제와 아무 연관이 없었다 해도 미국의 백인이라는 사실만으로 흑인에게 부담을 갖고 있습니다. 이러한 것을 가리켜 역사적으로 부담 지워진 기억(historically burdened memory)이라고 합니다. 한일 관계도 마찬가지일 것입니다. 제가 일본에 몇 차례 다녀오면서 알게 된 것은 일본이 한국에 대해 어떤 부담을 지니고 있다는 것입니다. 이러한 부담이 존재한다는 것을 인정한다면 자유주의자들이 말하는 중립적 자아를 인정할 수가 없게 됩니다. 의무가 선택에서 온다고 생각할 수는 없는 것입니다.

김선욱 : 낙태에 대한 예를 들어보면 종교적 입장을 가지고 합리

적 대화에 개입되었을 때 합의가 과연 가능할 수 있을까 의심하게 됩니다. 선생님은 이러한 점에서 종교적 신념이 적극적으로 개입된 대화를 수행해야 한다고 주장할 때 지나친 낙관론을 갖고 있는 것은 아닌지요?

샌델 : 저는 별로 낙관적이지 않습니다. 태아의 도덕적 지위에 대해 사람들이 동의, 즉 합리적 합의에 이를 것으로 생각하지 않습니다. 그러나 그렇다고 해서 이것을 이유로 우리가 대화와 합의를 아예 시도하지도 말아야 하는 것은 아니라고 봅니다.

150년 전만 하더라도 미국에서는 노예 문제에 대해 전국적으로 격렬한 논쟁이 벌어졌고, 사람들마다 큰 의견의 차이를 보였습니다. 그때 노예제에 대해 합리적 동의를 기대하는 것은 지나치게 낙관적인 것으로 간주되었습니다. 그래서 그 결과 심지어 남북전쟁이 일어났고 전쟁을 통해 수많은 사람들이 죽었는데, 해결은 전쟁을 통해서 났습니다. 노예제에 대한 합리적 합의에 도달하는 것이 불가능하다고 해서, 이 문제에 개입된 가치 문제에 대한 논의가 의미 없게 되지는 않습니다. 저는 낙태허용론자입니다. 그렇지만 태아가 인간이라고 보는 종교적 신념을 가진 사람을 존중하면서 대화에 참여하는 태도를 가지고 있습니다. 비록 사람들이 자신의 입장에 동의하지 않아도 그들의 도덕적 종교적 입장을 갖고 개입하는 것은 중요합니다.

김선욱 : 선생님은 조지 W. 부시 대통령의 생명윤리자문위원회의 위원으로 활동하시고 계십니다. 선생님의 입장은 어떤 것입니까?

샌델 : 저는 그 위원회의 위원으로 현재까지 4년간 일해오고 있습니다. 부시 대통령은 줄기 세포 연구에 대한 연방 재정의 지원을 거부하였습니다. 그러나 동시에 부시 대통령은 이 연구가 가지고 있는 윤리적 함축을 밝히기를 원했습니다. 그래서 이 위원회를 만든 것입니다. 저는 정치 철학자로서 그리고 의료윤리학자로서 이 위원회에서 활동할 것을 제안받았고 이를 수락하여 활동해왔습니다. 저는 공화당원은 아닙니다. 그리고 이 사실을 대통령도 알고 있었을 것이라고 봅니다. 이 위원회에서는 줄기 세포 복제에 대한 연구를 허용할 것인지의 여부를 놓고 6개월 동안 토론을 벌였습니다. 17명의 위원이 토론한 결과 최종적으로 투표를 하였는데, 이 가운데 10명이 연구를 금지하는 쪽으로 표를 던졌습니다. 그 이유는 이 연구가 필연적으로 인간 복제의 방향으로 나아갈 것이라고 보았기 때문입니다. 그리고 7명은 제한을 하면서 연구를 허용하자는 쪽이었는데, 제 입장은 소수자인 7명 가운데 들어 있었습니다. 결국 이 위원회의 결정을 받아들여 대통령은 연구 금지의 입장을 취했는데, 줄기 세포 연구가 오용 또는 남용되는 것을 염려한 것이 대통령의 입장이었다고 생각됩니다.

김선욱 : 배아 복제 연구와 인간 복제 연구와 관련된 선생님의 입장은 정확히 어떤 것입니까?

샌델 : 저는 배아 복제에 대해서는 찬성이지만 인간 복제에 대해서는 반대합니다. 저는 배아가 단순한 사물로 간주되어서는 안된다고 보지만 이와 동시에 배아가 사람과 동일하다고 생각할

수도 없다고 봅니다. 이러한 입장에는 사물과 인간을 양분법적으로 보는 생각에 잘못이 있다는 판단이 깔려 있습니다. 세계에서 가장 오래된 생물체로 사람들은 미국의 요세미티 공원 인근에 있는 세쿠오이아를 들고 있습니다. 오래된 세쿠오이아 숲에 대한 존중이 인간을 위한 사물의 사용의 부당함을 의미하지는 않습니다. 존중과 사용은 양립 가능한 것입니다. 물론 이때 배아와 연관하여 사용이라는 태도를 가졌을 때는 그 사용 목적이 중대하고 적절해야 합니다. 이런 점에서 배아에 대해 잠재적 생명체로 존중하면서도 예컨대 치명적인 질병의 치료를 목적으로 사용한다고 해서 잘못이라고 생각할 수는 없다고 봅니다. 치명적 질병을 위해 배아를 사용하는 것이 인간에 대한 존중과 양립하지 않는 것은 아니기 때문입니다. 만일 성형의 목적으로 또는 미용의 목적으로 배아를 사용하는 것은 분명히 잘못된 것입니다. 제가 배아 복제 연구에 찬성을 하는 이유는 그 목적이 인간 생명의 유지에 있기 때문입니다. 어느 불임 시술 병원에 불이 났다고 합시다. 실험실에는 다섯 살 된 아이가 있고 또 수정된 배아 다섯 개가 있다고 생각해봅시다. 이때 양자간에 한쪽을 선택해야만 한다면 이 아이를 구하려는 데 잘못이 있겠습니까? 우리는 칸트의 영향을 받은, 사물과 인간의 이분법적 태도에 지나치게 경도되어 있습니다. 우리는 좀더 포괄적인 윤리를 개발해야 합니다. 생명의 개념을 확장하여 갖는 윤리학적 입장에서 저는 생명은 은총이라는 관점을 가져야 한다고 봅니다. 여기에 대해서는 프레스센터에서 있었던 강연에서 자세히 설명하였습니다.

줄기 세포 연구에 대해서는 무조건 반대만 할 것이 아니라 법적 제약 아래에서 진행되어야 한다고 봅니다. 여기에는 민간 자본이 접근하는 것을 막아야 하며, 동시에 인간 복제의 방향으로 나아가지 않도록 하는 제재 장치도 마련되어야 합니다. 인간 복제에 대하여 많은 사람들은 안전성의 문제를 걸고 이야기합니다. 그러나 안전 문제를 중심으로 인간 복제의 가부를 이야기해서는 안 됩니다. 과학의 발전이 아무런 위험 요소가 없는 인간 복제의 가능성을 창출하게 될 수는 있습니다. 하지만 이러한 조건을 완비하게 된다고 해서 인간 복제를 허용할 수는 없을 것입니다. 생명을 선물로 받아들여 감사하는 것은 우리가 생명을 통제하려는 태도를 배제하는 것입니다. 우리가 배우자를 선택하는 것은 매력에 따른 것이지만 아이를 그런 방식으로 선택하지는 않습니다. 어린이는 선택이 불가능합니다. 우리는 우리가 갖게 된 아이에 대한 전적인 책임을 지게 됩니다. 그렇지 않으면 우리는 겸손을 잃게 됩니다.

어린이를 선물로 간주해야 한다는 것이 곧 질병에 대해서 수동적으로 대처해야 한다는 것을 의미하지는 않습니다. 우생학이 발달되었던 것은 나치스의 폭력적인 유태인 억압이 이루어지던 시대였습니다. 그런데 오늘날에는 폭력과 강요, 대량 학살의 위험이 없이도 자유 시장과 관련하여 우생학이 발전했습니다. 이러한 성향의 극복을 위해서도 우리는 우연성에 대해 열려 있어야 하며 생명에 대한 겸손과 동정심을 가져야 합니다. 자유주의적 우생학에 대해 대항하는 윤리는 생명을 선물로 보는 윤리(ethics of giftedness)입니다. 이를 통해서만 우리는 겸손을 가질 수 있고, 나아가 인간성과 연대성을 유지할 수 있습니다.

김선욱: 그렇지만 사회적 계층 분화가 심각해지고 능력에 따른 차별이 이루어진다면 유전자 조작을 통해 맞춤 아기를 만들어 내려는 부모의 애정을 우생학적이라고 해서 반대할 수는 없다는 논리도 있는데요?

샌델: 인간의 지능의 차이가 사회적 차별로 이어지는 사회가 있는데, 이런 경우 자녀를 위해서 유전자를 조작하여 사회적 경쟁력을 갖게 하려는 시도가 정당하지 않는가라는 주장이 있기도 합니다. 사회적 계층의 분화가 심각해지고, 저층 사회의 최하층 사람들의 처지를 바꾸기 위해 유전자 조작을 하는 것이 그 사람들을 도와주는 것이라고 생각되기도 합니다. 그러나 우리는 사회 제도, 경제 제도를 이용해서 이런 문제를 해결할 것을 생각하는 것이 더 낫지 않겠습니까, 정의롭지 못한 사회를 위해 사람을 유전적으로 바꾸어야 하겠습니까?

김선욱: 오늘의 우생학적 관점은 시장과 연관이 있습니까?

샌델: 그렇습니다. 예를 들어 어떤 불임 여성이 정자를 구입하여 임신을 하려는 경우를 생각해봅시다. 처음에는 이 여성은 자녀를 갖고자 하는 순수한 동기에서 시작하지만 만일 구입을 위해 정자의 주인을 설명하는 카탈로그를 보게 된다면 어떤 기준을 적용하여 정자를 구입할까를 생각하게 되겠지요. 이때 우생학적인 조건이 도입되게 되는데, 이것이 바로 선한 의도가 타락하는 방식입니다. 시장 메커니즘이 원래의 의도를 변화시키게

되는 것이지요. 부모의 사랑이 타락하게 되는 바로 시장에 의해서입니다. 정자를 구입하는 것이 마치 물건을 사고파는 것과는 같을 수가 없지만, 쇼핑 리스트를 보면서 정자의 유전적 특징들을 물어보는 순간 우생학적 차원으로 들어가게 되고 이러한 방식으로 무조건적 사랑의 규범이 변화하게 되는 것입니다.

김선욱: 그러면 시장에서 돈으로 살 수 있는 것과 살 수 없는 것을 어떻게 구별할 수 있겠습니까?

샌델: 그것을 규정할 수 있는 단일 기준 같은 것은 없습니다. 그렇다고 해서 이것이 곧 상대주의를 의미하는 것은 아닙니다. 기준은 없지만 우리는 유비의 방법을 통해 그것을 알 수 있습니다. 유비의 방법이란 해결하려는 어려운 사례를 좀더 분명한 사례와 비교해보는 것입니다. 물론 이러한 연결 자체에 대해 동의할 수도 있고 동의하지 않을 수도 있을 것입니다. 그러나 이러한 비유가 의미 있게 들리게 된다는 사실은 상대주의에 동의할 필요가 없음을 보여주는 것입니다. 이것이 도덕 추론의 방법이 될 수 있습니다. 여기서는 특정 사례를 바탕으로 원리를 산출해내기 때문입니다. 이러한 방법은 롤스가 말한 반성적 평형과 유사한데, 다만 선의 문제를 중요시한다는 점에서 롤스와 나의 입장은 다릅니다. 롤스는 반성적 평형을 사용하면서도 이것을 정의의 문제, 옳음의 문제에 집중시킵니다. 이렇게 하면서 롤스는 특정한 선을 전제하고 있는 것입니다.

김선욱: 선생님은 롤스를 많이 비판하셨는데, 같은 하버드대에

봉직하시면서 롤스와 어떤 사적인 관계를 맺으셨던가요?

샌델: 이상하게 들릴지 모르지만, 저와 롤스는 아주 좋은 관계를 유지해왔습니다. 우정의 관계를 유지했었지요. 그가 은퇴한 1년 후에 저는 제 강의 시간에 롤스를 초대해서 좋은 토론 시간을 갖기도 했습니다. 제 박사 논문은 롤스 사상에 대한 비판으로 가득 차 있었습니다. 롤스도 이것을 잘 알고 있었던 것 같습니다. 제가 하버드대에 부임한 다음날 제 사무실에 전화가 울려 받았더니 롤스였습니다. 저를 점심 식사에 초대하겠다고 하더군요. 흥미 있었던 것은, 그때 먼저 자기 이름을 말한 다음에, 자신의 이름의 철자를 한 자 한 자 또박또박 말해주더군요. 마치 제가 그 분을 전혀 모르기나 한 것처럼 말이죠.

김선욱: 오늘의 미국에 대해 질문하겠습니다. 선생님이 보시기에 오늘의 미국이 다른 나라에 대해 갖는 태도에 대해서 어떻게 생각하십니까?

샌델: 미국은 현재 많은 나라들을 지원하고 있지만 더 많은 해외 원조를 해야 한다고 봅니다. 과거 식민지를 가졌던 국가들은 식민 지역으로부터 많은 착취를 했기 때문에 이러한 원조를 통해 보상할 필요가 있습니다. 영국이나 프랑스가 아프리카의 어려움을 도울 필요가 있고, 또 미국은 베트남에 대한 죄과가 있습니다. 한 국가가 다른 나라에 대해 도와야 하는 것은 민족국가만이 유일한 도덕적으로 적합한 정치적 공동체가 아니라는 사실에도 기인합니다. 우리는 민족국가의 일원만이 아닙니다. 우리는 글로벌 공동체의 일원이기도 합니다. 원조의 의무는 여

기에서 나옵니다.

김선욱 : 미국 내부에 존재하는 위기에 대해서 어떻게 생각하고 계십니까?

샌델 : 공적 토론을 하더라도 우리는 합리적 합의를 보장하거나 또는 항상 그것이 가능할 것이라고 기대할 수는 없습니다. 권리에 대한 문제에 대해서도 합리적 합의를 기대하기가 어렵다면 가치와 종교의 문제에 대해서도 합의를 요구하는 것은 당연히 어렵게 됩니다. 현재 미국은 이런 점에서 다원주의의 위기를 겪고 있습니다. 그러나 이것은 도덕적·종교적 차이에서 오는 것은 아닙니다. 다원주의의 위기가 토론이 많아서 발생한 것이 아닙니다. 오히려 정치적으로 유의미한 도덕적·종교적 토론이 없다는 것이 미국의 문제입니다. 이러한 문제는 미국이 자유민주주의적 체제를 갖고 있기 때문입니다. 공화당이 정권을 잡든, 민주당이 정권을 잡든 상관없이 미국은 현재 근본적으로 자유민주주의적 체제를 갖고 운영되고 있습니다. 미국에서 근본주의가 등장하게 된 것은 이 같은 자유민주주의적 체제 안의 공적 담론 영역에서 도덕적·종교적 담론에 대해 거리를 취했기 때문에 발생하는 것이었습니다. 공적 영역에 도덕적·종교적 입장을 갖고 들어오지 못하게 했기 때문에 근본주의가 나오게 되었고, 이것이 미국의 다원주의에 위협이 됩니다.

김선욱 : 끝으로 한국에서 받은 인상에 대해 한 말씀해주시지요.

샌델 : 이곳에 와서 참으로 많은 것을 배웠습니다. 이 말은 그냥

인사치레로 하는 말이 아닙니다. 한국의 철학자들과 여러 차례 토론을 가졌는데, 특히 감사하는 것은 여러 도시의 대학을 방문하여 그곳의 학자들과 학생들을 만날 기회를 가졌다는 것입니다. 그들과의 대화에서 느꼈던 것은 다양한 정치 철학들이 다른 사회에서 다른 의미를 가질 수 있다는 사실입니다. 한국은 강한 전통을 가진 사회입니다. 그래서 이곳의 많은 철학자들은 전통을 비판하는 능력에 대해서 특별히 강조하는 것을 많이 들었습니다. 제가 속한 사회는 개인주의적 전통이 강한 사회입니다. 그래서 저는 그 전통에 대해 비판하였던 것입니다. 내가 배운 것은 정치 철학이 맥락 가운데 있다는 점, 즉 정치 철학의 상황성(situatedness of political philosophy)입니다. 감사합니다.

역자 소개

□김 선 욱

숭실대 철학과를 졸업하고 미국 뉴욕주립대 버펄로대학(SUNY at Buffalo)에서 철학 박사 학위를 받았으며, 지금은 숭실대 철학과 교수로 있다. 한국철학회 사무총장, 2008세계철학대회조직위 사무총장, 사회와철학연구회 총무를 겸하고 있다. 저서로는 『정치와 진리』(책세상, 2001), 『한나 아렌트 정치 판단 이론』(책세상, 2003), 『키르케고르가 들려주는 죽음에 이르는 병 이야기』(자음과 모음, 2006), 역서로 한나 아렌트의 『예루살렘의 아이히만』(한길사, 2006) 등이 있다.

□강 준 호

미국 펜실베니아대(Univ. of Pennsylvania)에서 철학과 석사를,

미국 퍼듀대(Purdue Univ.)에서 철학 박사 학위를 받았으며, 현재 경희대와 한국외국어대, 건국대, 경인교대 강사로 있다. 역서로는 『윤리학 입문』(철학과현실사, 2005), 『인종 : 철학적 입문』(서광사, 2006)이 있으며, 「인종 형이상학의 윤리적 함축」, 「연구 윤리 지침에 대한 윤리학적 고찰」, 「공리주의의 복리(Well-Being) 개념」 등 다수의 논문이 있다.

□구 영 모

서울대 철학과를 졸업하고 미국 캘리포니아대(산타바바라)에서 석사와 박사 학위를 받았다. 전공은 생명 의료 윤리(biomedical ethics)로, 2000년부터 울산의대 인문사회의학교실 교수로 있다. 한국철학회, 한국생명윤리학회, 한국의료윤리교육학회 이사로 활동하면서 생명 의료 윤리의 논의를 확산시키는 데 힘써왔다. 수도권의 몇몇 대학 병원 및 연구 기관 IRB 위원이기도 하며, 미국 CIP(certified IRB professional) 자격증을 보유하고 있다. 현재 국제생명윤리학회(IAB) 이사로도 활동중이다.

□김 은 희

서울대 철학과 박사 과정을 수료하였으며 지금은 서울대 강사로 있다. 주요 논문으로는 「자유주의의 중립성 입론과 롤스의 정치적 자유주의」, 「롤스와 왈쩌의 정치 철학 방법론 비교 연구」가 있으며, 역서로 마이클 왈쩌의 『해석과 사회 비판』(철학과현실사, 2007)이 있다.

□**박상혁**

서울대 지리교육과에서 학사를, 동 대학원에서 미학과 석사를 마치고 미국 캔사스대에서 철학 박사 학위를 받았으며 지금은 계명대 철학과 교수로 있다. 박사 논문으로 “The Nornativity of Morality”(Univ. of Kansas Ph.D dissertation)가 있으며, 역서로는 래넌 길론의 『의료 윤리』(아카넷, 2005)가 있다. 그 밖에 논문으로는 「도덕의 규범성(Ⅰ): 도덕 판단의 동기유발력」, 「규범 이론으로서 결과주의와 의무주의는 상치하는가?」, 「도덕은 정언 명법인가 아니면 가언 명법인가?」, 「롤스의 평등주의적 자유주의와 경제적 응분」, 「도덕적으로 나쁜 예술 작품이 미적으로 좋은 예술 작품일 수 있는가?」, 「대중 매체 시대에 있어서 이미지의 사회 문화적 위상에 관한 연구」 등이 있다.

□**최경석**

서울대 인문대학 미학과 학부 및 동 대학원 석사를 마치고 미국 미시간주립대(Michigan State University)에서 철학 박사 학위를 받았으며, 지금은 이화여대 생명윤리법정책연구소 연구 교수로 있다. 저서로는 『인간 생명의 시작은 어디인가?』(프로네시스, 2006)이 있으며, 논문으로는 「의료 윤리와 전문직 교육」, 「인간 배아의 도덕적 지위와 잠재성 개념」, 「생명 의료 윤리를 위한 도덕적 추론으로서의 넓은 반성적 평형의 방법」 등이 있다.

□**이양수**

한양대를 졸업했으며, 미국 조지아대에서 「정의, 비폭력, 정치 판단의 실행 — 폴 리쾨르의 정의 개념 연구」로 철학 박사 학위를 받았으며, 현재 한양대 강사, 2006-2007년 서울대 교육종합연구원 연구원으로 있다. 저서로는 『롤스와 매킨타이어 : 정의로운 삶의 조건』(김영사, 2007)이 있으며, 「연구 윤리와 가치 : 민주주의 연구 윤리를 위한 제언」, 「공화주의 공공 철학과 삶의 가치」, 「역사적 시간과 내러티브」, 「실천적 보편성에 대한 단상」 등이 있다.

□마이클 샌델(Michael Sandel)

1953년에 미국에서 태어나 브랜다이스대를 졸업한 뒤 영국 옥스퍼드 밸리올 칼리지에서 철학 박사 학위를 받았으며, 1980년부터 하버드대에서 정치철학을 강의해오고 있다. 미국 대통령 직속 생명윤리위원회 위원, 국제관계위원회 위원, 미국 예술과학원 위원으로 활동하고 있다. 주요 저서로는 『자유주의와 정의의 한계』(1982), 『자유주의와 그 비판자들』(1984), 『민주주의의 불만 : 공공 철학을 모색중인 미국』(1996), 『공공 철학 : 정치에서의 도덕론』(2005), 『완전성을 반론한다 : 유전공학 시대의 윤리』(2007) 등이 있으며, 그 밖에 정치철학과 윤리에 관한 수많은 논문들을 발표하였다.

다산 기념 철학 강좌 9

공동체주의와 공공성

초판 1쇄 인쇄 / 2008년 2월 20일
초판 1쇄 발행 / 2008년 2월 25일

■

지은이 / 마이클 샌델
옮긴이 / 김 선 욱 외
펴낸이 / 전 춘 호
펴낸곳 / 철학과현실사
서울특별시 서초구 양재동 338의 10호
전화 579－5908～9

■

등록일자 / 1987년 12월 15일(등록번호 : 제1－583호)

■

ISBN 978-89-7775-652-6 03160

값 15,000원